税制变迁与
英国政府社会政策研究

18世纪~20世纪初

滕淑娜◎著

中国社会科学出版社

图书在版编目（CIP）数据

税制变迁与英国政府社会政策研究：18世纪～20世纪初／滕淑娜著.
—北京：中国社会科学出版社，2015.9
ISBN 978 - 7 - 5161 - 6904 - 9

Ⅰ.①税… Ⅱ.①滕… Ⅲ.①税收制度—变迁—研究—英国—
18世纪～20世纪 Ⅳ.①F815.619

中国版本图书馆 CIP 数据核字（2015）第 213773 号

出 版 人	赵剑英
责任编辑	孙铁楠
责任校对	韩海超
责任印制	张雪娇

出 版	中国社会科学出版社
社 址	北京鼓楼西大街甲 158 号
邮 编	100720
网 址	http://www.csspw.cn
发 行 部	010 - 84083685
门 市 部	010 - 84029450
经 销	新华书店及其他书店

印 刷	北京君升印刷有限公司
装 订	廊坊市广阳区广增装订厂
版 次	2015 年 9 月第 1 版
印 次	2015 年 9 月第 1 次印刷

开 本	710 × 1000 1/16
印 张	15.25
插 页	2
字 数	258 千字
定 价	58.00 元

前　　言

　　税收事关国家财政收入的来源，是国家经济命脉的主要依靠。通过税收可以了解一国经济、政治、文化及政府行为的各个方面。正如熊彼特所说："公共财政无疑是观察一国社会的最好的起始点之一，一国国民的思想、文化、社会结构和政府的政策行为等都在它的财政史中得到体现。"[①]由此可见，对一国公共财政或是税制的研究可以说是研究一国经济、政治等方面必不可少的环节。因为财税问题是现代民族国家的核心问题，"国家存在的经济体现就是捐税"。[②]而英国是世界上第一个进行工业化并实现现代化的国家，因此，税制对英国的现代化进程有着不可忽视的作用。正如马克思所言："强有力的政府和繁重的赋税是同一个概念。"[③]在英国的现代化进程中，税收可以说是国家财政收入的主要来源，政府从国民手中取得税收的回报是要为国民提供他们所需要的公共产品，而国民失去的则是让渡一部分税收。如此说来，政府与本国国民之间的税收关系是一种平等的"契约"关系。因此，有人民的同意始有私有财产的转移。国民对其私有财产让渡的同意，也就成为国家征税权的根源。正因如此，政府取得的所有财政收入从根本上都必须经过全体人民的同意，政府所有支出都必须依据全体人民的意愿来安排。[④]即所谓英国税制中的"公共利益""共同同意"和"共同需要"原则。为了维护国民的公共利益和公共权

---

　　① Patrick K. O'Brien, "The political economy of British Taxation, 1660 – 1815", *The Economic History Review*, Volume 41, Issue 1, February, 1988.

　　② 《马克思恩格斯全集》第 4 卷，人民出版社 1958 年版，第 342 页。

　　③ 《马克思恩格斯全集》第 8 卷，人民出版社 1961 年版，第 221 页。

　　④ 陈连宝：《近代英国公共财政的构建及其宪政意义》，硕士生学位论文，黑龙江大学，2008 年，第 8 页。

力，政府就需要向国民征收税款。正如托克维尔所言："公共事务几乎没有一项不是产生于捐税，或导致捐税"①。坂入长太郎亦言："赋税是作为公共团体事务设施的一般报偿，根据一般的原则和标准，按公共团体单位方所规定的方法，以其主权为基础，强制地向个人征收赋课物。"② 在英国税制的变迁过程中，英国税制始终未曾放弃政府与纳税人之间的这种"契约"规定。

回顾英国税制现代化的历程，可见其经历了三个阶段的变化：第一阶段，中世纪时期的"王室财政"体制。③ 中世纪时期，英国国王的收入主要来自王室领地和各种封建特权收入，因为中世纪时期国王的开支主要是王室行政开支，所用并不多。所以，其收入基本能够满足其开支的需求。因此，中世纪时期，英国赋税征收并不多见，若有，大多也只是在紧急情况下（主要指战争）开征。因此，中世纪时期英国的赋税多具有临时性的特点。一旦战争结束，此前开征的赋税即停止征收。由此，中世纪时期的英国尚没有真正意义上的公共财政，那时国家的主要开支是王室的消费。所以，中世纪时期英国主要奉行国王"靠自己过活"的税制理论。④第二阶段，近代公共财政体制得以确立。进入近代以来，随着民族国家的形成、政府开支的扩大及对外战争的进行，中世纪时期的赋税理论已不能适应新的形势需要。尤其是1688年"光荣革命"后至18世纪末，议会在理论上掌握了赋税大权，"他们手里捏着扎紧国王钱袋的那根绳子"。"那根绳子"就是议会的批税权。⑤ 此时，英国国王的"家计财政"逐渐消亡，国家"公共财政"得以建立。英国逐步建立起了近代公共财政体制。其税制理论奉行重商主义税制理论及古典政治经济学税制理论；税制在结构上以间接税为主；在赋税用途上，18世纪英国的赋税多用于战争，同时还有一小部分用于社会救济、惠农等。第三阶段，英国税制开始向"建设性"税制阶段过渡并最终实现。拿破仑战争结束后，英国战时税制开始调整，英国政府在经历了多次犹豫之后，直至19世纪70年代后，英

① ［法］托克维尔：《旧制度与大革命》，冯棠译，商务印书馆2013年版，第129页。
② ［日］坂入长太郎：《欧美财政思想史》，张淳译，中国财政经济出版社1987年版，第305页。
③ 于民：《坚守与改革：英国财政史专题研究》，中国社会科学出版社2012年版，第2页。
④ 施诚：《中世纪英国财政史研究》，商务印书馆2010年版，第120页。
⑤ 蒋劲松：《议会之母》，中国民主法制出版社1998年版，第5页。

国在税制理论上放弃了此前的古典政治经济学税制理论,开始奉行主张国家干预的新古典政治经济学税制理论。在税制结构上,英国此前以间接税为主的税制结构逐渐被以直接税为主的税制结构所代替。在赋税的用途上,1870年后,因为英国出现了失业、贫困、社会财富分配不均等社会问题,主张用税收手段解决上述问题的"建设性税制理论"出台并付诸实践。1908年的《养老金法案》及1911年的《国民保险法》等社会政策即是在此背景下出台的。

本文选取18世纪至20世纪初的英国税制作为研究对象,是因为18世纪是英国国家财政确立、近代化税制形成的起点;而20世纪则是英国直接税占主导地位的确立时期,不仅如此,20世纪的英国赋税不仅只为政府提供财政收入,而且还是调控社会财富分配不均,解决失业、贫困等社会问题的重要武器。除此之外,税制对政府运作、社会利益分配等都有着非常重要的意义,可以说,一国经济的好坏、政治的运行在很大程度上都要依赖税收制度作为保障。研究一国税制可以从中了解税制与国家经济、政府政治之间的关系,可以从总体上比较全面地、系统地了解一个国家。鉴于此,本文选择了18世纪至20世纪初的英国税制变迁与政府社会政策作为研究对象。

本文主要研究18世纪至20世纪初英国的税制理论、税制结构、赋税用途等方面的表现及演变历程,从中总结税制对国家政治、经济及社会发展的重要影响。具体分为五章介绍:第一章是英国税制研究述评。之所以对学术界,尤其是西方学术界的相关研究成果进行梳理,是因为这不仅能为我们的相关研究提供材料选择、观点和方法论指导,而且也有利于新的学术思路和新的学术突破点的开拓和寻找。为学界,尤其是国内学界的相关研究提供了一定的借鉴。

第二章主要介绍18世纪的英国税制变迁及政府相关社会政策实施。本章认为,18世纪英国已经确立了议会掌握主权的财税体制,近代英国的国家财政体制形成。然而,英国国王并没有完全丧失赋税权力,仍然享有关税等特权,并且国王在行政和司法领域还有着相当的权力。正因为如此,18世纪的英国议会和国王之间在赋税权力的争夺上仍有一番博弈。其二者博弈的结果是国王逐渐退出税收领域,而议会的赋税大权进一步巩固。议会在赋税的征收及拨款方面拥有至高无上的权力。然而,因为18世纪英国的大多数时间都处于战争阶段,所以,18世纪英国赋税的征收基本上都与战争有关。这也就决定了英国 18 世纪赋税的临时性和应急性特征，赋税结构经常处于调整和变动中。此时，英国的赋税主要用在战争开支上，政府对诸如无业游民、贫民、失业者等社会问题关注不多，仅将赋税中的一部分用于社会救济等社会问题。18 世纪的英国政府在承担社会救济等方面还仅处于被动、消极状态，对社会问题的处理尚没有系统的政策和法案出台。伴随着 18 世纪英国工业革命的进行，政府的社会财富增加，此时英国政府对农业亦采取了一系列优惠政策，如降低农业税、实行农业补贴等。

第三章主要阐述 19 世纪的英国税制变迁及政府社会政策实践。本章认为，经过 18 世纪议会与国王之间在赋税大权上的一番争夺，议会已无可争辩地拥有税收的主导权。此时在赋税权力争夺问题上的主要矛盾发生在议会上下两院之间。这种争夺到 1911 年的《议会法案》通过后基本排除了议会上院的赋税大权，议会下院在赋税的开征问题上享有无可争议的权力。19 世纪英国的赋税理论、赋税结构和赋税用途都处于调整阶段：在税制理论上，19 世纪英国主要奉行古典政治经济学和新古典政治经济学的税制理论；在税制结构上，逐渐由以间接税为主向间接税逐渐降低、直接税比例逐渐提高的趋势发展，为 20 世纪初英国直接税第一次超过间接税奠定了基础；在赋税用途上，因为 19 世纪中期，英国的工业革命基本完成，工业革命的进行为政府积累了比此前更多的社会财富。在这样的背景下，政府能够将税收的一部分用于社会救济、教育及农业等方面。然而，因为 19 世纪 70 年代之前，英国政府主要奉行古典政治经济学的自由放任思想，因此，在社会问题的干预上，政府并不积极，这种状况直到 19 世纪末 20 世纪初才得以改变。

第四章主要论证 19 世纪末 20 世纪初的英国税制变迁与政府社会政策。本章认为，19 世纪末 20 世纪初，伴随着英国社会财富的增长，英国的社会贫困、失业、财富分配不均等社会问题亦日益严重。为了解决这些问题，英国亟需对之前的税制进行调整和变革。若不如此，则会危及英国统治阶级的统治安全和社会稳定。在这样的背景下，英国政府开始进行税制改革，因为 19 世纪末 20 世纪初英国的税制不仅为政府提供财政收入，而且还用于解决社会财富再分配、调整社会不公等社会问题，所以，19 世纪末 20 世纪初英国的税制改革我们称之为"建设性税制改革"。"建设性税制改革"体现在税制理论上，则主要表现为税收更加注重社会财富再分配的调整功能；体现在税制结构上，则是英国逐渐确立了实行累进征收的直接税为主的税制；体现在税收用途上，则表现为英国政府大力干预养老、失业、健康、教育等社会问题，开始了建立"福利国家"的尝试。

第五章结论部分。本章回顾了自 1688 年"光荣革命"后英国确立议会财政体制以来英国税制的演变历程，分析了在这一变迁过程中英国政府角色的调整及政府社会政策的变化。再次强调了税收对一国经济发展、政治稳定、社会安全和国民生活的重要影响。

为了保证该研究能够达到预期的目标，本文采用了统计学、经济学、税收学、历史学、政治学等交叉学科的研究方法，力求使研究能够更充分地说明问题。同时，在资料的使用上，尽可能多地采用档案资料，通过对档案资料的反复解读，从中提炼最具价值的资料以为研究所用。

目　　录

第一章

英国税制研究述评

关于英国税制的研究，西方学术界因为起步较早而成果颇丰。这其中既包括具有丰富研究价值的档案资料，也包括从不同视角对英国税制进行阐述的各种专著，同时，大量的相关学术论文亦对英国的税制进行了论述。与西方学术界相对成熟的研究相比，国内学术界对英国税制，尤其是近代以后英国税制的研究则较为薄弱，不论是专著还是文章都不多见。有鉴于此，对国内外学术界的相关研究状况进行综述分析，不但有助于我们了解英国税制的发展演变，还有助于我们研究资料的丰富和新的学术思路及学术观点的突破。

第一节 国外有关英国税制与政府社会政策的研究述评

国外对英国税制的研究因为起步较早而较为成熟，不仅有极具研究价值的档案资料，还有诸多的通史性及专门性的著述。

就档案资料而言，有 W. A. 肖根据原始档案编撰的《国库卷档日志》[①]。《国库卷档日志》约有 20 卷，其中有些部分涉及到 18 世纪英国的税收，例如，1660—1706 年、1708—1711 年。《国库卷档日志》是研究英国税收非常有价值的原始资料，但遗憾的是，肖还没有对自己的工作进行详细的调查就去世了。尽管肖的《国库卷档日志》有非常重要的价值，但因对其著作的介绍不免带有某些偏见，所以未免有不完善的地方。道格

---

① Shaw, W. A., *Calendar of Treasury Books*, London: His Majesty's Stationary Office, 1904 – 1952.

拉斯主编的《英国历史文献》（1783—1832；1833—1874；1874—1914）[1]为我们研究19世纪的英国税制提供了非常宝贵的档案资料。《英国议会文件集》[2]亦是研究英国问题非常重要的档案资料，其中福特的《英国国会议事目录和议会文件集摘要，1694—1834》对18世纪英国税制做了叙述。

除档案资料外，还有丰富的著述也为我们的研究提供了非常重要的帮助。例如，道沃尔的《英国税收史》[3]按照时间顺序阐述了英国税制的历史演变历程，并以专题形式研究了直接税、印花税和消费税等税种。但是，道沃尔重史料罗列而轻理论分析，重对英国不同阶段的各税种自身兴衰和演变的描述而轻对税收结构的考察，再加上因为此书成书过早，未免有许多不合时宜之处。威廉·肯尼迪的《1640—1799年的英国税收：政策和观点随笔》[4]更加注重对税收影响的叙述。道格拉斯的《1660年以来的英国税制》[5]阐述了自1660年复辟以来至"二战"后的英国税收，该著作按时间顺序对英国的税制进行了梳理，为我们了解英国的税制变迁提供了非常重要的资料，但该书的缺点是对英国的税制理论及税制对英国政府的政策所产生的影响并无系统的论述。里斯的《英国财政简史1815—1918》[6]论述了1815—1918年间英国的财政税收史演变，为我们了解英国自拿破仑战争结束至"一战"结束后英国的税制及财政状况提供了有价值的资料。卡比的《1870年以来英国经济的衰落》[7]论述了英国自1870年至"二战"后英国的经济衰落，其中有部分涉及英国的税

---

[1] A. Aspinall and E. Anthony Smith, *English Historical Documents*, 1783 – 1832, Eyre & Spottiswoode, 1959; G. M. Young and W. D. Handcock, *English Historical Documents*, 1833 – 1874, Eyre & Spottiswoode, 1956; David C. Douglas, *English Historical Documents*, 1874 – 1914, Eyre & Spottiswoode, 1977.

[2] P. and G. Ford, *Hansard's Catalogue and Breviate of Parliamentary Papers*, 1694 – 1834, Oxford, 1953.

[3] Dowell, *A History of Taxation and Taxes in England*, *Vol. I, II, III, IV*, Frank Cass & Co. Ltd., 1965.

[4] William Kennedy, *English Taxation*, 1640 – 1799, *an Essay on Policy and Opinion*, London：G. Bell & Sons Ltd., 1913.

[5] Roy Douglas, *Taxation in Britain since* 1660, Macmillan Press Ltd., 1990.

[6] J. F. Rees. M. A., *A Short Fiscal and Financial History of England*, 1815 – 1918, London：Methuen & Co. Ltd., 1921.

[7] M. W. Kirby, *The Decline of British Economic Power since* 1870, London：George Allen & Unwin, 1981.

制。萨宾的《税收简史》① 简明扼要地叙述了从诺曼征服到当代英国的税收历史，但该书因时间跨度较大而未能对每个时期的税收加以详尽说明。韦伯和沃尔德夫斯基的《西方收支史》② 则从税收收入与支出方面考察了西方世界各国的税收收入情况及赋税的使用情况，其中关于英国税收收支情况的介绍为研究英国税制提供了很好的资料。菲斯克的《1688 年以来的英国公共财政》③ 是介绍英国自"光荣革命"以来国家公共财政的一本初级读物。查尔斯·亚当斯（Charles Adams）的《幸事与不幸：税收在文明进程中的作用》④ 则着眼于整个世界的税收历史，其研究范围从古埃及到古代中国、从西欧到伊斯兰社会，范围极广。在论述中，亚当斯阐明了税收在人类文明进程中所起的建设性作用，人类社会几乎每次的社会变革和进步，均能看到税收之手的推动。著作中有一部分内容介绍了 18 世纪英国的税制情况。

除通史资料外，还有一些专题性的税收研究成果异彩纷呈，例如，沃德的《18 世纪英国土地税》⑤；亚瑟·琼斯的《拿破仑战争时期的所得税》⑥；埃德温·罗伯特、安德森·塞里格曼的《所得税——关于历史、理论和实践的研究》⑦；休伯特·Hall 的《英国关税史——从远古时期到1827 年》⑧；伊丽莎白·E. 胡恩的《1696—1786 年英国关税制度组织》⑨；塞里格曼的《所得税》⑩ 等从不同视角对英国 18 世纪的税制进行了研究。爱德华·休斯的《1558—1825 年的英国行政与财政研究——尤其关注英

---

① Sabine, B. E. V., *A Short History of Taxation*, London：Butterworths & Co (Publishers) Ltd., 1980.

② Webber, C. and Wildavsky, A., *A History of Taxation and Expenditure in Western World*, New York：Simon and Schuster, 1986.

③ H. E. Fisk, *English Public Finance from* 1688, London, 1921.

④ Charles Adams, *For Good and Evil：the Impact of Taxes on the Course of Civilization*, Madison-Bokks, Lanham·New York·Oxford, 1999.

⑤ W. R. Ward, *The English Land Tax in the Eighteenth Century*, London ：Oxford University Press, 1953.

⑥ Hope-Jones, Arthur, *Income Tax in the Napoleonic Wars*, Cambridge：Cambridge University Press, 1939.

⑦ Edwin Robert , Anderson Seligman, *The Income Tax：A Study of the History, Theory, and Practice of Income*, third printing, The Law Book Exchange Ltd., 2005.

⑧ Hubert Hughes, *A History of the Custom Revenue in England from the Earliest Times to* 1827, 2 Volumes, London, 1885.

⑨ Elizabeth E. Hoon, *Organization of the English Customs System*, 1696 – 1786, NewYork, 1938.

⑩ E. R. A. Seligman, *The Income Tax*, NewYork, 1914.

国盐税史》① 介绍了英国盐税的历史。穆雷的《人民预算：乔治和自由政治》② 就 20 世纪初英国的经济背景做了陈述，为劳合·乔治推出"人民预算案"做了铺垫。同时，文章专门就乔治的"人民预算"进行了解读，包括预算案的背景、内容、争论的过程、结果及所产生的影响。此书对我们了解 20 世纪初的英国税制提供了很重要的借鉴。亚当斯的《幸事与不幸：税收在文明进程中的作用》③ 就世界上自古代至现代东西方主要国家的税制发展及对一国政府的影响进行论证，其中有相当的篇幅论证英国的税制，为我们研究英国的税制提供了可资利用的资料。

除专著外，相关的期刊文章亦很丰富，例如，贝克特的《17 和 18 世纪英国土地税或消费税征收》④从"光荣革命"后实行的 1692 年立法在英国财政史上的地位谈起，阐述了 17、18 世纪英国土地税的发展历程及征收情况，以及政府自 1643 年开始征收消费税的情况。J. V. 贝克特和迈克尔·特纳的《18 世纪英国的税收和经济发展》⑤ 以史学界对税收对国家经济和政治作用的忽视为背景、以马赛厄斯和奥布赖恩有关税收对国家经济和政治的重要影响为切入点，论述了 18 世纪的英国税收对英国经济和政治发展的重要影响。帕特里克·K. 奥布赖恩的《1660—1815 年间英国税收的政治经济意义》⑥ 论述了从 1660 年斯图亚特王朝复辟以来至 1815 年拿破仑战争结束期间英国赋税的发展演变及其对英国政治和经济所产生的影响。奥布赖恩在文中用了大量的表格对 1660—1815 年间英国的税制演变做了实证研究，为我们研究 18 世纪英国的税收提供了非常有价值的资料。理查德·库珀的《威廉·皮特、税收和战争的需要》⑦ 叙述了

① Edward Hughes, *Studies in Administration and Finance*, 1558 - 1825, Manchester University Press, 1934.
② Bruce K. Murray, *The People Budget* 1909/10: *Lloyd George and Liberal Politics*, Clarendon Press Oxford, 1980.
③ Charles Adams, *For Good and Evil*: *the Impact of Taxes on the Course of Civilization*, second edition, Madison Books, 2001.
④ Beckett, "Land Tax or Excise: the Levying of Taxation in Seventeenth-and Eighteenth-Century England", *English Historical Review*, Vol. 100, No. 395, April 1985.
⑤ J. V. Beckett & Michael Turner, "Taxation and Economic Growth in Eighteenth-Century England", *The Economic History Review*, Volume 43, Issue 3, August 1990.
⑥ Patrick K. O'Brien, "The political economy of British taxation, 1660 - 1815", *The Economic History Review*, Volume 41, Issue 1, February 1988.
⑦ Richard Cooper, "William Pitt, Taxation, and the Needs of War", *Journal of British Studies*, Vol. 22, No. 1, Autumn 1982.

1793 年英法战争开始以来至 1815 年战争结束期间英国首相和第一财政大臣威廉·小皮特的税收政策，为我们了解小皮特为了应付长达 22 年的英法战争所采取的税收政策的演变提供了有意义的帮助。埃德温·A. 塞里格曼的《所得税》[①] 阐述了英国、法国、美国、德国和意大利的所得税情况，包括所得税的起源、发展历程、征收、所得税的作用和意义等。其中对英国所得税的论证为我们了解英国所得税的来源及发展历程和对英国税制和国家财政的重要意义提供了帮助。约翰·拉巴克的《英国所得税》[②] 介绍了英国自罗马统治以来（历经盎格鲁 - 撒克逊、诺曼统治）英国税收的发展情况，包括国王的税收（王领、特权收入等），在非常时期征收的丹麦金、盾牌钱、卡鲁卡奇、城市协助金（十分之一税和十五分之一税），以及所得税的发展历程，尤其突出介绍了自 1799 年以来小皮特开征所得税的情况及所得税的演变（从开征、停征、复征直至所得税成为国家税收中的常税）。拉巴克的文章有助于我们了解英国所得税的发展演变。戴维·R. 威尔的《1688—1789 年间英国和法国的联合养老金、公共财政和革命》[③] 分析并比较了 1688 至 1789 年间英国和法国的联合养老金、公共财政（包括税收和国债），以及 1789 年法国大革命的原因。文章为我们理解此阶段英国和法国的财政和税收情况提供了有意义的借鉴，尤其是让我们了解了英、法两国制度（经济制度、政治制度）的不同对两国税制和财政发展不同路径的影响。爱德华·休斯的《1664—1764 年间的英国印花税》[④] 论述了自 1664 至 1764 年间英国印花税的发展演变，为我们了解英国印花税提供了很大帮助。E. A. 雷顿的《18 世纪英国政治中的王室专款问题：议会至上对国王自立》[⑤] 阐述了 18 世纪英国王室专款制度的发展演变，理清了王室专款制度对 18 世纪英国宪政和经济发展

[①]　Edwin R. A. Seligman, "The Income Tax", *Political Science Quarterly*, Vol. 9, No. 4, Dec. 1894.

[②]　John Lubbock, "The Income Tax in England", *The North American Review*, Vol. 58, No. 447, Feb. 1894.

[③]　David R. Weir. Tontines, "Public Finance, and Revolution in France and England, 1688 – 1789", *The Journal of Economic History*, 1989.

[④]　Edward Hughes, "The English Stamp Duties, 1664 – 1764", *The English Historical Review*, Vol. 56, No. 222, Apr. 1941.

[⑤]　E. A. Reitan, "The Civil List in Eighteenth-Century British Politics：Parliamentary Supremacy Versus the Indepence of the Crown", *The Historical Journal*, ix, 3, 1966.

的重要意义。通过阐述 18 世纪英国王室专款从国王享有完全独立的权力到王室专款至置于议会的监管之下的演变历程,说明了从"光荣革命"后英国王权的衰落及议会权力至上原则的确立,尤其表现在议会掌握财政大权方面。雷顿的文章为我们提供了从王室专款的视角审视英国王权与议会权力的博弈过程,E. A. 雷顿的《1689—1702 年从税收到王室专款:革命解决和"混合、平衡"宪政》① 叙述了自 1688 年"光荣革命"后至 1702 年威廉去世、安妮女王即位期间王室专款制度的发展演变,从国王开始时完全独立地享有和支配王室专款到议会削减王室专款,甚至控制和监督王室专款的演变历程。从而为我们了解光荣革命后英国宪政的特点及议会财政大权确立的相关制度保障提供了有价值的资料。雷蒙德·特纳的《1733 年的消费税计划》② 论述了英国第一任首相沃波尔提出降低土地税税率及在英国开征消费税的建议在英国各界引起的不同反映。特纳的文章对我们了解 1733 年沃波尔提议开征消费税的背景及最终失败的情况有很大帮助。W. R. 沃德的《1696—1798 年间英国的窗户税和估价税管理》③ 阐述了 1696 至 1798 年间英国窗户税的征收和管理变化,分析了 18 世纪的英国为了应付与法国战争的需要而开征估价税,为我们了解 17 世纪末至 18 世纪末英国税收管理的发展和变化提供了有价值的资料。W. R. 沃德的《18 世纪的某些公务员:1754 至 1798 年间的英国财政委员们》④ 介绍了英国自 1700 至 1800 年间税收委员及税务机构的发展演变,为我们了解 18 世纪英国税收征收机构及征税人员提供了有益的帮助。卡尔·B. 考恩的《理查德·普林斯和皮特的 1786 年偿债基金》⑤ 阐述了 1786 年偿债基金政策产生的背景,及与理查德·普林斯关于建立偿债基金以减轻国家债务之间的关系。文章为我们了解小皮特采取偿债基金制度的产生及实

---

① E. A. Reitan, "From Revenue to Civil List, 1689 – 1702: the Revolution Settlement and the 'Mixed and Balanced' Constitution", *The Historical Journal*, xiii, 4, 1970.

② Raymond Turner, "The Excise Scheme of 1733", *The English Historical Review*, Vol. 42, No. 165, Jan. 1927.

③ W. R. Ward, "The Administration of the Window and Assessed Taxes, 1696 – 1798", *The English Historical Review*, Vol. 67, No. 265, Oct. 1952.

④ W. R. Ward, "Some Eighteenth Century Civil Servants: the English Revenue Commissioners, 1754 –98", *The English Historical Review*, Vol. 70, No. 274, Jan. 1955.

⑤ Carl B. Cone, "Richard Price and Pitt's Sinking Fund of 1786", *The Economic History Review*, New Series, Vol. 4, No. 2, 1951.

施情况提供了可资借鉴的资料。朱利安·郝培特的《18世纪英国的财政危机》①分析了工业革命早期财政的重要作用，文章首先定义了什么是"危机"，阐述了不同学者对"危机"的不同理解。文章主要介绍了18世纪英国财政的三种分类，即，公共财政、公司财政和私人财政。对这三种不同类型的财政，作者分别分析了其危机的原因及具体表现，尤其分析了公共信用和国家债务及银行破产问题，为我们了解18世纪英国财政危机的原因及具体内容提供了可资借鉴的资料。B. R. 列夫特维奇的《英国关税管理及其后期历史（1671—1814年）》②阐述了英国关税的演变历程（从中世纪至17世纪70年代主要作为国王的特权收入到此后关税及消费税的一系列改革，使之成为国家财政收入中的一部分），文章对我们了解此阶段英国关税的起源及功能的变化提供了有价值的帮助。埃德加·凯瑟和阿普里尔·林顿的《国家增长的决定因素：近代早期英国和法国的战争与税收》③分析了近代早期英国和法国国家发展的因素及战争与税收之间的关系，为了论证这一问题，作者探究了两国不同的政治制度对税收与战争的影响。为我们了解近代早期英国和法国历史上战争对税收的不同影响提供了有意义的借鉴。塞里格曼的《普通财产税》④介绍了英国、法国、德国等国家的普通财产税的变迁，其中介绍了英国普通财产税的由来、发展及变迁历程。普雷斯特的《1870—1946年英国的国民收入》⑤介绍了19世纪70年代至1946年代英国的国民收入情况，为我们了解19世纪70年代以后英国政府的国民收入提供了可供借鉴的资料。萨米·达克里亚与约翰·耐的《税收英国：19世纪的关税与英国国民收入》⑥则为我们介绍了自1846年《谷物法》废除后，英国因奉行自由主义贸易而

①　Julian Hoppit, "Financial Crises in Eighteenth-Century England", *The Economic History Review*, New Series, Vol. 39, No. 1, Feb. 1986.

②　B. R. Leftwich, "The Later History and Administration of the Customs Revenue in England (1671–1814)", *Transactions of the Royal Historical Society*, Fourth Series, Vol. 13, 1930.

③　Edgar Kiser & April Linton, "Determinants of the Growth of the State: War and Taxation in Early Modern France and England", *Social forces*, Vol. 80, No. 2, Dec. 2001.

④　Edwin R. A. Seligman, "The General Property Tax", *Political Science Quarterly*, Vol. 5, No. 1, 1890.

⑤　A. R. Prest, "National Income of the United Kingdom, 1870–1946", *The Economic Journal*, Vol. 58, No. 229, 1948.

⑥　Sami Dakhlia & John V. C. Nye, "Tax Britannica: Nineteenth Century Tarrifs and British National Income", *Public Choice*, Vol. 121, No. 3/4, 2004.

致使一系列关税改革的史实，为我们展现了 19 世纪中期至 70 年代自由贸易下英国关税改革对国民收入的影响。罗伯特·米尔沃德和莎莉·谢尔德的《1870—1914 年城市财政问题：英格兰和威尔士的政府开支和财政》[①]对 1870 至第一次世界大战英国的城市财政问题进行了分析，其中选取了 25 个不同的城市进行了对比，展示了地方政府在承担诸如教育、公共健康、道路建设等方面所做的财政贡献。同时说明了仅靠地方政府的财政开支并不能很好地解决上述问题，因此文章建议加大中央政府的财政支持。文章为我们了解 19 世纪 70 年代后英国政府干预观念的变化及财政支持力度增加提供了有意义的借鉴。威廉姆森的《19 世纪英国的收入不平等》[②]针对 19 世纪英国工业革命过程中出现的收入不平等现象进行了说明。阿尔达·康斯托克的《英国所得税改革》[③]对英国所得税的来源、发展演变历程进行了叙述，为我们了解自 1799 年所得税首次开征至 1918 年“一战”结束后的历史有一定帮助。尤尔根·巴克豪斯的《亨利·乔治的独创性税收：一个当代学者的重新解读》[④]，该文重新解读了 19 世纪 80 年代末亨利·乔治在《进步与贫穷》中提出的为解决社会不公平问题而建议开征单一的土地税的建议，为我们了解乔治的单一税对英国及其他国家的影响提供了有意义的资料。凯思林·伍德罗夫的《英国福利国家的形成：起源及发展概述》[⑤]对英国福利国家的起源及发展做了简要概述，为我们了解英国福利国家的变迁及政府态度的变化提供了有意义的借鉴。弗兰西斯·赫里克的《英国自由主义及社会公正思想》[⑥]对英国的自由主义思潮及社会公正思想的产生做了描述。埃德加·克拉蒙德的《战争的费

①　Robert Millward and Sally Sheard, "The Urban Fiscal Problem, 1870 – 1914: Government Expenditure and Finance in England and Wales", *Economic Hisory Review*, New Series, Vol. 48, No. 3, 1995.

②　Jeffery G. Williamson, "Earnings Inequality in Nineteenth-Century Britain", *The Journal of Economic History*, Vol. xl, No. 3, 1980.

③　Alzada Comstock, "Brtish Income Tax Reform", *The American Economic Review*, Vol. 10, No. 3, 1920.

④　Jurgen G. Backhaus, "Henry George's Ingenious Tax: a Contemporary Restatement", *The American Journal of Economics and Sociology*, Vol. 56, No. 4, 1997.

⑤　Kathleen Woodroofe, "The Making of the Welfare State in England: a Summary of its Origin and Development", *Journal of Social History*, Vol. 1, No. 4, 1968.

⑥　Francis H. Herrick, "British Liberalism and the Idea of Social Justice", *The American Journal of Economics and Sociology*, Vol. 4, No. 1, 1944.

用》① 对1815年至"一战"前英国历次战争的费用开支情况作了梳理。彼得·林德特的《谁拥有维多利亚英国?：有关土地财富和不公平的争论》② 对维多利亚后期的土地财富及社会不公平现象进行论证。乔治·梅的《英国所得税法的实行》③ 就英国为什么能够成功征收附加税的原因进行了分析，梅认为其中的原因很多，如政治、立法和行政等因素。文章还分析了"一战"期间英国超额利润税实行的背景等相关情况，为我们了解英国所得税法及超额利润税提供了有意义的借鉴。M. J. 道顿的《如何为战争买单：英国的国家、社会和税制，1917—1924》④ 就1917—1924年间英国"一战"期间及战后如何通过税收方式支撑战争做了论述，其中涉及了英国税制理论中的"公平"因素及税制结构中的所得税、超额所得和超额利润税等的变迁。同时，道顿还就税收在各阶级中所引起的不同反映作了解释，为我们了解战争与税制提供了资料。特伦斯·卡伦的《英国税收的决定因素：基于实证的研究》⑤ 论证了1948—1981年间英国税制的决定因素，其中分析了政治、经济、通货膨胀等对英国"二战"后历届政府的税制及政府税收政策的影响，为我们了解"二战"前后英国税制的变化及影响税制变迁的因素作了较为系统的介绍。阿尔扎·康斯托克的《英国所得税改革》⑥ 阐述了英国所得税的改革历程，为我们了解英国所得税的由来及变迁提供了可资借鉴的资料。罗伯特·米尔沃德和萨利·谢尔德的《1870—1914年城市财政问题：英格兰和威尔士的政府开支和财政》⑦ 阐述了1870—1914年间英格兰和威尔士的政府开支和财政情况，文章选择了多个不同的地区作为比较，论证了1870年以来至"一战"前英国的城市财政问题及中央、地

① Edgar Crammond, "The Cost of the War", *Journal of the Royal Statistical Society*, 1915.

② Peter H. Lindert, "Who Owned Victorian England?: the Debate over Landed Wealth and Inequality", *Agricultural History*, Vol. 61, No. 4, 1987.

③ George O. May, "The Administration of the British Income Tax Law", *The Academy of Political Science*, Vol. ii, No. 1, May, 1924.

④ M. J. Daunton, "How to Pay for the War: State, Society and Taxation in Britain, 1917 – 1924", *The English Historical Review*, Vol. iii, No. 443, Sep., 1996.

⑤ Karran, "The Determinants of Taxation in Britain: An Empirical Test", *Journal of Public Policy*, Vol. 5, No. 3, Aug., 1985.

⑥ Alzada Comstock, "British Income Tax Reform", *The American Economic Review*, Vol. 10, No. 3, Sep., 1920.

⑦ Robert Millward and Sally Sheard, "The Urban Fiscal Problem, 1870 – 1914: Government Expenditure and Finance in England and Wales", *Economic History Review*, New Series, Vol. 48, No. 3, Aug., 1995.

方政府的财政税收用途。E. P. 汉诺克的《1835—1900 年英国城市基层政府的财政和政治》① 就 1835—1900 年间英国的地方财政和政治问题进行了分析，文章指出地方政府在 20 世纪之前的地方财政中起到了很大的作用。但是，随着 19 世纪英国人口的不断增长，地方政府的财力不能满足日益增长的地方开支的需要，所以至 20 世纪中央政府的作用日益加强，而地方政府的财政作用则出现弱化的趋势。埃德加·克雷蒙德的《战争的代价》② 分析了 1915 年第一次世界大战的战争花费，为我们了解战争期间英国税制的变迁提供了背景知识。A. R. 普雷斯特的《1870—1946 年英国的国民收入》③ 就 1870—1946 年间英国的国民收入情况进行了系统论述，其中有内容涉及了英国的税制。

此外还有诸多译著，如 [英] 伊·勒·伍德沃德的《英国简史》④、[美] 戴维·罗伯兹 (David Roberts) 的《英国史——1688 年至今》⑤、[苏] 米列伊科夫斯基的《第二次世界大战后的英国经济与政治》⑥、[苏] 德罗波金娜 莫扬斯柯夫的《英国财政与货币信贷体系》⑦ 等都对英国的税制进行了或多或少的论述。

第二节　国内相关英国税制与政府社会政策的研究述评

与国外相对成熟的研究相比，国内有关英国税制的研究则较为薄弱。至今为止所见专著共有两本，一是首都师范大学施诚教授的《中世纪英

---

① E. P. Hennock, "Finance and Politics in Urban Local Government in England, 1835 – 1900", *The Historical Journal*, Vol. 6, No. 2, 1963.

② Edgar Crammond, "The Cost of the War", *Journal of the Royal Statistical Society*, Vol. 78, No. 3, May., 1915.

③ A. R. Prest, "National Income of the United Kingdom, 1870 – 1946", *The Economic Journal*, Vol. 58, No. 229, Mar., 1948.

④ [英] 伊·勒·伍德沃德:《英国简史》，王世训译，杨自伍校，上海外语教育出版社 1990 年版。

⑤ [美] 戴维·罗伯兹 (David Roberts):《英国史:1688 年至今》，鲁光桓译，中山大学出版社 1990 年版。

⑥ [苏] 米列伊科夫斯基:《第二次世界大战后的英国经济与政治》，叶林、方林译，世界知识出版社 1960 年版。

⑦ [苏] 德罗波金娜 莫扬斯柯夫:《英国财政与货币信贷体系》，辽宁财经学院经济研究所 1982 年版。

国财政史研究》①；一是潍坊学院于民教授的《坚守与改革—英国财政史专题研究》②。除此之外，有关英国税制相关的论述更多的是散见于有关英国通史、英国政治史的相关著述中③。与史学界研究的相对薄弱相比，从其他视角研究英国税制的著述亦有一些，例如，财政部《税收制度国际比较》课题组编写的《英国税制》④ 介绍了英国税制的总体情况，其中有很少一部分涉及 19 世纪的英国税制，但其中对税制理论及税制变迁的论述则显得不足。甘行琼主编的《西方财税思想史》⑤ 介绍了西方各派的财税思想，为我们研究英国不同阶段的税制变迁提供了理论方面的借鉴。复旦大学世界经济研究所英国经济研究室编的《英国经济》⑥ 对 19 世纪英国的经济状况和财政税收问题作了简要介绍，为我们了解 19 世纪英国的经济发展及相应的税制变革提供了可资借鉴的资料。张白衣的《英国战时财政论》⑦ 分析了英国战时财政，阐述了英国战时财政的基本思想，给我们提供了了解英国战时财政的有用资料。财政金融研究所编的《英国战时财政金融》⑧ 从金融方面叙述第一次世界大战期间英国战时财政制度，以及预算、税制、公债、金融市场、通货膨胀、外汇、银行等问题。闵凡祥的《国家与社会：英国社会福利观念的变迁与撒切尔政府社会福利改革研究》⑨ 对"二战"后英国的福利制度，尤其是撒切尔政府的社会福利改革作了总体论述，其中有专门章节论述撒切尔政府为应对财政危机而做的税制改革。

就研究英国税制的文章而言，国内有关英国税制问题的研究多集中于中世纪及近代早期。例如，山东大学的顾銮斋教授⑩ 从中西对比的视角论

---

① 施诚：《中世纪英国财政史研究》，商务印书馆 2010 年版。

② 于民：《坚守与改革——英国财政史专题研究》，中国社会科学出版社 2012 年版。

③ 钱乘旦、许洁明：《英国通史》，上海社会科学院出版社 2012 年版；阎照祥：《英国贵族史》，人民出版社 2000 年版；王觉非：《近代英国史》，南京大学出版社 1997 年版；［日］堀经夫：《英国社会经济史》，许啸天译，商务印书馆 1936 年版；张芝联选译：《一八一五至一八七〇年的英国》，商务印书馆 1987 年版。

④ 财政部《税收制度国际比较》课题组编《英国税制》，中国财政经济出版社 2000 年版。

⑤ 甘行琼主编：《西方财税思想史》，中国财政经济出版社 2007 年版。

⑥ 复旦大学世纪经济研究所英国经济研究室编《英国经济》，人民出版社 1986 年版。

⑦ 张白衣：《英国战时财政论》，商务印书馆 1945 年版。

⑧ 财政金融研究所：《英国战时财政金融》，中华书局 1940 年版。

⑨ 闵凡祥：《国家与社会：英国社会福利观念的变迁与撒切尔政府社会福利改革研究》，重庆出版社 2009 年版。

⑩ 顾銮斋：《中西中古社会赋税结构演变的比较研究》，《世界历史》2004 年第 3 期；《从所有权形态看中英中古赋税理论的差异》，《文史哲》2005 年第 5 期；《由私有制形态看英国中古赋税基本理论》，《华东师范大学学报》（哲学社会科学版）2004 年第 4 期。

述了中西中古赋税形态的不同等问题;首都师范大学的施诚教授①则从中世纪英国税收理论、税收结构变化及征税机构变迁等方面研究了英国中世纪的税制;东北师范大学世界文明研究中心的王晋新教授②、吉林大学的张乃和教授③、河北大学的张殿清教授④和潍坊学院的于民教授⑤分别从不同角度对近代早期的英国税制进行了研究。对 18 世纪以后英国税制的研究,主要有陆伟芳、滕淑娜、毕竞悦、谢天冰、韩玲慧等。陆伟芳⑥认为从中世纪开始英国税制发展演变经历了从临时性、探索性、渐进性和缓和性向常规性税收发展的历程。18 世纪是英国税制史筚路蓝缕的开创时期,其间英国的税制结构经历了从开征简单直接税到大量推行间接税的复合税制时期。滕淑娜⑦从近代英国税收的来源与用途方面分析了近代英国税收与议会的关系,阐述了议会掌握税收大权的发展历程,论证了近代英国赋税来源与用途的变化和发展。毕竞悦⑧则论证了从“光荣革命”后至拿破仑战争结束期间英国政治改革与税制改革的平行发展,认为革命导致了英国宪政体制的建立,最终完善了英国的税收体制,使英国的税收置于宪政制度的保障下。谢天冰⑨分析了 16 至 18 世纪英国因资本主义产生和发展所引发的经济和政治近代化与税制近代化的关系,认为资产阶级“现代税收制度”的确立加速了资本的原始积累,为工业革命创造了条件,使英国早早步入了强国之列。韩玲慧⑩分析了自工业革命开始英国财政税收

①　施诚:《中世纪英国财政史研究》,商务印书馆 2010 年版;《论中古英国“国王靠自己过活”的原则》,《世界历史》2003 年第 1 期;《中世纪英国国王的财政特权》,《历史教学问题》2006 年第 2 期;《中古英国税收结构的演变》,《首都师范大学学报》(社会科学版)2001 年第 2 期;《中世纪英国国王的借款活动》,《首都师范大学学报》(社会科学版)2004 年第 6 期。

②　王晋新:《近代早期英国国家财政体制散论》,《史学集刊》2003 年第 1 期。

③　张乃和:《16 世纪英国财政政策研究》,《求是学刊》2000 年第 2 期。

④　张殿清:《英国都铎宫廷炫耀式消费的政治意蕴》,《史学集刊》2010 年第 5 期;《英国都铎王室领地流转的政治意蕴》,《贵州社会科学》2010 年第 10 期。

⑤　于民:《论中世纪和近代早期英国中央财政管理机构的沿革》,《史学月刊》2007 年第 6 期;《复辟时期的英国财政与税收史研究评述》,《安徽史学》2006 年第 2 期;《论都铎和斯图亚特王朝早期英国财政借款的性质》,《社会科学论坛》2006 年第 12 期。

⑥　陆伟芳:《英国税制发展特征初探》,《扬州大学税务学院学报》2004 年第 3 期;陆伟芳、余大庆:《18 世纪英国税收制度的发展》,《扬州大学税务学院学报》1997 年第 4 期。

⑦　滕淑娜:《从赋税来源与用途看英国近代议会与税收》,《史学理论研究》2011 年第 2 期。

⑧　毕竞悦:《政制转型与国家税收——1688—1815 年的英国》,《学海》2010 年第 5 期。

⑨　谢天冰:《英国赋税制度的近代化及其特征》,《求索》1991 年第 4 期。

⑩　韩玲慧:《英国财政税收制度的演变:1597 年至今》,《经济研究参考》2009 年第 4 期。

制度的确立过程，论证了英国财税体制的建立为英国成为世界上第一个工业化和现代化国家奠定了基础，进而阐明了英国税制对中国税制的借鉴意义。郭家宏、王广坤的《论 19 世纪下半期英国的财税政策》① 对 19 世纪后期英国的赋税政策变革背景、内容及意义作了论述。陆伟芳的《19 世纪英国税收制度的演进》② 论证了 19 世纪英国在完成近代社会转型的过程中，英国的税制也经过了由间接税到直接税的转变，这一转变为英国创造了一种可靠而稳定的税收来源，确立了现代税收体系的重要支柱。徐红的《机构整合与程序简化：20 世纪后期英国议会财政权的改革举措》③ 论证了 20 世纪 70 年代以后英国的议会财政权改革情况。李平、董曦明、刘作明的《英国的财政政策及其经济发展》④ 则对"二战"后英国的财政政策理论、财政政策演变作了论述。叶供发的《财政权与历史视野中的英国议会》⑤ 从财政权在议会上院与下院间的演变方面阐述了英国下院逐渐掌控财政权的过程及产生的影响。钱乘旦的《20 世纪英国政治制度的继承与变异》《寻求社会的"公正"——20 世纪英国贫富问题及福利制度演进》⑥ 则论证了 20 世纪英国政治制度的继承与变化，并针对 20 世纪英国出现的贫困、失业等社会问题进行了分析。郭义贵《从济贫法到福利国家——论英国社会立法的进程及其作用与影响》⑦ 在分析英国由济贫法到福利国家建设过程中政府社会立法的进程及作用时，对英国的赋税问题有所涉及，为我们的研究提供了一定的借鉴资料。侯志阳的《西方社会保障理念基础的演变及其启示》⑧、汤剑波的《西方早期社会保障制

---

① 郭家宏、王广坤：《论 19 世纪下半期英国的财税政策》，《史学月刊》2011 年第 8 期。
② 陆伟芳：《19 世纪英国税收制度的演进》，《扬州大学税务学院学报》2002 年第 1 期。
③ 徐红：《机构整合与程序简化：20 世纪后期英国议会财政权的改革举措》，《理论界》2006 年第 11 期。
④ 李平、董曦明、刘作明：《英国的财政政策及其经济发展》，《南开经济研究》1998 年增刊。
⑤ 叶供发：《财政权与历史视野中的英国议会》，《历史教学问题》1997 年第 6 期。
⑥ 钱乘旦：《20 世纪英国政治制度的继承与变异》，《历史研究》1995 年第 2 期；《寻求社会的"公正"——20 世纪英国贫富问题及福利制度演进》，《求是学刊》1996 年第 4 期。
⑦ 郭义贵：《从济贫法到福利国家——论英国社会立法的进程及其作用与影响》，《华中科技大学学报》（人文社会科学版）2002 年第 3 期。
⑧ 侯志阳：《西方社会保障理念基础的演变及其启示》，《北京科技大学学报》（社会科学版）2004 年第 4 期。

度背后的主流价值观》①、高岱的《20 世纪初英国的社会改革及其影响》②
等文都有所涉及 20 世纪英国的赋税问题。

除相关文章外,与英国税制多少相关的还有一些博士、硕士论文。杨
懿的《一战时英国财政状况研究》③ 论证了"一战"前后英国的财政收
入及支出情况,其中有相当章节论述了"一战"前后英国的税制变化情
况。马传伟的《财产税与社会公正——英国的经验与启示》④ 则从财产税
与社会公正的视角分析了英国的税制演变及对英国的影响。李永斌的
《论二战时期英国的战时财政政策》⑤ 从"二战"时英国的税制理论、税
制结构及赋税用途等方面,论证了"二战"时英国的战时财政政策。江
姗的《试析十九世纪末二十世纪初英国国民效率思潮》⑥ 论证了 19 世纪
末 20 世纪初英国国民效率情况,分析了此阶段英国的经济发展及政府相
关对策。成浩元的《温斯顿·丘吉尔与 1908—1911 年英国失业改革》⑦
论述了 20 世纪初英国的失业及政府的应对政策。

综上,国内外学术界对 18 世纪至 20 世纪初的英国税制与政府社会政
策的研究尚有许多不足之处,使得我们有必要对此阶段英国的税制变迁及
其对政策社会政策的影响作一梳理。不仅如此,英国是世界上现代化税制
起步较早的国家,其税制中有许多值得借鉴之处。通过研究英国税制可以
为中国的税制改革和税制现代化提供一定的借鉴意义。

第三节　英国税制与政府社会政策的研究现状分析

综观国内外学术界,尤其是西方学术界有关英国税制的研究,不难发
现,整体性、专题性的研究和资料整理极为丰富、极有功底,这些都为进

---

① 汤剑波:《西方早期社会保障制度背后的主流价值观》,《南京师大学报》(社会科学版)
2009 年第 6 期。

② 高岱:《20 世纪初英国的社会改革及其影响》,《史学集刊》2008 年第 3 期。

③ 杨懿:《一战时英国财政状况研究》,硕士学位论文,湖南师范大学,2010 年。

④ 马传伟:《财产税与社会公正——英国的经验与启示》,硕士学位论文,山东大学,2010 年。

⑤ 李永斌:《论二战时期英国的战时财政政策》,硕士学位论文,湖南师范大学,2009 年。

⑥ 江姗:《试析十九世纪末二十世纪初英国国民效率思潮》,硕士学位论文,南京大学,
2012 年。

⑦ 成浩元:《温斯顿·丘吉尔与 1908—1911 年英国失业改革》,硕士学位论文,南京大学,
2012 年。

一步研究英国税制奠定了良好的资料基础和方法基石。然而，从对东西方学术界有关英国税制研究的梳理过程中，我们看到现在存在的研究不足及需要继续深入之处。

首先，对英国税制史的研究缺乏一个整体性的梳理和阐释。目前，国内对英国财政和税制史的研究主要集中于中世纪和近代早期，近代中后期及19世纪、20世纪的英国税制研究还很少见。为了对英国税制有一个整体性、贯通性的认识和评价，我们非常有必要继续深化这一研究。

其次，对英国税制的研究要放在多学科视角下进行交叉研究。目前，国内外学界对英国税制的研究多从"史学"角度进行阐述，而忽视了税制的特殊性，即它是史学、经济学、税收学、财政学、经济学和政治学等的交叉学科。正因为忽视了这点，导致了我们的研究缺乏相关学科理论的引入和介绍，这些可从前述学者的研究情况中得见。正因为这一忽视，致使我们的研究视阈相对狭窄，仅局限于历史的视野之下，缺乏理论支撑。有鉴于此，我们的研究亟待进一步深化。

最后，对英国税制的研究大多从税制理论、税制结构等方面进行论述，而少见将税收与政府社会政策联系在一起的论述。须知，税收是政府用政治强制力从纳税人手中取得的一部分收入，为了获得纳税人的同意并体现税收"取之于民，用之于民"的回馈社会的功能，政府还需将税收的一大部分投入社会公共领域，解决民心所系、民心所向的诸多民生问题。有鉴于此，我们的研究有待进一步加强和深化。

第二章

18世纪英国税制变迁与政府社会政策

1688年"光荣革命"后，英国基本上确立了议会在赋税领域的主导权，国王要征税则必须遵循经过议会同意方能纳税的原则。自此，中世纪时期英国国王的"家计财政"基本上退出了英国的赋税领域，近代英国财税体制基本形成。到18世纪，英国的税制呈现出与此前不同的特征。在税制理论上，中世纪国王"靠自己过活"的税制原则被打破，代之以议会掌握赋税批准和开支的近代税制体系。因为18世纪英国在经济上尊奉重商主义经济政策，由此体现在税制理论上则是主张限制进口及提高进口关税的重商主义税制理论。重商主义税制理论产生于14世纪，到18世纪中叶开始衰落。18世纪伴随着工业革命的进行，英国的大量商品需要寻求更广阔的市场和更优惠的政府税收政策，在这样的背景下，主张自由放任主义的古典政治经济学开始为政府所推崇，其代表人物是英国古典政治经济学家亚当·斯密。斯密主张政府不干预经济的自由放任主义，为了给国家带来更多财富的同时又不引起本国国民的怨言，斯密提出了税制四原则，即平等、确定、便利、节俭。古典政治经济学的税制理论一直到19世纪70年代前都占主导地位，对英国政府的税制思想及社会政策实施产生了重要影响。在税制结构上，18世纪英国的税制形成了以关税、消费税等间接税为主的税制结构，土地税、财产税等直接税所占比重不大。在赋税的用途上，因为18世纪英国多处于战争之中，由此，18世纪英国赋税的大部分都用于战争。当然，赋税当中还有一小部分用于解决社会上的贫困等问题，同时，政府还推行了一系列税收优惠或减免的惠农政策，为18世纪英国农业的繁荣和现代化发展作出了贡献。这里需要指出的是，18世纪英国政府奉行自由放任的经济政策，由此，政府在社会问题的处理上还处于被动、消极阶段，对贫困、失业等社会问题的投入和处理既不充足也无力度。

第一节　议会税收大权的确立

英国的财政税收权由议会掌握始于中世纪时期，那时，英国尚无国家财政收入和公共财政收入这一说法。中世纪时，英国国王主要"靠自己过活"（live on his own），即国王主要靠王室领地（crown lands）①和封建特权收入维持生活，我们称此类型的收入为"正常收入"。除"正常收入"外，国王还有一种"非正常收入"，"非正常收入"只有在紧急情况下才能征收，中世纪时所谓的紧急情况主要是指战争。"非正常收入"需要征得国民的同意，这一原则早在13、14世纪议会产生即已确立，后又经过了多次确认②。只不过，至16、17世纪的斯图亚特王朝时期，就王权和议会权而言，虽然议会控制着国王的"钱袋子"，但那时的王权相对强大，议会对财政权的控制基本上处于国王要钱、议会给钱的地位。在当时王室财政和国家财政不分的税收收入中，国王的"正常收入"占相当大的比例。

在财政税收控制权方面，国王权力渐微而议会权力日盛的状况始自1688年的"光荣革命"后。革命后，英国确立了君主立宪制政体，此政体是一种"混合均衡"宪政（mixed and balanced constitution）③，亦即"光荣革命"在国王和议会之间建立了一种互相妥协的关系，这种关系体现为国王仍然拥有任命官员、独立享有一定的财政支配权及议会掌握主要财政权。国王与议会间有关税收权的状况随着时间的推移和英国政治经济状况的变化而逐渐改变，国王的财政权进一步衰弱直至议会完全握有财政大权。为保证议会的税收权力，"光荣革命"后英国通过了一系列制度保

---

①　王领，我国世界中世纪史学家马克垚教授将国王自己的领地称之为"王领"。王领（royal demesne 或 crown lands），是国王作为全国最高封君所拥有的自营地。中世纪英国国王从王领获得的收入主要包括地租、任意税，以及临时王领带来的各种收入。

②　1215年《大宪章》规定："国王如欲征税，应用加盖印信之诏书致送各大主教、主教、住持、伯爵与男爵，指明时间与地点召集会议，以期获得全国公意。此外，仍应通过执行吏与管家吏普遍召集凡直接领有余等土地者。召集之缘由应于诏书内载明。"此后，《大宪章》又被反复确认过44次。

③　D. B. Horn & Mary Ransome, *English Historical Documents*, 1714 – 1783, Eyre & Spottiswoode, 1957, p. 81.

证了议会税收大权的至高无上。

一　议会税收大权的制度保障

1.1689 年《权利法案》对国王税权的制约与议会财税权的确立。1688
年"光荣革命"后，英国在政治上确立了君主立宪制政体。"光荣革命"通
过"革命解决"更换了新的国王、通过"宪政解决"在英国确立了君主立
宪制政体、通过"财政解决"确立了议会的财政大权。至于"光荣革命"
的这三大解决中哪个更重要或者是为其他两大解决奠定基础，对此问题，
程汉大教授和于民教授都认为：在这三大解决中，"财政解决"的意义更为
重大。① 的确，回顾自中世纪以来英国的宪政发展历程可见：英国历史上的
宪政问题从来都是与财政问题纠缠在一起的，议会税收大权的逐渐确立亦
是因国王的征税问题而起。因财政税收问题的解决从而推动了英国的宪政
发展，从这个意义上来讲，"财政解决"的意义更为重大。

那么，1689 年的《权利法案》是如何规定国王与议会之间财政税收
权力的呢？英国历史档案中有关记载如下："凡未经议会允许，假借国王
特权，或供国王使用而任意征税，超出议会允许的时间或方式，皆属违
法。"②《权利法案》对国王和议会财政权的规定使近代意义上国家公共财
政制度和税收宪政制度得到了法律保障，是英国近代税制和国家公共财政
确立的开端。

1689 年的《权利法案》虽然从法律上确立了议会的税收大权，但
《权利法案》中关于国王与议会之间财政权的规定并不意味着国王已经完
全失去了财政权力，也不表示议会已经完全拥有了所有的财税权力。自
"光荣革命"后，在税收问题上，国王和议会之间的博弈呈现出国王财政
权力日渐萎缩、议会财政权力逐步扩大乃至完全拥有的演变过程。有关此
点，我们可从 1690 年的几个财政法案、王室专款制度以及议会财政预算
制度、审计制度等得以说明。

2.1690 年代财政法案对国王财政权的规制。1688 年"光荣革命"

---

① 参见程汉大《"光荣革命"与英国中央权力结构的变化》，《山东师大学报》（社会科学
版）1992 年第 5 期；于民：《财政权规制视域下的英国宪政——1690 年英国财政解决的宪政意义》，
《文史哲》2012 年第 4 期。

② Andrew Browning, *English Historical Documents*, 1660－1714, Eyre & Spottiswoode, 1953,
p. 123.

后，为了进一步规制国王的财政权力，议会于 1690 年 3—4 月通过了几个财政法案，规定了赋税的征收及税权的控制问题。议会把政府的财政收入分为了两部分：一部分是国王的正常税入，另一部分是议会的特别拨款。国王的正常税入主要来源于关税和国产税，英国的关税自国王即位以来即被议会授予终身享有的权利，但"光荣革命"后，议会改变了这一传统，只授予国王 4 年的关税征收权。这一规定被认为是"最安全的方法，此方法可以保证议会经常召开"。① 不仅关税，国王正常税入中国产税的收入亦远远不及政府的实际需要。有数据统计，当时政府每年正常开支经费为 145 万英镑，而给予国王威廉的正常税收仅为 104 万英镑，每年约短缺40 万英镑。② 具体情况如下两表③：

表 2 - 1 - 1　　　　　1689—1701 年国王的固定岁入　（单位：英镑 - 年平均数）

时间 岁入项目	1689—1691	1692—1694	1699—1701
关税	372772	392196	465496
国产税	553492	414863	387794
邮费收入	55788	60268	75975
其它零杂收入	59014	74852	50337
合计	1041066	942179	979552

表 2 - 1 - 2　　　　1689—1701 年和平时期政府实际开支

（单位：英镑 - 年平均数）

时间 开支项目	1689—1691	1692—1694	1699—1701
王室与政府费用	592744	663702	760327
海军	496080	496080	1032365
军械	60000	60000	55993
皇家卫队与要塞费	300000	300000	353807
合计	1448824	1519782	2202496

① Stephen Dowell, *A History of Taxation and Taxes in England*, *from the Earliest Times to the Present Day*, *Vol. II*, Frank Cass & Co. Ltd. , 1965, p. 42.

② 程汉大：《"光荣革命"与英国中央权力结构的变化》，《山东师大学报》（社会科学版）1992 年第 5 期。

③ 程汉大：《英国政治制度史》，中国社会科学出版社 1995 年版，第 204 页。

　　由以上两表可知，在 1689—1691 年间，国王政府平均每年短缺 40 多万英镑。到 1692—1694 年间，短缺数增加到 50 多万英镑。就是这样一笔并不充足的正常岁入，议会还附加了多种额外开支条件，例如，为了支付远征爱尔兰和对法战争的需要，议会要求用部分国产税和关税作担保，分别借款 25 万英镑和 50 万英镑，这两笔款项要从国王未来的正常岁入中偿还。此外，复辟时期的政府欠债及其利息也要从正常岁入中偿还，估计每年要付出 20 万英镑。① 由此可见，国王威廉实际得到的终生享用的正常岁入只及詹姆士二世的一半（后来通过 1697 年《国王年金法案》将其数额固定为每年 70 万英镑），完全不敷支出。用当时的廷臣艾特里克的话说，新国王被置于"仅够伙食钱"的困地。②

　　有关赋税的使用情况，1688 年"光荣革命"后确立了一个新的原则，即议会有权知道拨给国王的款项的使用情况。由此，英国确立了财政预算制度，即：每年由财政委员会（取代了之前的财政部）编制财政预算案，提交议会审议批准；预算案实行专款专用原则，明确规定各项经费的来源和用途。"预算案一旦通过，国王政府不得随意改动、不得挪用款项。为保证预算案严格执行，议会经常成立财政审查委员会，对上年度的财政收支情况进行检查。"例如，1690 年下院审查了前两年的军费收支账目，第二年又进行了同样的财政检查，并拒绝了上院议员参加检查委员会的要求。对此，哈维茨说，"1691—1697 年间，国王、政府被迫生活在数个议会委员会的监督之下"。③ 英国政府通过申报财政预算的方式向议会负责。"大多数公共预算能够相当精确地代表政府的活动和支出决策，因而它提供了一个相当有利的位置来观察政府，并提供了一种维护政府可信度的方法。"④ 财政预算为议会控制政府提供了舞台，议会从最初只是国王收集钱财的工具，到利用征税批准权以及财政监督权对王权进行制约，不断壮大自己的力量直至议会主权原则得以确立。

---

　　① 程汉大:《"光荣革命"与英国中央权力结构的变化》,《山东师大学报》（社会科学版）1992 年第 5 期。

　　② 程汉大:《英国政治制度史》,中国社会科学出版社 1995 年版，第 205 页。

　　③ 程汉大:《英国政治制度史》,中国社会科学出版社 1995 年版，第 211 页。

　　④ ［美］爱伦·鲁宾:《公共预算中的政治：收入与支出、借贷与平衡》,叶娟丽等译，中国人民大学出版社 2001 年版，第 330 页。

在赋税的征收方面，到 1690 年，英国已经废除了有诸多弊端的包税制（例如，1671 年废止了关税包税制、1683 年消费税的包税制被取消、1684 年炉灶税的包税制被废止）。英国政府任命了全职的征税官员，到 1690 年时，英国已经有 2500 多个税收公务员了。[①] 这些人基本上被平均地分配到关税和消费税的征管上。全职税收官员的好处在于税收官员感到了自己的责任，作为政府的公务员，全职税收官的职责让他们后来成为国家可靠的税收支持者，保证了英国税收征收工作的顺利进行。

在赋税的监督方面，1854 年，议会制定《公共收入统一基金支出法》，规定：国内收入部、关税部的所有年度财政预算，都要提交议会。1861 年 4 月 2 日，又成立了公共账户委员会，委员会主要检查现行政策下经费的使用，以查实政府各部门的各笔经费是否用于法律规定的用途。1866 年，议会制定《国库与审计部法》，规定所有的部都要向议会提交审计后的账户，以验证议会拨付的钱是否依议会之规定而行。至 1912 年，英国建立了专门的预算委员会，监督议会授权赋税的使用情况。

3. 王室专款制度。"王室专款"（Civil List）始于 1698 年的《王室专款法案》，法案力图解决早在 17 世纪就已经存在的国王和议会之间围绕财政问题而产生的矛盾和冲突。所谓"王室专款"是指议会专门划拨出固定的费用用于政府和国王的日常开支，包括：大臣、法官、大使、领事和其他众多公职人员和官的薪俸，以及他们的各种养老金、酬金和津贴等。"王室专款"制度是"光荣革命"后国王和议会在有关财政大权问题上妥协的结果，它使国王得以保留一笔固定的资金用于政府和宫廷的各种开支。此制度是"光荣革命"后英国确立的混合均衡宪政的重要体现。在"王室专款"制度下，国王得以保留一定的财政自主权，可以自由支配此款而不必向议会说明其支出情况。然而，"王室专款"制度下国王享有的一定的财政独立权亦在与议会的博弈中逐渐丧失。有关此点，下文将对"王室专款"制度的历史背景及演变历程作简单的介绍。

从理论上来讲，虽然 1688 年的"光荣革命"确立了议会至上的宪政传统，但在实际上，革命后确立的君主立宪制政体更准确地说是一种"混合均衡宪政"。意即，国王和议会在法律的范围内共同行使国家权力，国家事务的运行需要国王和议会的合作才能得以进行。然而，在这

① Roy Douglas, *Taxation in Britain since* 1660, Macmillan Press Ltd., 1999, p. 12.

种"混合均衡宪政"下,财政问题仍是最关键的问题,英国议会坚持认为控制财政大权是限制国王权力的最有效手段,而国王却声称若没有一定程度的财政独立则王权不能保证在宪政体制下拥有合适的位置。在这场争论中,国王和议会达成妥协,"王室专款"制度即是妥协的产物。

"王室专款"制度实际上是中世纪国王"靠自己过活"税制理论的具体体现。这里的自己主要来源于王室领地、封建特权收入等。到查理二世时期,国王"靠自己过活"的财政收入基本上是每年120万英镑。期间,议会曾经想要控制这笔收入但未成功。至詹姆士二世时,其"独立"的收入已经超过每年190万英镑。① 1688年"光荣革命"后即位的威廉也希望永久获得与查理二世及詹姆士二世同样的"独立"收入,但未能实现。在给国王"终身"财政大权还是"阶段"财政权的问题上,议会政见不一。例如,约翰·劳瑟勋爵认为应该授予国王"终身"财政权以示对国王的信心,"我认为,我们应该对国王抱以信心,我相信国王会定期经常召开议会。若国王做不到这点,我将不会冒着我的生命和未来的命运来做这件事情。"② 然而,在这场争论中,大多数议员认为不应该给予国王独立的财政权。对此,约翰·伯奇说道:"对我们而言,最悲哀的事情莫过于我们授予了国王享有终身财政独立权而我们却不得不亲吻国王的手臂。"③ 经过一番争论后,1689年3月20日,下议院同意授予国王每年120万英镑的年金,其中"王室专款"的款额是每年60万英镑。此后,至1697年12月21日,议会授予国王每年70万英镑的终身"王室专款"。1698年《王室专款法案》授予威廉三世终身享有的"王室专款"额度是每年70万英镑。④ 由此,威廉三世获得了一定的财政独立。对此,威廉三世带着胜利的口吻写信给海因修斯(Heinsius):"昨天事情进展得很顺利,议会尊重了我的财政独立权,

① E. A. Reitan, "From Revenue to Civil List, 1689 – 1702: The Revolution Settlement and The 'Mixed and Balanced' Constitution", *The Historical Journal*, xiii, 4, 1970.

② E. A. Reitan, "From Revenue to Civil List, 1689 – 1702: The Revolution Settlement and The 'Mixed and Balanced' Constitution", *The Historical Journal*, xiii, 4, 1970.

③ E. A. Reitan, "From Revenue to Civil List, 1689 – 1702: The Revolution Settlement and The 'Mixed and Balanced' Constitution", *The Historical Journal*, xiii, 4, 1970.

④ Andrew Browning, *English Historical Documents*, 1660 – 1714, Eyre & Spottiswoode, 1953, p. 299.

授予我每年70万英镑的固定收入。"① 然而，到1701年，国王独立使用"王室专款"的情况因英国政治的变动而改变。1701年，执政的托利党开始削减"王室专款"并控制了其中一部分款项的使用。例如，1700年，"王室专款"的收入额是78万零299英镑，超出了开始预计的70万英镑。1701年5月23日，议会决定从"王室专款"中每年抽出19万2400英镑用于公共目的。议会下院这样做的结果是将"王室专款"的数额又降回至每年60万英镑。② 如此，威廉三世不得不从自己的口袋里抽出一部分以应付战争的需要。至安妮女王即位后，议会授予其终身享有"王室专款"的财政大权。1760年，乔治三世即位，有关王室专款的争论达到了顶峰，议会趁此机会改变了"王室专款"，给予国王总共80万英镑的固定年金（包括"王室专款"）。此结果使国王的财政独立权进一步削弱，标志着议会财政大权的进一步增强。此后，"国王专款始终处于短缺状态，国王经常为额外的收入求助于议会，因而为国王新的让步、议会新的要求提供了机会"。③

总之，18世纪英国国王"王室专款"的收入和支出很少能够达到平衡。威廉三世时期，"王室专款"每年的收入和支出都将近70万英镑，若"王室专款"有剩余，议会则作为他用。到安妮女王统治时期，"王室专款"的收入每年要远远低于70万英镑。1712年，威廉为偿还"王室专款"的债务不得不借债50万英镑。乔治一世执政后，议会同意补足短缺的收入而授予其每年近70万英镑的"王室专款"，同时规定：若"王室专款"的收入超过每年70万英镑，则议会可将其作为公共之用④。乔治二世时期（时值沃波尔当政），"王室专款"的收入约每年80万英镑，议会承诺：若"王室专款"不足，议会可以弥补其财政赤字。如此，至乔治二世执政末期，"王室专款"的收入是87万6988英镑⑤。与之前的

---

① E. A. Reitan, "From Revenue to Civil List, 1689 – 1702: The Revolution Settlement and The 'Mixed and Balanced' Constitution", *The Historical Journal*, xiii, 4, 1970.

② E. A. Reitan, "From Revenue to Civil List, 1689 – 1702: The Revolution Settlement and The 'Mixed and Balanced' Constitution", *The Historical Journal*, xiii, 4, 1970.

③ 毕竞悦：《政制转型与国家税收——1688—1815年的英国》，《学海》2010年第5期。

④ E. A. Reitan, "The Civil List in Eighteenth-Century British Politics: Parliamentary Supremacy versus the Independence of the Crown", *The Historical Journal*, ix, 3, 1966.

⑤ E. A. Reitan, "The Civil List in Eighteenth-Century British Politics: Parliamentary Supremacy versus the Independence of the Crown", *The Historical Journal*, ix, 3, 1966.

"王室专款"不同,乔治二世时期的"王室专款"可以随着国家财富的增长而增加,这说明:国王独立的"王室专款"与议会控制的财政收入之间始终要保持一定的比例,国王的财政独立权又得到了进一步的支持。

尽管"王室专款"的费用在整个国家的财政收入中只占很小的份额,但是,"王室专款"问题却是 18 世纪最敏感的问题之一。"王室专款"问题在一定程度上反映的是宪政问题,它表明了在国王的财政独立权和议会控制财政大权间二者的矛盾和冲突。这种冲突到乔治三世执政初期达到顶峰,议会开始采取相关措施解决因国王独立财政权存在而造成的政治问题。1760 年的《王室专款法案》使"王室专款"开始发生转变,"王室专款"的财政收入移至议会,在议会的控制下,国王每年收到 80 万英镑的固定年金。从表面上看,乔治三世的年金数量与乔治二世相同,但实际上此时的"王室专款"已经被缩减。因为此前乔治三世的王室专款收入年平均为 82 万 3956 英镑,其执政的最后一年"王室专款"的收入达 87 万 6988 英镑。而且,乔治二世时期"王室专款"是随着国家财富的增长而增加的,这就意味着在国王的财政收入与议会财政收入之间始终要保持一定的比例。如果乔治三世时期能够获得如乔治二世时期一样条件的"王室专款",那么,1777 年,乔治三世的"王室专款"收入将达到每年100 万英镑,到 1798 年将达到 181 万 2308 英镑。① 这笔财政收入将是对国王财政独立权的重要支撑,然而,1760 年的《王室专款法案》规定给国王每年 80 万英镑的固定年金,且这一年金还要置于议会的监督之下。每年 80 万英镑的固定年金使乔治三世很难保持其收入与支出的平衡,自始至终,乔治三世每年 80 万英镑的固定年金都不能满足其支出的需要。据统计,1761 年和 1762 年的"王室专款"支出总额平均每年 98 万 5231英镑,远远超出了 80 万英镑的固定年金数额。1763—1769 年,"王室专款"开支的数额年平均为 90 万 8563 英镑。1769 年,王室专款的支出已经有 50 多万英镑的赤字。② 这引起了依靠"王室专款"的官吏、商人、领养老金者等人的抱怨。但有关"王室专款"的问题在随后的几年中并未得到解决,1769—1777 年,"王室专款"继续处于赤字状态,平均每年

① E. A. Reitan, "The Civil List in Eighteenth-Century British Politics: Parliamentary Supremacy versus the Independence of the Crown", *The Historical Journal*, ix, 3, 1966.

② E. A. Reitan, "The Civil List in Eighteenth-Century British Politics: Parliamentary Supremacy versus the Independence of the Crown", *The Historical Journal*, ix, 3, 1966.

约 88 万 9576 英镑,到 1777 年,"王室专款"的赤字已超过 60 万英镑。①"王室专款"的赤字状况使国王和议会不得不面对现实,16 年来"王室专款"的支出已经远远超出了其收入,由此,诺斯提出将"王室专款"提升至每年 90 万英镑并最终获得通过。

综上,1769—1770 年及 1777 年"王室专款"的问题说明了该问题所具有的宪政和政治方面的重要意义。这标志着国王在"王室专款"上拥有独立财政权的状况即将结束。围绕"王室专款"问题的争论为 18 世纪 80 年代伯克的经济改革扫清了道路,"王室专款"最终丧失了独立权,归议会所有。1780 年,伯克的经济改革计划开始抨击"王室专款"制度。1782 年的《经济改革法案》使"王室专款"中国王的财政独立权分崩离析。伯克经济改革的目的主要是防止国王滥用"王室专款"从而将之置于议会的监督之下,改革破坏了国王对"王室专款"的财政独立权,议会财政大权至高无上地位得以确立。由此,18 世纪议会和国王之间围绕财政权问题而产生的矛盾得以解决,议会享有至高无上财政权的地位得以确立。可以说:"伯克法案结束了国王与议会之间为了控制财政而进行的长期斗争,它是国王与政府财政相分离的最后一步。"②

二 上下两院有关财税权的合作与冲突

此前已经论述了英国国王与议会之间有关财税权的博弈历程,及"光荣革命"后为确保议会财税至高无上权力而实行的一系列制度保障。可以说,到 18 世纪结束时,国王所享有的一定的财政独立权亦被议会所掌握和监督,自中世纪以来的王室财政最终分崩离析,被归于了国家财政(公共财政)之下。这可从英国国王收入在国家财政收入中所占的比重看出,如下表③:

---

① E. A. Reitan, "The Civil List in Eighteenth-Century British Politics: Parliamentary Supremacy versus the Independence of the Crown", *The Historical Journal*, ix, 3, 1966.

② E. A. Reitan, "From Revenue to Civil List, 1689–1702: The Revolution Settlement and the 'Mixed and Balanced' Constitution", *The Historical Journal*, XIII, 4, 1970.

③ [美] 理查德·派普斯:《财产论》,蒋琳琦译,经济科学出版社 2003 年版,第 180 页。

表 2 - 1 - 3　　　　16—18世纪英王收入的国家财政收入中的比重

时间	英王收入占国家财政收入的比例（%）
1558—1603	28.83
1604—1625	20.41
1625—1640	12.24
1649—1659	3.16
1661—1685	5.41
1686—1688	6.97
1689—1714	1.98

　　由表可见，国王财政收入在英国国家财政收入中的比重呈急剧下降之势，由都铎王朝时期的28.83%下降到了"光荣革命"后的1.98%，其重要性几乎可以忽略。这种从王室财政到议会财政的转变，意味着英国的财政体制实现了由中世纪王朝财政向近代民族国家公共财政的革命性变革。

　　然而，议会掌握财政大权还附带另一个比较麻烦的问题，那就是上下两院对财政税收大权的争夺及最终财政权由上院向下院的转移。为了阐明下院对财政税收大权的最终掌控，我们有必要就其转变的历程进行说明。

　　在议会财政大权确立的过程中，先后经历了两个发展阶段：第一个阶段，国王与议会围绕财税权的争夺，最终以1782年《伯克法案》的通过为结束的标志，国王的"家计"财政向国家公共财政转变；第二个阶段，上院与下院在财税大权上的博弈，最终以1911年《议会法》和1949年《议会法》的通过作为下院胜利的标志。

　　英国上下两院产生于中世纪，在讨论税收问题时上下两院采用分院方法。开始时，上院和下院都是国王征税的对象，两院都有权讨论是否同意国王征税的要求。但就地位而言，中世纪上院的地位要高于下院，正所谓"在下院的请求下，经教会贵族、伯爵、男爵等同意，由国王制定"[1]。后来因税收主要是下院所代表的城市和郡交纳，所以下院可优先讨论税收问题。例如，1395年议会通过的税收法案规定"由下院制定，上院建议和同意"[2]。但这只是形式上的规定。至1407年，议会开创了税收法案自下院开始的传统。然而，中

---

[1]　马克垚：《英国封建社会研究》，北京大学出版社1992年版，第300页。

[2]　同上。

世纪时，议会上下两院在财税问题上的矛盾并不尖锐。

1640 年英国革命爆发后，上下院之间的矛盾逐渐尖锐，内战加强了下院的地位，确立了下院在税收上的原有权力。至 1660 年复辟时期，英国虽然重新恢复了上院，但其在税收上的权力已远不如从前。例如，1661 年时，上院曾为整修威斯敏斯特街道而动议征税，被下院以"任何增加平民赋税负担的法案都不应由贵族院提出"为由而否决。① 1671 年和 1675 年，上院又两次试图修改下院通过的征税案，导致下院通过决议，规定："一切财政拨款和助钱都是平民给予国王陛下的馈赠，所有此类法案都应由平民院提出……对此，贵族院不应作任何改动。"② 此后，在财政问题上，下院取得了控制政府钱袋子的优先权。随后，1678 年通过决议强调下院拥有给予国王财政援助和贷款的唯一权力，这一权力在理论上一直持续到 1860 年。③ 1701 年，在讨论财政拨款案时，肯特郡的大陪审团提出请愿书，恳求下院尽快通过拨款的这一做法惹恼了下院。下院指责他们"干涉下院权力"，下令将请愿者逮捕入狱。随后，下院通过决议，宣布除国王政府提出的财政法案外，下院不接受和处理其他任何有关财政拨款的任何动议。

然而，这并不意味着上院已经丧失了完全的财政税收权力。17 世纪末至 18 世纪时，议会上院仍然拥有可以拒绝财政议案的权力。直到 1911 年的《议会法》和 1949 年的《议会法》颁布，上院的财政权力才完全丧失（此点后文将专门论述）。

第二节　18 世纪英国的税制理论

一　中世纪国王"靠自己过活"税制原则逐步被打破

正如历史学家汤普逊所言："正确地说，在封建的盛世，公共征税是不存在的。甚至国王也是'依靠自己的收入而生活'，也就是说，他们是依靠王室庄园的收入，而不是依靠赋税的进款。"④ 由此可见，中世纪时，

① 程汉大：《英国政治制度史》，中国社会科学出版社 1995 年版，第 212 页。
② 同上书，第 211 页。
③ 胡康大：《英国的政治制度》，社会科学文献出版社 1993 年版，第 7 页。
④ ［美］汤普逊：《中世纪经济社会史》（下册），耿淡如译，商务印书馆 1963 年版，第 391—392 页。

英国几乎很少征税，国王的生活主要靠自己，其来源主要是王室领地和封建特权收入，即所谓的"正常收入"。除"正常收入"外，除非战争等紧急情况发生，否则国王不能征税。国王为应付对外战争、确保国家和国民安全所征收的赋税我们称之为"非正常收入"，需要经由议会批准方可征收。

中世纪时，国王的"家计"财政和国家财政尚未有明确界限，那时，国家除应付对外战争外并无太多其他事务需要处理，国王靠自己的收入基本上能够生活。然而，随着英国商品经济的发展、国家职能的逐步扩大，国王靠自己的收入已不能维持生活，需要不断向议会提出征税和拨款的请求，"国王靠自己过活"的原则逐渐被打破。① 至近代以来，在赋税的征收问题上，议会逐渐处于主导地位。1688 年"光荣革命"后经过了"革命解决"、"宪政解决"和"财政解决"，最终使国王完全不能靠自己生活，国王的"家计"财政亦被归入公共财政之下，近代英国税制由此得以确立。

"光荣革命"后至 18 世纪末，英国政府主要致力于国家经济发展，"18 世纪，英国的中心任务从宪政冲突转向经济发展和帝国扩展，英国人厌倦了国内的动乱，满意于经过前一个世纪的斗争而形成的政府体制"。② 君主立宪制政府确立后，英国致力于发展国家经济，18 世纪末以前，英国政府的经济主导思想是重商主义，重商主义经济思想对当时英国的税制产生了很大影响。

二　重商主义影响下的税制理论

重商主义产生于 15 世纪，全盛于 16、17 世纪，衰落于 18 世纪后期。重商主义分为早期重商主义（14 世纪至 16 世纪中叶）和晚期重商主义（16 世纪后期至 18 世纪）。早期重商主义倾向于在国家贸易活动中采取"多卖少买"原则，主张利用国家行政手段禁止金银出口，以使金银尽可能多的保留在国内。对此，恩格斯曾讥讽地指出，他们"就像守财奴一

---

① 参见张殿清《国王财政自理原则与英国基本赋税理论——都铎王朝末期突破国王财政自理原则的实证考察》，《华东师范大学学报》（哲学社会科学版）2007 年第 1 期；施诚：《论中古英国"国王靠自己过活的原则"》，《世界历史》2003 年第 1 期。

② 毕竞悦：《政制转型与国家税收——1688—1815 年的英国》，《学海》2010 年第 5 期。

样，双手抱住他心爱的钱袋，用妒嫉和猜疑的目光打量着自己的邻居"。①
因此，早期重商主义亦被称为货币差额论。与早期重商主义不同，晚期重
商主义虽然也坚持"多卖少买"的原则，但并不反对货币输出，认为只
要能在国家对外贸易中保持顺差，使更多的货币流入国内，增加国家财富
即可。此重商主义我们称之为贸易差额论。

在重商主义经济思想的影响下，英国出现了一批重商主义财税思想
家，他们从不同角度阐述了自己的重商主义赋税理论和观点：

（1）托马斯·孟②的赋税论

托马斯·孟（Thomas Mun，1571－1641）是英国晚期重商主义最著
名的代表人物，其重商主义理论及税收思想集中在他的代表作《英国得
自对外贸易的财富》③。此书是晚期重商主义的主要代表作，是包括英国
在内的一切实行重商主义国家的政治、经济等方面的基本准则。托马斯·
孟重商主义理论的核心是国际贸易差额论，为了取得更多的国际贸易差
额，他认为国家要采取有力政策和措施，其中主要是保护关税政策，以奖
励输出，限制输入。在赋税方面，托马斯·孟主张实行重税（即所谓
"重税无害论"），认为由于各国不同的特殊情况，征收重税不但是必需的
和合法的，而且在不同的角度上看，还是极其有利于国家的。④ 托马斯·
孟的重商主义和税收理论对 18 世纪英国政府的经济及赋税思想产生了重
要影响。在托马斯·孟的赋税思想中，他还特别强调赋税的平等原则，
"我还要说的仅仅是加添一条应该遵守的必不可缺的规则：就是当我们必
须筹集较多于从经常的赋税而来的款项时，我们就应该按平等的原则办
事，方可避免遭人民憎恨；因为除非他们的献纳是大家所认可的，否则他
们是决不会心悦诚服的。要达到这个目的，创立了议会制度乃是政府的一
种高明政策……要知道，一个国王之所以被人视为强大过人，与其说是在
于他的钱柜里存着的大量财富，还不如说是在于他有许多既富裕而又心悦
诚服的臣民"。⑤ 托马斯·孟的这一赋税思想体现了英国自中世纪以来的

①　《马克思恩格斯全集》第 1 卷，人民出版社 1956 年版，第 596 页。
②　又译托马斯·曼。
③　《英国得自对外贸易的财富》是托马斯·孟对《论英国与东印度公司的贸易》（1621 年
出版）彻底改写后，于 1664 年出版的。
④　［英］托马斯·孟：《英国得自对外贸易的财富》，袁南宇译，商务印书馆 2014 年版，第
72 页。
⑤　同上书，第 78—80 页。

赋税基本原则，为近代英国议会财政体制的建立奠定了一定的思想基础。对于此书的价值，马克思曾给予了很高的评价：该书"代表了重商主义体系对于自身的母体系的自觉的自我脱离。……100 年之内，一直是重商主义的福音书。因此，如果说重商主义具有一部划时代的著作，充当'某种入门标牌'，那么这就是托马斯·曼的著作"①。

（2）詹姆斯·斯图亚特的重商主义赋税思想。

詹姆斯·斯图亚特（1712—1780）是英国后期重商主义的集大成者，其代表作是《政治经济学原理研究》。在其论著中，斯图亚特对赋税的起源、本质、赋税征收的原则和赋税的分类进行了论述。关于赋税的起源，斯图亚特认为："赋税的根源在于古代社会富人的生活靠隶属的劳动与徭役维持，因为那时的经济社会是封闭的。以后，自由思想解放了隶属关系，这样，导致了工商业新秩序的形成，并进而促成了社会经济繁荣。换言之，没有法律和纪律就不会有工商业的繁荣。因此，为了维持持久的法律与纪律，保障国家权力、安全和独立，势必需要充分的赋税和军备。"② 而赋税必须使人民的年收入公平分配，不妨碍产业的发展和能够抵御外敌的侵犯，以便不妨碍纳税人的再生产。由于货币经济的发达，财富得以自由转移。从财富平衡的原理出发，赋税是有必要产生的。关于赋税的本质，斯图亚特认为，所谓赋税就是"用作支付经费支出的，通过立法机关法律程序或同意，对国家与个人课征得以果实、劳动或货币为表现形式的一定的贡献"。③ 有关赋税的征收原则，斯图亚特从三个方面加以阐述：一，法定主义原则，即赋税的征收必须经过立法机关的同意方可征收的税收法定主义原则；二，最低限度原则，即对生活必需品不能课以赋税，而对超过生活必需品的那部分课税亦必须有一个最低限度，否则会破坏国家的税源；三，消费比例原则，即征税必须根据消费者的消费比例征收。对于赋税的分类，斯图亚特将赋税划分为三类：比例税，即按同一比例缴付税金的赋税；累进税或任意税，即按财产和收益数额的增加而递增课征的赋税；对人的赋税，即对个人劳动课征的赋税。④

---

① 《马克思恩格斯选集》第 3 卷，人民出版社 2012 年版，第 614 页。

② James Steuart, An Zrguiry into the Principles of Political Economy, Vol. 1 London：Rontledge Press, 1992, pp. 441 –442.

③ Ibid. , p. 444.

④ Ibid. , p. 173.

重商主义赋税理论对 16、17 及 18 世纪初期英国的赋税理论及税制结构产生了重要影响，此点后文将有专门章节介绍。到 17 世纪末，英国资本主义迅速发展，封建生产关系处于最后瓦解阶段，在这一背景下，重商主义思想逐步瓦解，资产阶级古典经济学派兴起并对英国的赋税理论产生了影响。

综上，重商主义税制理论对 18 世纪英国的经济思想起了非常重要的指导作用。例如，在关税的征收上，因受重商主义的影响，英国政府限制商品进口并对之征收很高的税收，所以，18 世纪英国的税收收入中关税收入占政府财政收入的很大部分。据统计，1699—1701 年，英国的关税收入占政府财政收入的 47.52%①，具有极其重要的地位。1688 年"光荣革命"后至 18 世纪，英国的税制结构始终以间接税为主（尤其是关税和消费税），土地税和财产税等直接税所占比重不及间接税。据统计，17、18 世纪的英国，直接税在中央政府的财政收入中所占比重约为 25%，间接税是政府财政收入的主要部分，比例占到了 70% 左右。这种情况直到 19 世纪末 20 世纪初才得以改变。

总之，在上述税制理论的指导和影响下，18 世纪英国的税制结构呈现了以间接税为主的特征，而且因为 18 世纪英国多处于战争之中，所以，18 世纪英国的许多税种又具有临时性的特点。伴随着战争的结束，其中有些税制随之废止，有些则得以延续下来，继续为英国的国家财政提供可利用的收入来源。

当我们讨论 18 世纪英国的税收时，我们通常用史学家们常用的分期方法，即 18 世纪的英国不是指 1701—1800 年间的历史，而是 1714 年安妮女王去世之后的历史。安妮女王统治时期被认为是英国由 17 世纪向 18 世纪过渡的时期。因此，我们讨论 18 世纪英国的税制亦从安妮女王去世、汉诺威王室继位谈起。

18 世纪英国的税收至 1783 年呈现出了巨大的增长，总结其税收增加的因素如下：第一，18 世纪英国正处于由传统农业社会向近代工业社会的转型时期，随着政府机构的日益扩大、政府职能的日渐增多，政府开支与日俱增，需要开征新税或调整税率。第二，18 世纪英国战争不断，导致为应付战争而需要增加税收的状况。在这样的背景下，18 世纪英国的

① 于民：《坚守与改革——英国财政史专题研究》，中国社会科学出版社 2012 年版，第 107 页。

税制结构逐渐形成。18 世纪是英国税制历史上的开创时期,其税制结构以间接税为主并辅以简单的直接税。

第三节　18 世纪英国的税制结构

在论述 1714 年安妮女王去世后英国的税制结构之前,我们有必要就1688 年"光荣革命"后至 1714 年英国的税制结构情况作一简单回顾:

一　1688 年英国的主要税收及其收入情况

1688 年"光荣革命"后,英国的税制结构包括直接税和间接税,其中以间接税为主。其具体情况如下表[①]:

表 2 - 3 - 1　　　　　1688 年"光荣革命"后英国的税制结构

税制结构	主要税种		税额(单位:英镑)
直接税	壁炉税		200000
间接税	进口税和出口税	旧补助金(按商品价值计算,税率 5%)	总计:5770001
		吨税	
		羊毛税	
		1685 年授予的特别税收:	
		白酒税和醋税	173000
		烟草税和糖税	148000
		法国和印度亚麻、白兰地和丝绸等税	94000—4150002
	国内消费税	对啤酒、烈性酒、苹果酒、蜂蜜酒、醋、咖啡和巧克力的税收	610000
		白酒许可证税	10000—620000

注:1 是指 1685—1688 年间的平均值;2 是指 1687 年米迦勒节—1688 年米迦勒节的税收

---

① Stephen Dowell, *A History of Taxtion and Taxes in England, from the Earliest Times to the Present Day, Vol. II*, Frank Cass & Co. Ltd., 1965, p.34.

由上可见：1688 年 "光荣革命" 发生时，英国的税制结构以间接税为主，直接税所占比例很小。"光荣革命" 后，英国的税收收入大增，约在 180 万英镑至 190 万英镑之间。[①] 其中包括直接税（炉灶税，该税于1696 年被废除，代之以住户税和窗户税。因废除炉灶税而造成的年税收损失 20 万英镑；人头税，1698 年被废止，此税税额较小；财产税，该税在 "光荣革命" 初为月课（威廉三世执政时征收的一种财产税），后于1689 年根据个人的财产—土地收入征收）和间接税（以消费税、关税和印花税为主，包括：啤酒税、蒸馏税、盐税、煤炭税、玻璃税、烟斗税、麦芽酒税、皮革税、港口税等）。至 1702 年威廉执政结束时，英国政府征收的主要税种如下[②]：

表 2 - 3 - 2 1702 年英国政府征收的主要税种

直接税	土地税（改按年征收）
	住屋税（1696 年开征）
	对从事商业的工具或人的税收：对出租马车征税（1694 年征收）；对叫卖的小贩征税（1697 年征收）
	埋葬税、出生税和婚姻税（1695 年征收）
消费税	吃的：盐税（1694 年开征）；香料税（1695 年征收）
	喝的：啤酒税、麦芽酒税（1697 年征收）；白酒税（吨税和特别税收）；烈性酒税（蒸馏酒和进口烈性酒）；茶叶、咖啡和可可税（1695 年征收）
	烟草税：
	非吃喝类：木材税（来自欧洲，1690 年征收）；鱼翅税（whale-fins，1698 年征收）
	进出口物品税：法国商品税（50% 的附加税）；东印度和中国商品（以 1690 年的税收为标准征收附加税）
印花税（1694 年征收）	各类契约和文书税
	法律诉讼费

① Stephen Dowell, *A History of Taxtion and Taxes in England*, *from the Earliest Times to the Present Day*, *Vol. II*, Frank Cass & Co. Ltd. , 1965, p.38.

② Stephen Dowell, *A History of Taxtion and Taxes in England*, *from the Earliest Times to the Present Day*, *Vol. II*, Frank Cass & Co. Ltd. , 1965, p.63.

由上表可见，自 1688 年 "光荣革命" 至 1702 年威廉执政结束，英国的税制结构以间接税为主，直接税种类较少且税额不大。到 18 世纪初安妮女王执时，英国的税制结构仍以间接税为主。

二 1702—1714 年间英国的税制结构

1702—1714 年是安妮女王执政时期，期间英国的主要税收如下[①]：

表 2 - 3 - 3　　　　　　　　1702—1714 **年间英国的主要税收情况**

直接税	土地税（税率 2 先令）
	住屋税和窗户税（税率增加）
	对出租马车和小商贩的征税
消费税	吃的：盐税；香料税（1704 和 1709 年增加了新的附加税）；胡椒粉税和葡萄干税（1709 年开征）
	喝的：啤酒税（1709 年税率提高）、麦芽酒税和啤酒花税（1710 年征收）；白酒税；烈性酒税（1709 年税率提高）；茶叶、咖啡和可可税（1704 和 1711 年税率提高）
	烟草税：
	非吃喝类：欧洲木材税；海产煤炭税（税率每吨 3 先令 4 便士，取代此前的鱼翅税）；药品税（1704 和 1711 年税率提高）
	进出口物品税：法国商品税（50% 的附加税）；东印度和中国商品（征收附加税）
	制造品税（1709—1711 年征收）：蜡烛税、皮革税、肥皂税、纸张税、印染布料税、淀粉税、金银线税 报纸税、广告税
印花税	各类契约和文书税（税率增加）
	法律诉讼费

由安妮女王执政期间英国征收的赋税种类可见，英国在安妮女王执政时期，其税制结构仍以间接税为主，且间接税的种类增加了很多。

---

① Stephen Dowell, *A History of Taxtion and Taxes in England*, *from the Earliest Times to the Present Day*, *Vol. II*, Frank Cass & Co. Ltd. , 1965, p. 81.

三　1714 年后以间接税为主的税收

1714 年安妮女王去世，乔治一世登上王位，此后，乔治二世、乔治三世相继执政，18 世纪英国就是在这三位国王的执政中度过的。1714—1815 年拿破仑战争结束，英国在这段时期卷入了太多的对外战争，战争需要更多的税收给予保障，这导致 18 世纪英国税收的大量增加，其中开征了很多新的税种，税率亦历经变化。再加上自"光荣革命"以来英国政府机构的增加、政府职能的扩大等都需要通过税收来保证其运行，由此，18 世纪英国的税收大大增加了，税种复杂多变。但总体而言，就税制结构来讲，18 世纪英国的税制结构的基本特征是从简单直接税的开征到大量间接税推行的复合税制，其中尤以间接税为主。有关此点，我们可从 1715 年和 1783 年英国的纯公共收入和支出情况中得到印证①：

表 2 - 3 - 4　　1715 年 9 月 29 日英国的纯公共收入（来自财政部的数据）

	英镑	先令	便士
1715 年 9 月 29 日英国的国库盈余	1066689	15	5
扣除退税及征税费用后的公共财政净收入：			
关税……………………………………	1684661	11	5
消费税……………………………………	2302807	9	0
印花税……………………………………	142207	10	11
土地税和估价税，对养老金、公职人员			
及个人财产的税收……………………	1128669	8	10
邮政收入……………………………………	95263	3	0
王领收入……………………………………	158976	3	0
其它的各种收入：			
首年俸和什一税……………………	11544	15	9
其它少量的遗产收入………………	7498	16	0
部分预付款……………………………	15789	17	0
总计净收入……………………………	5547418	14	11

---

①　D. B. Horn & Mary Ransome, *English Historical Documents*, 1714 – 1783, Eyre & Spottiswoode, 1957, p. 297.

由上可见：1715 年英国的公共净收入主要来源于税收，其中间接税收入是 4129675 英镑 30 先令 16 便士；直接税收入以土地税和估价税为主，其总收入是 1128669 英镑 8 便士 10 先令。由此，1715 年英国的税制结构以间接税为主，直接税所占比重不大。至于 1783 年英国的赋税收入及开支情况，可见下表①：

表 2 - 3 - 5   1783 年 10 月 10 日英国国库盈余

	英镑	先令	便士
	3757230	16	0
扣除退税及征税费用后的公共净收入：			
关税…………………………………	2949374	13	4
消费税………………………………	5479975	5	9
印花税………………………………	855025	16	2
土地税和估价税及对养老金、公职人员			
和个人财产的征税收入………	2595639	13	5
邮政收入……………………………	165600	0	0
王领收入……………………………	1066	13	4
其它各种收入………………………	630677	3	6
总计公共纯收入……………………	12677359	5	6

由上可见：1783 年，英国的公共纯收入中税收收入是其主要来源，其中又以间接税收入为重，达到了 8429349 英镑 18 先令 13 便士；直接税中的土地税和估价税及其它税收收入是 3450664 英镑 29 先令 7 便士。间接税收入是直接税收入的近 3 倍。

以上我们只列举了 1715 年和 1783 年两年英国的税收收入及税制结构情况，这未免有失偏颇。下表就整个 18 世纪英国间接税和直接税在税收中所占的比重情况作一说明②：

①   D. B. Horn & Mary Ransome, *English Historical Documents*, 1714 - 1783, Eyre & Spottis-woode, 1957, p. 300.

②   Patrick K. O'Brien, "The Political Economy o British Taxation, 1660 - 1815", *Econmic History Review*, 2nd ser. XLI, 1, 1988.

表 2 - 3 - 6　　　　　18 世纪英国直接税和间接税所占比重　　　（单位：百万英镑）

年份	消费税和印花税		关税（进口）		直接税（土地税和财产税）	
	百万英镑	%	百万英镑	%	百万英镑	%
1700	1.7	35	1.2	25	1.9	40
1705	1.8	34	1.5	28	2.0	38
1710	1.9	36	1.3	25	2.1	40
1715	2.4	44	1.5	28	1.5	28
1720	2.8	46	1.7	28	1.6	26
1725	3.1	53	1.6	27	1.2	20
1730	3.0	49	1.6	26	1.5	25
1735	3.2	55	1.6	28	1.0	17
1740	3.2	52	1.5	24	1.5	24
1745	3.1	48	1.3	20	2.1	32
1750	3.5	51	1.4	20	2.0	29
1755	3.8	54	1.7	24	1.5	21
1760	4.1	49	1.9	23	2.3	28
1765	5.5	55	2.2	22	2.3	23
1770	6.0	57	2.6	25	1.9	18
1775	6.3	58	2.6	24	1.9	18
1780	6.6	56	2.6	22	2.6	22
1785	7.8	57	3.3	24	2.7	20
1790	7.5	43	6.3	36	3.6	21
1795	8.9	44	7.2	36	4.0	20
1800	11.5	36	11.5	36	8.8	28
1805	19.4	41	16.4	35	11.2	24
1810	22.9	36	18.8	30	21.2	34

　　由表可见，1700—1810 年间，英国的税制结构以消费税和关税为主，土地税和财产税等直接税所占比重不及间接税。这种趋势一直持续到 19 世纪末 20 世纪初为止。

　　上文只是简要地说明了 18 世纪英国的税制结构特征，关于 18 世纪英国的主要税种变迁，我们有必要作详细的说明：

　　（1）关税

　　英国的关税自中世纪时即已征收。初始，关税包括对进口和出口商品的征税（至少在理论上如此）。英国国王征收关税的目的是为了维持一支强大的海军,用以保护本国商人免受海盗和外来敌人的侵扰。国王享有征收关税的权力是英国议会在国王即位之初即授予国王终生享有的。作为一种比较有规律的经常性税收,关税对国王的意义重大。关税的征税额亦构成了王室财政非常重要的部分。

16、17世纪,英国关税的性质发生了根本性的变化。[①] 尤其是"光荣革命"后,英国的关税授予权及征收权完全由议会掌握,关税最终完全成为英国由议会控制的间接税。至18世纪,英国的关税收入因战争的原因有不同程度的波动,但自1697年以来,关税从来没有低于100万英镑,有时超过150万英镑。[②] 例如,1715年,英国的关税收入是168万4661英镑11先令5便士;1783年,关税收入达到294万9374英镑13先令4便士。[③] 沃波尔执政后,曾对关税进行了改革。对沃波尔关税改革的原因,著名的传记作者考克斯曾说道:"沃波尔发现英国的关税是世界上最糟糕的国家,为让这种情况得到改善,沃波尔进行了关税改革。"[④] 沃波尔的关税改革主要在1721—1724年间进行(这不包括他对茶叶、咖啡、可可豆、白酒和烟草税的改革,这些改革在此后进行),改革涉及来自美国的木材、丝绸、纸张、帽子、染色药物、鱼翅、药品、胡椒粉、香料、英国商品和制造品的出口,以及1660年以来所有不征关税的物品。具体情况如下:

第一,对美国木材的关税。沃波尔执政时,因英国奉行的是重商主义经济政策,此政策体现在关税上则是对外国进入英国本土的商品征收重税,由此导致了英国用于造船等所需要木材量的不足。在这种情况下,沃波尔取消了在英国的美国的种植园生产而输入英国的木材的关税。

第二,丝绸制造。18世纪,英国的丝绸制造有了很大的发展,然而,由于生丝和加捻丝的进口关税太高导致英国的丝绸商品无法与外国商品竞争,从而对英国的对外贸易造成了阻碍。在这样的背景下,沃波尔对其进行改革,使英国出口的丝绸类商品可以以一定的税率退税。

第三,为了鼓励英国的制造业发展,对用于印染药物的进口税亦被废止。

---

① 参见于民《论16—17世纪英国关税性质的演变》,《苏州科技学院学报》(社会科学版)2007年第1期。

② Roy Douglas, *Taxation in Britain since 1660*, Macmillan Press Ltd., 1999, p. 19.

③ D. B. Horn & Mary Ransome, *English Historical Documents*, 1714 – 1783, Eyre & Spottiswoode, 1957, pp. 297 – 300.

④ Stephen Dowell, *A History of Taxation and Taxes in England*, Vol. II, Frank Cass & Co. Ltd., 1965, p. 89.

这其中最主要的是靛蓝，同时还有其它用于印染的物品，以及旧破布（造纸的最好原料）、绳子、垃圾、旧渔网（仅用于造纸或纸板）的进口税亦被废止。而对那些海狸皮及制造帽子的普通原料的关税则有了大幅度的降低。

第四，废除了鱼翅的进口税。

第五，废除了药品的进口税（此税1711年时曾征收20%的附加税，后因证实有损于贸易的公平性及容易导致走私的盛行而被废止）。

第六，大大削减了对胡椒粉和香料等几乎所有的普通消费品征收的额外关税。此前，根据税则确定的这些消费品的税率不一，鉴于税率过于复杂的情况，沃波尔的关税改革根据这些物品的重量征收单一的关税，即胡椒粉每磅4便士、肉蔻3先令、丁香2先令、肉豆蔻1先令6便士。[①]

第七，取消了所有的英国出口商品的关税。1700年英国政府取消了羊毛产品、谷物、饼干和肉类的出口税。沃波尔执政后继续扩大了英国出口商品的免税范围，涉及英国几乎所有的制造品和商品。当然，其中有几种特定的矿物除外：矾、铅、铅砂、锡、铜、铅黄、青石和煤炭，以及制造皮革的原材料，如人造革、所有种类的皮囊和胶等。

总之，沃波尔执政期间对关税进行了改革，取消或者废止了对英国出口商品或是外国进口商品的关税，促进了英国对外贸易的增长。所以，尽管沃波尔执政期间英国的关税中有许多被废止或是削减，但英国的关税收入却没有因此而减少。关税征收范围虽然有较大的变动，但其收入总量在长时间里并没有太大波动，有数据统计，1721年的关税总额是145万英镑，1741年为143万英镑。[②]

沃波尔执政期间所做的税制改革中还有一点对18世纪到20世纪初的英国税制产生了重要影响，这就是沃波尔所提出的开征普遍消费的建议，虽然此建议在沃波尔执政期间并未付诸实践，但是对18世纪至19世纪英国以间接税为主的税制结构产生了重要影响。

（2）消费税

消费税最早于1643年开征，由皮姆所创设。消费税主要是对生活必需品和国内生产的商品征收。主要包括：啤酒、苹果酒、肉、盐、淀粉和帽

---

① Stephen Dowell, *A History of Taxation and Taxes in England*, Vol. II, Frank Cass & Co. Ltd., 1965, p. 91.

② Roy Douglas, *Taxation in Britain since* 1660, Macmillan Press Ltd., 1999, p. 25.

子。随着时间的推移,对啤酒征收的消费税变得越来越重要。与关税一样,消费税经常因需要而开征和变化。乔治一世继位后不久,罗伯特·沃波尔担任英国第一财政大臣。沃波尔执政初期,英国的国债负担很重。据统计,1714 年,英国的国债是 3620 万英镑,利息是 302 万英镑,其每年的利率高达 8% 以上。① 仅国债开支就占了政府年支出的一半以上。18 世纪,英国卷入了与西班牙的战争(1718—1721)和奥地利王位继承战争(1740—1748),因战争而起的开支需要更多的税收给予支撑,在这样的背景下,沃波尔在担任财政大臣期间(1721—1742)提出了开征普遍消费税的建议。

沃波尔提议开征普遍消费税的原因有三:第一,战争需要增加税收;第二,沃波尔一直希望能够降低土地税的税率,而这需要开征新的税种以弥补土地税减少所带来的损失;第三,在英国的对外贸易中,尤其是法国白酒、烟草和茶叶等贸易中存在着严重的走私现象,而这又使英国的财政收入大为减少。出于上述三个方面因素的考虑,沃波尔提议将白酒和烟草税从关税改为消费税中进行征收,沃波尔的建议在英国大众中引起了广泛争论。

对英国的土地所有者来说,沃波尔试图降低土地税率乃至最终废除土地税的想法非常符合土地所有者的利益和愿望。然而,出于担心因战争等紧急情况的需要而迫使国家必须重新征收土地税的原因,英国的土地所有者认为如果那种情况确实发生,那么,1692 年对土地价值的估价就不再可行了,因为那时的土地估价已经过时了。一种新的对土地的估计势在必行,而这意味着一些地区和个人将承担更多的土地税,而其他人则可能承担更少的土地税。基于这样一种复杂的情感,土地所有者阶级也不太希望普通消费税开征。

对沃波尔开征普遍消费税的建议,其反对党亦组成了利益集团对沃波尔的建议进行抨击。尤其是沃波尔于 1732 年初建议恢复开征盐税遭到了强烈的反对。例如,其中一个反对者说:“开征盐税意味着将有开征普遍消费税的倾向,这与人民的自由权利是不相符的。”另一个批评者认为:“开征盐税是很危险的事情,这是迈向普遍消费税的一步,将破坏英国的自由和颠覆国家的宪政。”② 面对反对者的批评,沃波尔对其开征消费税

---

① Roy Douglas, *Taxation in Britain since* 1660, Macmillan Press Ltd. , 1999, p. 24.

② Raymond Turner, “The Excise Scheme of 1733, *The English Historical Review*, Vol. 42, No. 1659, Jan. , 1927.

的原因进行了辩护和说明："我认为，为了生存，我们应该征收消费税。此税不应引来抱怨，消费税开征后将由所有的英国国民承担，此税同时还可公平而高效地为国家筹得资金。因此，让我们切实实施消费税吧，我相信消费税的开征将无可置疑地支持英国目前的处境。"①对反对者们的批评，内阁发言人驳斥了他们："我从未听到过任何有关开征普遍消费税的建议，我相信内阁中没有任何人有这一想法。"②

沃波尔提议开征消费税的建议在英国引起了关注，下面一幅有关消费税开征的漫画能够形象地说明这一问题③：

图 2 - 3 - 1　沃波尔开征消费税

这幅漫画指的是 1733 年的"消费税危机"。这是一幅颇具现代思想的早期漫画，此画附以一首打油诗，开头是"看，这只龙消费税，它有1000 只眼睛"。从画上可见，很多只龙消费税的头正在吞咽承载着消费税的条款，而有一只龙头正在吐出瀑布般流淌的钱币，将之扔到沃波尔的膝下。这幅漫画描述的是沃波尔执政时期聚敛财富的景象，正中问题要害。

①　D. B. Horn & Mary Ransome，*English Historical Documents*，*1714 – 1783*，Eyre & Spottiswoode，1957，p. 308.

②　Raymond Turner，The Excise Scheme of 1733，*The English Historical Review*，Vol. 42，No. 1659，Jan.，1927.

③　Roy Douglas，*Taxation in Britain since 1660*，Macmillan Press Ltd.，1999，pp. 22 – 23.

此后,漫画的叫卖者被以煽动性诽谤罪逮捕,后来这些人又被法院释放。漫画家和小商贩被免于起诉。此后,这种类型的讽刺性的绘画作品流传甚多。

　　开征普遍消费税的建议在英国引起了恐慌和反对,在各方面的反对下,沃波尔最后不得不放弃开征普遍消费税的主张。然而,由于政府的财政压力,此时英国的消费税变化很大,其在国家税收收入中所占比重日渐增加。具体情况如下表①:

表 2 - 3 - 7　　　　　　1660—1800 年政府收入情况　　　　　(单位:千镑)

时间	总额	关税	%	消费税	%	土地税和估价税	%
1661—1665	7114	1718	—	1210	17.0	3115	43.8
1666—1670	8243	1560	18.9	1463	17.7	3836	46.5
1671—1675	9430	2697	28.6	2376	25.2	1533	16.3
1676—1680	8402	3202	38.1	2661	31.7	1535	18.3
1681—1688	13238	6033	45.5	4723	35.7	135	1.0
1689—1695	24645	5298	21.5	6363	25.8	10274	41.7
1696—1700	22207	5875	26.5	5805	26.1	10208	36.3
1701—1705	24885	7292	29.3	7596	30.5	8696	34.9
1706—1710	26417	6493	24.6	8228	31.1	10208	38.6
1711—1715	27615	7302	26.4	9926	35.9	8584	31.1
1716—1720	30535	8330	27.3	11072	36.3	8097	26.5
1721—1725	29830	7878	26.4	13316	44.6	6727	22.6
1726—1730	30921	8178	26.4	13623	44.1	7606	24.6
1731—1735	28505	7774	27.3	14287	50.1	4847	17.0
1736—1740	29120	7450	25.6	14554	50.0	5766	19.8
1741—1745	32254	6290	19.5	14337	44.5	10392	32.2
1746—1750	35370	6895	19.5	16427	46.4	10828	30.6
1751—1755	35192	8362	23.8	17804	50.6	7706	21.9
1756—1760	40283	9432	23.4	18082	44.9	10180	25.3
1761—1765	49995	10904	21.8	24242	48.5	11486	23.0
1766—1770	52778	12943	24.5	24246	45.9	9904	18.8
1771—1775	54232	13211	24.4	25006	46.1	9346	17.2
1776—1780	57494	12740	22.2	27710	48.2	11644	20.7
1781—1785	68463	16429	24.0	30292	44.2	13081	19.1
1786—1790	82161	18982	23.1	35712	43.5	14695	17.9
1791—1795	93029	19442	20.9	44035	47.3	14866	16.0
1796—1799	99500	19382	19.5	42832	43.0	17423	17.5

① J. V. Beckett, "Land tax or excise: the levying of taxation in seventeenth-and-eighteenth-century England", *The English Historical Review*, Vol. 100, No. 395, April, 1985.

由上表可见，1715—1799年，英国的税收收入中消费税所占比重很大。1714年安妮女王去世时，英国的消费税收入占税收收入的35%，而到18世纪50年代中期，消费税收入占税收总额的50%。到19世纪初期，小皮特去世时，英国的消费税总额为4230万英镑，这包括各种各样的饮料税约2230万英镑，食品税500多万英镑，工业制造品600万英镑，烟草税200万英镑。①

沃波尔执政时期，还有一种影响非常显著的新税开始创立，即征收杜松子酒税及《杜松子酒法案》的通过。此税开征的目的不是出于财政而是社会原因。在18世纪早期，在伦敦市的穷人中杜松子酒的销售量很大，而穷人消费杜松子酒的后果有二：第一，损害消费者的健康；第二，危害社会秩序。出于此原因，1729年议会通过法案规定：对杜松子酒征税，且要求杜松子酒的销售商支付数额很大的执照费。这项法案开始多被逃避，但到1736年，通过一种新的、更有效的《杜松子酒法案》。② 这些法案虽然在施行过程中遇到了麻烦，但在税收的基本原则中增加了"保护国民"的思想对将来英国税制的发展具有非常重要的意义。

有关18世纪英国消费税开征的具体情况，下面将作详细论述：

第一，盐税。英国的盐税由荷兰盐税而来，英国内战期间议会开征盐税。共和国时期，盐税的税率是每加仑0.5便士，外国盐的税率是每加仑1.5便士。后来，由于盐税的征收非常不受欢迎，故而后来对国产盐的税收被废止。然而，外国盐因其每年的消费量大而继续征收盐税。1660年斯图亚特王朝复辟后，进口食盐要继续纳税。"光荣革命"后，因对法战争的需要，1694年，英国议会对进口食盐征收每加仑3便士的附加税，同时，对产自英国和威尔士任何矿井的所有食盐和矿物盐再次征收每加仑1.5便士的税收。1698年后，国产盐的税率是每加仑3.5便士，进口盐的税率是每加仑7便士。③

盐税因主要由穷人负担而遭到厌恶和反对，1730年沃波尔执政后废除了盐税。然而，仅仅两年之后，沃波尔出于降低土地税的考虑而提议再

---

① Roy Douglas, *Taxation in Britain since* 1660, Macmillan Press Ltd., 1999, p. 43.

② Ibid., p. 26.

③ Stephen Dowell, *A History of Taxation and Taxes in England*, Vol. IV, Frank Cass & Co. Ltd., 1965, p. 3.

次开征盐税，遭到了反对。到诺斯任财政大臣时，因美国独立战争的缘故，诺斯将盐税的税率提高至每蒲式耳（约8加仑）5先令；18世纪末，因对法战争的需要，小皮特于1798年将盐税的税率提至每蒲式耳10先令。据统计，1803年，英格兰的盐税净税额是88万英镑，苏格兰5.7万英镑，总计93.7万英镑。[①] 1805年，因对法战争的需要，小皮特又将国产盐的税率提至每蒲式耳15先令，此税率是盐价的30倍，同时，小皮特也将进口盐的税率大大提高。至1815年，英国盐税的税额约160万英镑。

1822年2月，英国议会中有人倡导降低过高盐税税率，此后，范西塔特（Vansittart）提议将盐税的税率从每蒲式耳15先令降至2先令，因此英国的盐税收入减少了约140万英镑。至1825年，盐税被完全废除。当盐税被废除时，其税额约38万英镑。[②]

第二，进口谷物税（尤其是小麦）。一方面，18世纪初，英国的谷物出口增加。对此，达维南特（Davenant）于1711年写道："英国的谷物现在有了新的出口……此前，我们的谷物出口不多，但现在我们所有的谷物要出口到非洲、利群岛（The Canaries）、丹麦、挪威、东方国家、弗兰德斯、法国、德国、荷兰、意大利等国家，每年出口的谷物价值是274141英镑。"[③]另一方面，英国的谷物进口受到严格的限制。因为18世纪中期英国的粮食歉收致使英国对粮食进口的限制有所放松，至1773年，英国国内市场以比之前更低的价格对外开放，从此，英国逐渐成为外国谷物的大量消费国。1791年，小皮特修改了《谷物法》，进口谷物的税率要根据当下英国小麦的价格而定，如下表[④]：

表2-3-8　　　　　　　　1791年英国进口谷物税率

	先令	便士
国内谷物价格低于每夸脱50先令	24	3
国内谷物价格在每夸脱50—54先令之间	2	6
国内谷物价格超过54先令	0	6

①　Stephen Dowell, *A History of Taxation and Taxes in England*, Vol. IV, Frank Cass & Co. Ltd., 1965, p. 4.

②　Ibid., pp. 4-5.

③　Ibid., p. 8.

④　Ibid., p. 9.

1793年，英国的谷物价格非常低，每夸脱49先令3便士，在这样的情况下，英国禁止谷物进口。1795年和1796年，英国的谷物价格达到每夸脱75先令，由此，允许外国谷物自由进入英国。1799年，当英国谷物价格每夸脱69先令时，英国立法批准外国谷物免缴进口税。19世纪初期，尤其是1815年拿破仑的大陆封锁政策失败后，外国谷物大量涌入英国致使英国谷物的价格受到极大冲击。在这样的背景下，出于保护本国农业利益的考虑，1815年，议会通过了《谷物法》，又称《新谷物法》（此点后文有专门章节介绍）。

第三，进口黄油和奶酪税。英国的黄油和奶酪产量很大，早期英国政府对出口的黄油和奶酪征收一定的执照税，至亨利六世时期，此执照税被取消。玛丽女王和伊丽莎白女王时期，又对出口的黄油和奶酪征收执照税。1691年，为了鼓励养牛业，对出口牛肉、猪肉以及蜡烛免税。1680年，英国禁止黄油和奶酪的进口，然而此后该禁令被废止，英国政府规定对进口的黄油和奶酪征收一定的进口税。1787年，在小皮特的关税改革中，黄油的税率是每100磅征税2先令6便士，至1815年，黄油的税收额是3.2万英镑。1815年，进口奶酪的税收收入约2.3万英镑。此后，这两种税收的税率不断被削减，直至最终被废止。1860年，在格拉斯顿的关税改革中废止了对进口黄油和奶酪的征税。①

1840年，英国黄油的税收收入是25.7万英镑，小皮特的关税改革将税率降低后，1849年，此税额是13.8万英镑。1852年，进口黄油的数量是287266英担（1英担等于100磅），税额是14.3万英镑。1853年，格拉斯顿将进口黄油的税率从每英担10先令降至每英担5先令，英国殖民地的黄油税率是每英担2先令6便士。1860年，此税最终被废止，由此带来的税收收入损失是9.5万英镑。1840年，奶酪的进口税收入是11.7万英镑；1842年，小皮特的第一次关税改革中将英国殖民地的奶酪的税率从每英担10先令6便士降至每英担2先令6便士；1845年，进一步降低了外国进口奶酪的税率，每英担5先令，英国殖民地的奶酪税率降至每英担1先令6便士。1853年，格拉斯顿又进一步降低了外国进口奶酪的

①　Stephen Dowell, *A History of Taxation and Taxes in England*, *Vol. IV*, Frank Cass & Co. Ltd., 1965, pp. 14 – 15.

税率，每英担 2 先令 6 便士。1860 年，该税被彻底废止。[1]

第四，糖税。糖税在 18 世纪之前的英国即已有之。在英国，糖的消费量很大。1700 年，英国消费的糖约 1 万吨，1734 年，消费量约 4.2 万吨。在佩勒姆执政之前，英国政府已经开始考虑对糖进行征税，但是，当佩勒姆执政后向议会提议每英担糖征税 2 先令 6 便士时（估计年收入 8 万英镑），却遭到了强烈反对而导致失败。[2] 1759 年，财政大臣理雅各（Legge）因"七年战争"之需欲提高糖的税率，又遭到了反对而未果。1781 年，因北美独立战争的需要，财政大臣诺斯将糖税的税率提高至每英担 11 先令 4 便士，由此带来的税收收入是 326000 英镑。1787 年，小皮特将税率增加了 1 先令，即每英担 12 先令 4 便士。为了满足努特卡湾（Nootka Sound）军备竞赛的开支，小皮特将糖税的税率提高至每英担 15 先令。此税率后因法国大革命的爆发而成为恒久税率，由此给政府带来24.1 万英镑的额外收入。在对法战争前夕，糖税的税收额是 1316500 英镑。1793—1807 年间，糖税的税率再次提高。1802 年，税率是每英担 20 先令，税额 221 万英镑。1815 年，税率是每英担 30 先令，税额 2957403 英镑。1815 年战争结束时，财政大臣范西塔特降低了糖税的税率，每英担 6 先令 6 便士。[3]

1827 年，糖税的税率是每英担 1 镑 7 先令，税额 4218000 英镑。此时，糖已不再是一种奢侈品而是非常普遍的消费品。鉴于此，糖税的税率进一步降低。1830 年，财政大臣古尔本（Goulburn）将糖的税率降低了 3先令。1844 年，皮尔向议会提议将糖税的税率降至每英担 34 先令；1845年，来自殖民地的糖的税率是每英担 14 先令，来自中国、马尼拉和爪哇的糖税率是每英担 23 先令 4 便士。至 1851 年，英国殖民地和外国的糖税税率相同（1854 年才实施）。19 世纪 60 年代后，伴随着自由贸易的盛行，对糖的征税变得不合实际，因此，糖税被进一步降低，直至 1874 年被废止。具体情况如下表[4]：

① Stephen Dowell, *A History of Taxation and Taxes in England*, Vol. IV, Frank Cass & Co. Ltd., 1965, pp. 14 – 15.

② Ibid., pp. 20 – 21.

③ Ibid., p. 23.

④ Ibid., p. 29.

表 2 - 3 - 9　　　　　　19 世纪六七十年代英国糖税税率变化

	1864 年		1867 年		1870 年		1873 年	
	便士	先令	便士	先令	便士	先令	便士	先令
棕色和白色的精炼糖及类似精炼的糖	12	0	12	0	6	0	3	0
非精炼糖:								
一级	11	8	11	3	5	8	2	10
二级	10	6	10	6	5	3	2	8
三级	9	4	9	7	4	9	2	5
四级	8	2	8	0	4	0	2	0
糖浆	3	6	3	6	1	9	0	10

第五，胡椒粉税。胡椒粉自中世纪时已在英国大量使用，至 18 世纪初期，胡椒粉仍被课以重税。1709 年，因西班牙王位继承战争所需，胡椒粉被课以每磅 1 先令 6 便士的税率。同时，出于防止对出口胡椒粉的课税过重，英国建立了针对胡椒粉的货栈制度（Warehouse System）。若进口的胡椒粉再次出口则要缴纳相应的税收；若只用于国内消费，则无须纳税。1722 年，沃波尔任财政大臣期间将各种各样的胡椒粉税废除，代之以一种新的税率为每磅 4 便士的税种。此后，出于战争的需要，此税一直征收，至 1815 年对法战争结束时，胡椒粉的税率是每磅 2 先令 6 便士。[1]

1825 年，财政大臣罗宾逊（Robinson）降低了胡椒粉的税率，每磅 1 先令；1837 年，托马斯·斯普林·赖斯（Spring Rice）将税率降至每磅 6 便士。在每磅 6 便士的税率下，1865 年，英国的胡椒粉税额是 12.4 万英镑。1866 年，格拉斯顿废除该税。[2]

第六，进口水果消费税。18 世纪英国对进口水果亦征收赋税，这包括对葡萄干、黑加仑、橘子和柠檬的征税。斯图亚特王朝复辟后，英国仍然对葡萄干征收重税，此情况一直持续到对法战争结束，那时葡萄干的税率是：次

① Stephen Dowell, *A History of Taxation and Taxes in England*, *Vol. IV*, Frank Cass & Co. Ltd., 1965, p. 35.

② Ibid. , p. 35.

等葡萄干每英担 20 先令，优等葡萄干每英担 42 先令，税额 13 万英镑。①

1834 年，辉格党的财政大臣奥尔索普子爵将葡萄干的税率降至每英担 15 先令。1840 年，辉格党财政大臣巴林（Barring）爵士又将税率提高了 5%，每镑 15 先令 9 便士，这样的税率仍然是按照葡萄干价值 100% 的税率征收。鉴于此，1853 年，格拉斯顿再次降低此税率，从每英担 10 先令降至 7 先令。每英担 7 先令的税率后来亦适用于黑加仑、无花果、法国黑李等。

黑加仑是桑特岛的主要产品，早在 1702 年，黑加仑的税率就非常高，这种过高的税率阻碍了贸易的正常发展。鉴于此，1787 年，小皮特时期，黑加仑的税率是每英担 1 镑 3 先令 4 便士，1815 年对法战争结束时，税率是每英担 2 镑 4 先令 4 便士。② 1834 年，奥尔索普子爵将黑加仑的税率降低一半，然此税率仍较高，每英担在 20 先令至 35 先令之间。1844 年，皮尔进一步降低税率至每英担 15 先令。1860 年，格拉斯顿将税率降至每英担 7 先令。③

1815 年，橘子和柠檬的税收收入将近 4.5 万英镑。1853 年，格拉斯顿第一次关税改革中将此税率从每蒲式耳 2 先令 8 便士降至 8 便士；1860 年，在第二次关税改革中，此税被完全废除。④

第七，橄榄油税和醋税。长期以来，英国橄榄油的征税较重，至 1815 年，橄榄油税的收入将近 2.8 万英镑。1833 年，橄榄油的税率固定在每吨 8 镑 8 先令，1834 年，降至 4 镑 4 先令（除了那不勒斯进口橄榄油，税率 10 镑 10 先令）。皮尔执政后，在其关税改革中，将税率降至每吨 2 镑（那不勒斯橄榄油每吨 4 镑）。1845 年，在皮尔的第二次关税改革中，该税被废除。⑤

对醋的税收开始只是适用于外国进口的醋，此税在共和国时期是消费税中的一种。斯图亚特王朝复辟后，以每桶 6 便士的税率对国产醋征税，此税在 1699 年被废止。对外国进口醋及造醋原料的税率是每桶 8 便士。1793 年，醋税的收入是 2.1 万镑；1815 年，税率是每加仑 5 便士，税额

①　Stephen Dowell, *A History of Taxation and Taxes in England*, Vol. IV, Frank Cass & Co. Ltd., 1965, p. 37.

②　Ibid., p. 39.

③　Ibid., p. 39.

④　Ibid., p. 40.

⑤　Ibid., p. 41.

是 49461 英镑；1818 年，醋税的税率固定在 4 便士；1826 年降至 2 便士；1844 年该税被废除。同时，进口醋税的税率亦进一步降低，1819 年，每吨 61 镑 7 先令 10 便士，1825 年降至每加仑 3 便士 18 镑 18 先令，1845 年降至 4 镑 4 先令，1853 年每加仑 3 便士，1880 年，该税与麦芽酒税同时被废除。[①]

第八，饮品税（酒精类饮品和非酒精类饮品）。英国的饮品税对英国的税收具有非常重要的意义。据统计，1885 年，在英国的饮品税收入（以总数计）中酒精类饮品收入近 3000 万英镑，非酒精类饮品收入近 500 万英镑，具体如下表[②]：

表 2 - 3 - 10　　　　　　　　1885 年英国饮品收入情况

酒精类饮品	英镑	非酒精类饮品	英镑
啤酒	8500000	茶叶	4795000
白酒	1230000	咖啡	275000
烈性酒	18300000	可可粉	68000
执照税	1860000		

由上可见，饮品税收入在英国的税收收入中占有非常重要的地位。饮品税的税率因 18 世纪英国对外战争的需要而有所变化，例如，1710 年西班牙王位继承战争期间对啤酒开征附加税，对啤酒花的征税税率是每吨 1 便士；到乌得勒支合约签订时，浓啤酒的税率是每桶 5 先令，淡啤酒的税率是每桶 1 先令 4 便士，与麦芽酒、啤酒花的税率相同；1756—1763 年的"七年战争"期间，因战争需要，财政大臣理雅各将啤酒花的税率从每蒲式耳 6 便士提高至 9.25 便士，税额增加了 35.2 万英镑（从 61.1 万英镑增加到 96.3 万英镑）；1761 年，浓啤酒的税率提高了 3 先令每桶。据统计，1774 年，英国啤酒税的税额近 250 万英镑，直接税收入是 1385400 英镑，麦芽酒税 96 万英镑，啤酒花税 138800 英镑。北美独立战争爆发后，麦芽酒和啤酒花的税率进一步提高，1780 年，财政大臣诺斯

---

① Stephen Dowell, *A History of Taxation and Taxes in England*, Vol. IV, Frank Cass & Co. Ltd., 1965, pp. 43 - 44.

② Ibid., p. 47.

将英格兰麦芽酒的税率从9便士提高至1先令4.5便士，将苏格兰麦芽酒的税率从4便士提高至8先令1/3便士。同时，废除了财政部将私人麦芽制造者与麦芽酒制造的混合，由此税收收入增加了约60万英镑（即从100万英镑增加到160万英镑），增加了近2倍。据统计，1774年，英国啤酒税的税额近250万英镑，直接税收入是1385400英镑，麦芽酒税96万英镑，啤酒花税138800英镑。[1] 英国对法战争期间，啤酒花的税率亦被提高，增加了5%的附加税，此后的68年间，啤酒花的税率都保持在每吨1便士的水平上。

1761年，对浓啤酒征收3先令的附加税，这一税收适用于税率每桶6先令以上的所有啤酒。因此税率的提高而使餐桌上家庭消费的啤酒量有所减少，有鉴于此，1782年，将每桶价值在11先令以上及11先令以下的啤酒进行区分。每桶价值在6先令至11先令间的啤酒称之为佐餐啤酒（table beer），此种啤酒的税率仅为每桶3先令。具体情况如下表:[2]

表2-3-11　　　　　　　　　　1782年英国啤酒的税率

	先令	便士
浓啤酒（每桶11先令以上）	8	0
佐餐啤酒（每桶6先令至11先令）	3	0
淡啤酒（每桶6先令以下）	1	4

到小皮特执政后，1784年，小皮特增加了啤酒酿造者和麦芽酒制造者的执照税。1785年，小皮特将此前仅适用于英格兰的麦芽酒税施行于爱尔兰，税率是每蒲式耳7便士。由此，1786—1789年间麦芽酒的税额约11万英镑。此后，因努特卡湾争端麦芽税被再次征收了3便士的附加税，但此税因非常不受欢迎而于1792年被废除。

至1793年英国与法国的战争开始前夕，英国的各种酒精类饮品税收入如下表[3]:

---

① Stephen Dowell, *A History of Taxation and Taxes in England*, Vol. IV, Frank Cass & Co. Ltd., 1965, pp. 72 - 76.

② Ibid., p. 76.

③ Ibid., p. 77.

表 2 - 3 - 12　　　　　1793 年英法战争前英国各类啤酒税收入　　（单位：英镑）

啤酒	2224000
麦芽酒	1203000
啤酒花	151000
总计	3578000

1802 年《亚眠合约》签订后，因所得税停征而使托利党的财政大臣亨利·阿丁顿提高了啤酒、麦芽酒和啤酒花的税率，为此税收收入增加了 200 万英镑。经过短暂的休战之后，战争重开。此时，麦芽酒的税率提高至 4 先令 5 便士多，为此，英国麦芽酒的税收收入在 1806 年时就超过了 600 万英镑；至 1815 年时，英国的税收基本上达到了最高峰。其中，酒精类饮品的税收情况如下表①：

表 2 - 3 - 13　　　　　1815 年英国各类啤酒税收情况　　　　（单位：英镑）

啤酒	3330044
麦芽酒	6044276
啤酒花	222026
总计	9596346

与法国的战争结束后，1816 年，托利党的财政大臣范西塔特（Van-sittart）提议废除麦芽酒税，此时的麦芽酒税率是 2 先令 5 便士。1819 年，此税税率又被提升至 3 先令 7.5 便士。直到 1822 年，税率才又降至 2 先令 7 便士。此税率在后来的三年中给英国的税收带来了 3857000 英镑的收入。1823 年，考虑到大众对啤酒的需求，规定酿酒者可以在每桶 36 加仑的情况下酿造每桶不超过 5 或 5.5 的麦芽酒，税率低至每桶 5 先令。至 1825 年，在新的英帝国标准加仑引入后，英国的酒精饮品税收入如下表②：

---

①　Stephen Dowell，*A History of Taxation and Taxes in England*，Vol. IV，Frank Cass & Co. Ltd.，1965，p. 78.

②　Ibid.，p. 29.

表 2 - 3 - 14　　　　　　　　1825 年英国各类啤酒的税率

	先令	便士
浓啤酒	9	10
1823 年法案规定的啤酒	4	11
佐餐啤酒（价值每桶 16 先令以下）	1	11.5
两便士麦芽酒	4	1

　　对啤酒的征税于 1830 年威灵顿内阁执政时被废止。啤酒花的税收于 1862 年被废除；1880 年，格拉斯顿废除了麦芽酒税、酿酒用糖税、出售和制造麦芽酒执照税及酿酒执照税。因上述税收的废除所带来的收入损失又在征收啤酒税上得到了补偿，格拉斯顿将啤酒税的税率固定在每桶 6 先令 3 便士。1881—1882 年，啤酒税的收入是 8531000 英镑；1884—1885年是 8545000 英镑。[1]

　　除对上述酒精类饮品征税外，18 世纪英国对出售上述饮品的客栈、酒馆、啤酒店等征收一定的执照税。1710 年，对出售酒精饮品的客栈老板征收税率为 1 先令的执照税；至 1756 年，税率提高到 1 英镑 1 先令；1784 年提高至 2 英镑 2 先令；1808 年又增加了 2 英镑 2 先令的附加税。[2] 1814 年，此类执照税的收入是 123000 英镑（英格兰 10.3 万英镑，苏格兰 2 万英镑）；1815 年，此税税率加倍；1816 年的税额是 24.3 万英镑（英格兰 20.5 万英镑，苏格兰 3.8 万英镑）。4 英镑 4 先令的税率给穷人增加了很大的负担，鉴于此，根据出售酒精饮品的住房的价值征收税率不等的执照税，具体如下表[3]：

表 2 - 3 - 15　　　　　　　1815 年英国征收执照税的税率

	英镑	先令	便士
价值 15 英镑以下	2	2	0
价值 15—20 英镑	3	3	0
价值 20 英镑以上	4	4	0

---

① Stephen Dowell, *A History of Taxation and Taxes in England*, Vol. Ⅳ, Frank Cass & Co. Ltd., 1965, p. 88.

② Ibid., p. 93.

③ Ibid., p. 94.

1824 年，托利党财政大臣罗宾逊（Robinson）降低了上述税率，具体如下表①：

表 2－3－16　　　　　　　　　　1824 年英国执照税的税率

	英镑	先令	便士
价值 20 英镑以下	1	1	0
价值 20 英镑以上	3	3	0

在英国，缴纳执照税的数量稳定而缓慢地增加，据统计，1828 年，英格兰约有 5 万所房屋缴纳执照税，苏格兰有 1.7 万所，爱尔兰有 2.2 万所。该税的税收收入在 1828 年是 133400 英镑。

1830 年，啤酒税被废除后，代之以对啤酒店征收一定数额的执照税，税率为 2 英镑 2 先令，这包括出售啤酒、麦芽酒、苹果酒和梨酒的店。在 1830 年《啤酒馆法案》规定下，1831 年，英国缴纳执照税的酒馆有 3.1 万家，1832 年达 3.3 万家，1833 年达 3.5 万家。② 1836 年达到 4.4 万家，1836—1839 年间，平均 4.5 万家。1846 年达到 37692 家。③ 至 1868 年，英国所有的啤酒执照税收入近 36.7 万英镑。

除了对出售啤酒等的小酒馆和啤酒馆征收执照税之外，还对啤酒的零售征收一定的执照税。其税率不等：一，对客栈老板征收的执照税税率规定如下，房屋年价值 20 镑以下且有烈性酒执政的，税率 1 英镑 2 先令 0.5 便士；没有烈性酒执政的税率 3 英镑 6 先令 1.75 便士；房屋年价值 20 镑以上者，税率 3 英镑 6 先令 1.75 便士。二，啤酒馆，3 英镑 6 先令 1.75 便士。三，出售啤酒的商店，税率 1 英镑 2 先令 0.5 便士。四，出售价值不超过每夸脱 1.5 便士的啤酒，税率 5 先令。五，啤酒经销商，附加税率 1 英镑 2 先令 0.5 便士。1877—1888 年，缴纳零售啤酒执照税的数量及税收收入额如下表④：

---

① Stephen Dowell, *A History of Taxation and Taxes in England*, *Vol. IV*, Frank Cass & Co. Ltd., 1965, p. 94.

② Ibid., p. 95.

③ Ibid., p. 97.

④ Ibid., p. 99.

表2-3-17　　　1877—1888年英国零售啤酒执照的数量及执照税收入

		英格兰	苏格兰	爱尔兰	大不列颠
执照数量	酒店老板的啤酒执照	69992	596	16889	87477
	啤酒馆和啤酒商店	46874	275	—	47149
	总计	116866	871	16889	134626
执照税收入 (单位:英镑)	酒馆执照税	211478			
	啤酒馆和啤酒店执照税	135809			
	总计	347287			

　　前文我们介绍了18世纪英国酒精类饮品中的啤酒税和麦芽酒税的税收情况,下面我们再来介绍18世纪英国的白酒税和烈性酒税等税收情况:

　　在英国历史上,白酒的税率一直保持一个较高的水平,尤其是对法国白酒。1714年之后,沃波尔作为财政大臣曾经尝试将白酒的税收由关税改为消费税征收,但未能成功(其原因前文已有表述)。此后,随着英国在18世纪卷入太多对外战争的需要,英国对法国白酒征收12英镑的附加税,其他白酒征收8英镑。除此之外,还对白酒征收10%的港口税。因为白酒的税率过高,致使白酒的进口量减少。到小皮特执政后,为了防止英国进口白酒时的大量走私现象,增加白酒的税收收入,小皮特采取措施将白酒的税收置于消费税之下。同时,小皮特大大降低了白酒的税率,初始,法国白酒的税率为每加仑5先令2便士,其它白酒约3先令;最终,法国白酒的税率降为3先令9便士,马德拉白葡萄酒、葡萄牙、西班牙和Cape白酒的税率是2先令11便士。后因对法战争的需要,小皮特又开始对白酒征收重税:1795年,将法国白酒的税率提高至6先令1.5便士,马德拉白酒、葡萄牙、西班牙白酒提升至4先令1便士;1796年,再次将之提升至8先令6便士和5先令8便士,1801年,税率提至8先令10便士(法国白酒)和6先令6便士(其它白酒),从1803战争重开到1804年,法国白酒的税率提升至每加仑11先令5便士,其它白酒7先令7便士。由此带来的税收收入至1815年达到190万英镑。[①]

　　① Stephen Dowell, *A History of Taxation and Taxes in England*, Vol. IV, Frank Cass & Co. Ltd., 1965, pp. 129 – 130.

对法战争结束后，出于增加白酒消费量的考虑，财政大臣罗宾逊将法国白酒的税率降至 6 先令，其它白酒降至 4 先令，由此白酒的税收收入每年减少 23 万英镑。同时，上述白酒亦被征收港口税，税率如下：法国白酒 7 先令 3 便士；其它白酒 4 先令 10 便士；Cape 白酒的税率是 2 先令 5 便士。税率的降低并没有导致白酒的税收收入减少，反而因进口量的提高而有所增加。据统计，因税率降低，英国的白酒税反而比税率是每加仑 11 先令 5 便士的时候每年增加了 9000 英镑。[①]

此后，财政大臣阿尔索普子爵将所有的白酒税率统一为每加仑 5 先令 6 便士；Cape 白酒除外，仍是每加仑 2 先令 9 便士。到 1832 年，白酒的税收收入总额达到 162.7 万英镑。1859 年，税额达到 185 万英镑。1860 年，由于与法国签订了《科布登条约》，此时的白酒税税率大大降低，如下表[②]：

表 2 - 3 - 18　　　　　　　　　　1860 年英国白酒的税收

	先令	便士
酒精度低于 18 度	1	0
酒精度低于 26 度	1	9
酒精度低于 40 度	2	5
酒精度低于 45 度	2	11

至 1875 年，白酒税额达到 173.3 万英镑，至 1880 年，降至 1404173 英镑；1882—1883 年，收入达 129.4 万英镑。1885 年，收入降至 123.3 万英镑。[③]

除对白酒征税外，国产和外国烈性酒亦要缴税。就国产烈性酒而言，1709 年，因西班牙王位继承战争的需要，英国政府对国产烈性酒征收一定的附加税，烈性酒的税收收入约 4 万英镑。至 1726 年，国产烈性酒的税额第一次超过 10 万英镑。1727—1729 年，税额约 11.5 万英镑（因《杜松子酒法》的出台导致税额增加不多）。1745 年因废除《杜松子酒

①　Stephen Dowell，*A History of Taxation and Taxes in England*，Vol. IV，Frank Cass & Co. Ltd.，1965，p. 131.

②　Ibid.，p. 133.

③　Ibid.，p. 135.

法》导致国产烈性酒的消费量增加,税额亦第一次增加到30万英镑。
1746年,财政大臣佩勒姆(pelham)进一步对国产烈性酒征收附加税;
至1758年,因禁止谷物蒸馏酒导致国产烈性酒税大量减少。1760年禁令
解除,税率提至之前的两倍;1762年,再增加3便士的附加税。由此,
国产烈性酒税额约45万英镑;至1778年,增加到58.4万英镑。北美独
立战争期间,因国产烈性酒的税率过高而致使烈性酒的走私严重,由此税
额降至30万英镑。1785年,鉴于国产烈性酒的税额降低,小皮特于1786
和1788年采取措施严格检查非法蒸馏和走私活动,1787年国产烈性酒的
税率是2先令6便士,仅是1785年税率的一半。1791年,小皮特出于保
卫努特卡湾的需要而将麦芽汁的税率提高了1便士,相当于每加仑烈性酒
5便士的税率。由此带来的税收收入超过了预期的8.7万英镑。[1] 后来,
因对法战争的需要,小皮特于1794年、1795年、1797年和1800年将麦
芽汁的税率提高了4便士,相当于对烈性酒征税每加仑1先令8便士,此
税率超过了北美独立战争期间的税率。1800年,国产烈性酒的税额超过
100万英镑。1803年战争重开后,财政大臣阿丁顿将国产烈性酒的税率提
高了2先令3.5便士;1811年,托利党财政大臣斯宾塞·珀西瓦尔
(Spencer Perceval)再次将税率提高了1便士10.5先令,此时的税率是10
先令2.75便士,由此带来的税收收入额近350万英镑。战争结束后,每
加仑10先令2.75便士的税率一直实行到1819年。之后,税率提高至11
先令8.25便士,由此税额每年比此前增加了50万英镑。因为每加仑11
先令8.25便士的税率过高,导致国产烈性酒的税收额下降至200万英镑。
1825年,罗宾逊将税率降至7先令,因税率降低而致使国产烈性酒的消
费量增加,税收收入亦同时有所增长。据统计,1827—1829年,国产烈
性酒的税额是258.4万英镑,国产烈性酒的消费量在1825年约386.4万
加仑,1829年达到770万加仑。[2]

在对国内烈性酒征税的同时,国外的烈性酒亦要缴纳较高的进口税。
因18世纪英国的烈性酒税率很高,导致走私活动猖獗。鉴于此,小皮特
执政时将国外白酒的税率降至5先令(关税9便士,消费税4先令3便

---

① Stephen Dowell, *A History of Taxation and Taxes in England*, *Vol. IV*, Frank Cass & Co. Ltd.,
1965, pp. 179 – 180.

② Ibid., pp. 181 – 182.

士），这一措施使英国在 1789—1792 年间的税额增长，至对法战争开始，税额将近 50 万英镑。对法战争开始后，国外烈性酒的税额有了很大的增长，平均每年的收入额是 137 万英镑。税率是每加仑 14 先令；1812 年，税率提高至 20 先令 7 便士；1813 年达到 20 先令 11 便士；1814 年固定在 18 先令 10 便士。由此，1815 年，国外烈性白酒的税额约 95 万英镑。1814—1818 年，税额达到 82.5 万英镑。[①]

1819 年，哈斯基森将税率提高至 1 英镑 2 先令 6 便士。1840 年，辉格党财政大臣巴林爵士将税率增加了 4 便士，这样的高税率使英国的对外贸易出现了问题，导致走私猖獗。至 1860 年，格拉斯顿推行了自由贸易的关税改革，将外国烈性酒和国产烈性酒的税率等同，即每加仑 10 先令 5 便士。由此，英国的烈性酒税额 1863 年达到 997121 英镑，比 1862 年增加了 112470 英镑；1864 年中增加了 20 万英镑，达到 120.4 万英镑。此后，烈性酒的税额收入情况如下表[②]：

表 2 - 3 - 19　　　　　1874—1885 年英国烈性酒税收收入　　　（单位：英镑）

年份	税收收入
1874	2241000
1875	2338000
1880	1690000
1882	1532000
1884	1520000

除对国内与国外白酒和烈性酒征税外，英国还对出售白酒和烈性酒的销售商征收一定数额的执照税，此税税额不大。

第九，非饮品税。在英国的消费税结构中，还有一种属于非酒精类饮品，包括茶叶、咖啡和可可豆。

茶叶税。18 世纪英国的茶叶税税率比较高，例如，1692 年的税率是 1 先令；1695 年增加了 1 先令；1704 年因西班牙王位继承战争税率提高了 1

---

① Stephen Dowell, *A History of Taxation and Taxes in England*, Vol. IV, Frank Cass & Co. Ltd., 1965, pp. 192 – 193.

② Ibid., p. 195.

先令;1711年提高了2先令,即5先令(进口茶叶的税率是11先令)。因茶叶税的税率过高而导致走私猖獗,鉴于此,沃波尔执政时于1723年将货栈制度引入对茶叶的征税中。规定:所有进口的茶叶统一存入货栈中,税率是其价值的14%。后来规定,用于国内消费的茶叶的税率是每磅4先令。[①]

因茶叶税的税率过高,财政大臣佩勒姆于1745年降低了茶叶税的税率(由每磅4先令降至1先令),由此,英国的茶叶税收入增加到175222英镑,1746—1750年增加到318080英镑。1759年,因七年战争之需,理雅各将茶叶税的税率提高了5%;至1784年小皮特执政时,又将茶叶税的税率降至1745年的水平。1793年,茶叶税的税额约65万英镑;后因对法战争的需要,茶叶税的税率被提至20%;后来相继被提至30%、35%、40%和50%。1805—1806年,财政大臣阿丁顿因对法战争之需,将茶叶税的税率提高了45%。到小皮特去世时,英国茶叶税的统一税率是96%。1815年,对法战争结束时,茶叶税的税额是3591350英镑。[②]

1834年,当东印度公司对茶叶的垄断结束后,茶叶税从消费税转移至关税征收。财政大臣阿尔索普子爵实行了新的税则(不同种类的茶叶其税率不同):武夷茶每磅1先令6便士;红茶、屯溪茶(安徽产)、熙春茶、柑橘香红茶税率2先令2便士;小种茶(一种中国红茶)、花茶、中国绿茶、平水珠茶和其它茶叶税率是3先令。[③] 实际上,因为区分茶叶的种类过于困难致使此方式未能实行。此后,辉格党财政大臣斯普林·赖斯于1836年7月1日将所有茶叶的税率统一为每磅2先令1便士。1833—1837年,茶叶的税收额约380万英镑;1840年,巴林爵士将税率提高了5%;1842年,税额达到约400万英镑。皮尔的关税改革将制造品从消费税的束缚下解放出来,再加上此时英国的国民财富大大增加及所得税为国家带来了不小的收入,茶叶税的税率进一步降低至每磅1先令。后来因为克里米亚战争的爆发,1856年,茶叶的税率再次被提高至1先令9便士,1857年又降至1先令5便士,此税率一直持续到1863年格拉斯顿建议降低茶叶税为止。至1865年,格拉斯顿将税率降至6便士,由此税额减少至230万英镑。税率

①　Stephen Dowell, *A History of Taxation and Taxes in England*, Vol. IV, Frank Cass & Co. Ltd., 1965, pp. 220 – 221.

②　Ibid., pp. 224 – 225.

③　Ibid., p. 225.

的降低导致茶叶的消费量大增，税收收入也因此而有所增长，1884—1885年，茶叶税的收入增加到4795000英镑。

在对茶叶征税的同时，还对茶叶销售商征收一定的执照税。此税税额不大，至1850年，茶叶销售的执照税收入是68400英镑。至1863年，该执照税被废止。到1869年，对咖啡、茶叶、可可豆、巧克力和胡椒粉的执照税被废止。

对咖啡的征税与茶叶类似，1723年，财政大臣沃波尔将之置于货栈制度之下。1784年，小皮特将税率降低，即：英国在美国种植园的咖啡每磅6便士，其它地方2先令6便士。1795年，因为对法战争的需要，小皮特将税率提高。1808年，税率从1先令7.75便士降至7便士（英国种植园）、2先令1便士至10便士（东印度产）。至1815年对法战争结束时，咖啡税的税额是276700英镑。1819年，咖啡税的税率再次提高：英国种植园1先令，东印度1先令6便士，其它地区2先令6便士；税收收入每年增加13万英镑。1825年，罗宾逊将咖啡税的税率降低一半，由此咖啡税的税收收入减少15万英镑。咖啡税的税率降低导致消费量增加而税收收入同时增长，根据统计，1824年的税额是42万英镑，1835年增加到65.2万英镑。皮尔在1842年的第一次关税改革中将税率再次降低。1851年，英国产咖啡和其他国家产的咖啡的区别被废除，税率统一为3便士。1853年因克里米亚战争所需，税率提高至4便士。1857年战争结束，税率降至3便士。[①]

1871年，咖啡税的税额是382702英镑；1882—1883年间，收入约20.2万英镑；1885年收入低于21万英镑。

对可可豆的税收自1832年起税率降低，1842年，皮尔的第一次关税改革将税率降至每磅1便士。可可豆的税额不大，根据统计，1879年为46000英镑；1880年为5万英镑；1882—1883年约6万英镑；1884—1885年为6.8万英镑。[②]

烟草税。烟草税于1560年引入西欧，1565年第一次由约翰·霍金斯将烟草税引入英国。烟草税是英国港口税的重要组成部分，至18世纪前，

① Stephen Dowell, *A History of Taxation and Taxes in England*, Vol. IV, Frank Cass & Co. Ltd., 1965, pp. 234–236.

② Ibid., p. 242.

烟草税在英国收已经有 300 多年的征收历史了。对烟草税的地位,财政大臣沃波尔曾在下院中说道:"从王宫到简陋的茅舍,所有的人都无一幸免地要缴纳烟草税。"① 1732 年,烟草税的税率是每镑 6.3 便士,税额是75.4 万英镑(总收入);然而,烟草税的净产值却只有 16 万英镑。那么,为什么在总产值和净收入之间会有这么显著的差别呢? 这其中主要的原因是在烟草税征收的时候有许多的欺骗行为:一种是利用烟草出口时的退税;另一种是烟草商在进口烟草时瞒报烟草的重量,而在出口烟草时却又多报烟草的重量。如此做法造成的后果是:重量 100 磅的烟草出口时却变成了 150 磅。烟草总收入和净收入之间如此大的差异就是这样通过与关税征收官员勾结造成的。除此之外,还有诸如走私等其它因素也在起作用。为了防止上述情况,财政大臣沃波尔于 1733 年在其著名的《消费税法案》中建议将烟草税改按消费税征收,然而沃波尔的建议遭到了烟草商、烟草消费者和公众的反对,因为他们认为该计划有在英国征收普通消费税的嫌疑,故而沃波尔的建议未能实施。至佩勒姆任财政大臣期间,佩勒姆认为征收烟草的消费税是不明智的,其带来的税收收入亦不像沃波尔所设想的那样会有很大的增长。直至 1776 年,亚当·斯密的《国富论》中认为英国对烟草等征收普通的消费税,烟草税亦包括在其中。1787 年在小皮特执政时期的关税改革中,烟草税的税率是每镑 3 先令 6 便士(西班牙和葡萄牙烟草),英国殖民地、美国或爱尔兰的税率是每镑 1 先令 3 便士。

　　1789 年之前,英国烟草每年平均进口量约 700 万磅;1789 年,烟草税的净税额是 40.8 万英镑。然而,烟草税的高税率(达到烟草价值的400%)大大地助长了烟草走私的猖獗。为了阻止这种情况的发生,小皮特将烟草税降至沃波尔提议的水平,即:进口烟草的税率是每磅 0.75 便士(当烟草存在货栈时),若烟草商将烟草从货栈运出用于国内消费则征收每磅 4 便士的消费税,通过这种方式将烟草税置于消费税制度下。尽管小皮特的措施遭到了烟草商等的反对,但最终烟草税的税率以每磅 9 便士固定下来(国内消费税),若是烟草进口时,则税率是每磅 6 便士,如此,烟草税被置于正常的消费税制的监督之下。至 1790 年,英国烟草税的税额约 51.2 万英镑;1793 年,税额约 54.7 万英镑;对法战争开始后,

① Stephen Dowell, *A History of Taxation and Taxes in England*, Vol. IV, Frank Cass & Co. Ltd.,1965, p. 253.

烟草税的税率几经提高，至 1815 年，英国殖民地的烟草税率是每磅 3 先令 2 便士，西班牙和葡萄牙 5 先令 5.5 便士，税额总计超过 202.5 万英镑。

1819 年，出于所得税废除所造成的税收收入损失，烟草税的税率被提高，由此烟草税的税额每年增加了 50 万英镑。而且，此时烟草税重新被作为消费税征收，其税率是 4 先令（适用于殖民地的烟草）和 6 先令（西班牙和葡萄牙烟草）。然而，改由消费税征收的烟草税的税量并没有因英国人口的增加而增长，因此，1825 年，烟草税又被作为进口税征收，税率是每磅 1 先令。1826 年，财政大臣罗宾逊将未加工烟草的税率定为每磅 3 先令，英属北美殖民地的烟草税率 2 先令 9 便士，加工的烟草和香烟的税率是每磅 9 先令。由此，烟草税的税额 5 年后总计 285 万英镑（其中英格兰 225 万英镑，爱尔兰 60 万英镑）。[1] 然而，上述烟草税税额的增长仍不能与英国的人口增长同步，有鉴于此，1834 年，财政大臣阿尔索普子爵提议将烟草税的税率降低一半。1842 年，皮尔的关税改革将所有的烟草税不加分类的征收，其税率如下表[2]：

表 2 - 3 - 20　　　　　　　　　1842 年英国烟草税的税率

加工的：	先令	便士
香烟和其他烟草	9	0
鼻烟	6	0
未加工的：	3	0

1843 年，烟草税的收入增加到 371.1 万英镑。至 1862 年，烟草税的收入从未低于 600 万英镑。[3] 1863 年，格拉斯顿出于减少烟草走私的考虑，降低了加工烟草和香烟的税率；同时，未加工过的烟草的税率亦有所变化，具体情况如下表[4]：

①　Stephen Dowell, *A History of Taxation and Taxes in England*, Vol. IV, Frank Cass & Co. Ltd., 1965, pp. 257 - 258.

②　Ibid., p. 262.

③　Ibid., p. 265.

④　Ibid., p. 270.

表 2 - 3 - 21　　　　　　　　1863 年英国烟草税的税率

加工过的：	先令	便士
香烟	5	0
板烟和黑色压缩烟砖	4	6
其他烟草	4	0
鼻烟（每 100 磅混合物超过 13 磅）	3	9
鼻烟（每 100 磅混合物低于 13 磅）	4	0
未加工的：		
每 100 磅中水分超过 10 磅	3	2
每 100 磅中水分低于 10 磅	3	6
国产板烟和黑色压缩烟砖	4	0

　　在新的烟草税率下，英国烟草税的收入如下：1867 年，税额 650 万英镑；1870 年，660 万英镑；1871 年，680 万英镑。在此后的 6 年中，烟草税以每年 20 万英镑的速度增长，一直持续到 1877 年，税额达到近 800 万英镑。[1] 1878 年，烟草税的税率提高了 4 便士，税额亦有所增长。据统计，1883—1884 年，烟草税收增加到 899.1 万英镑；1884—1885 年间增加到 927.7 万英镑。若以 1879—1880 年为起点计算，英国烟草税的增长速度不低于 8.83%，已经明显超过人口的增长了。[2] 下面将 1841—1885 年间英国的烟草消费量、人口总量及每个人消费烟草的数量作一列举[3]：

表 2 - 3 - 22　　　　　　1841—1885 年间英国烟草消费情况

年度	烟草消费量（磅）	人口	人均消费量（磅）	（盎司）
1841	23096281	26700000	0	13.75
1851	27734786	27347000	1	0.25
1861	35413846	28887000	1	3.5
1871	42656658	31734000	1	5.5
1881	50379425	35192000	1	6 7/8
1885	52803237	36231000	1	7.25

---

　　① Stephen Dowell, *A History of Taxation and Taxes in England*, Vol. IV, Frank Cass & Co. Ltd., 1965, p. 270.

　　② Ibid., p. 272.

　　③ Ibid., p. 273.

除对烟草的消费征税外，英国还对销售烟草的经销商征收一定的执照税，此税数额不大。据统计，1815年，英格兰的烟草执照税额是27563英镑，苏格兰是2155英镑。1884—1885年间烟草执照税的税额是85244英镑。[①]

在对消费品征税时，英国还对既不属于食品又不属于饮品和烟草的消费品征税，这包括对制成品和原材料的征税。因为英国经济与政治发展的需要，对制成品和原材料的税收几经变化，有些中间被废除。其中的变化我们通过相关数据进行说明。

18世纪英国对制成品的征税物品主要有玻璃、石头、陶制瓶子、蜡烛、皮革、纸牌、骰子、肥皂、纸张、印染物品、报纸、广告、淀粉、专利药品、锻制板、砖、瓷砖、帽子、手套、洗漱用品和年历等，其征税变化情况比较如下：

英国的消费税的开征始于1643年。那时征收的制成品税收包括肥皂税、淀粉税、各种各样的玻璃税、金银电线税及所有在共和国内制造的生铁税。然而，上述税收已于斯图亚特王朝复辟后被废除。"光荣革命"后，因上述消费税非常不受欢迎，大部分税种没有再征收。威廉三世执政时曾征收过玻璃税，因为其几乎毁掉了日益上升的制造业，此税亦被废除；对石头和陶制瓶子的征税也只存在了很短的时间；对皮革的税收仅存在了三年（1697—1700年）。

西班牙王位继承战争即将结束时，有几种新的消费税的征收建议获得了议会通过。至1720年，对制成品中的银制器皿征税，此税后来改为对出售金银器皿的卖主征收一定的执照税。1746年，因奥地利王位继承战争之需，财政大臣佩勒姆重新征收玻璃税；1756年，因七年战争之需，财政大臣利特尔顿（Lyttelton）爵士建议征收砖税，但因遭到反对而未能实行。

北美独立战争期间，财政大臣诺斯因战争费用的压力增加了许多制成品的税收（其中不包括皮革税、蜡烛税和肥皂税），其原因主要是诺斯信奉亚当·斯密的自由贸易学说，认为在税收的问题上上述物品的税收应保

① Stephen Dowell, *A History of Taxation and Taxes in England*, Vol. IV, Frank Cass & Co. Ltd., 1965, pp. 276 - 277.

持最低的税率。唯一的例外是在1782年，诺斯大幅度地提高了肥皂税。

在小皮特执政时，小皮特恢复此前利特尔顿爵士开征砖税的建议，同时还对棉制品（1785年被废除）和帽子征税。后来，因为上述税收遭到反对，小皮特将之废除并代之以对银器征收一定的执照税。1785年，小皮特开始对四轮马车、手套、香料、牙粉、润发油和发粉（1786年）征税。至1793年对法战争开始前夕，英国对制成品的征税情况如下表[①]：

表2-3-23　　　　　　　　1793年英国制成品税收情况　　　　　　（单位：英镑）

制成品种类	税额
蜡烛	256000
皮革	281000
肥皂	403000
纸张	83000
印染物品	265000
报纸	140000
淀粉	95000
玻璃	183000
砖和瓷砖	128000

除上述制成品外，还有对纸牌、骰子、镀金材料、银线、专卖药、金属板、帽子、手套、马车、香精、牙粉、润发油和发粉的征税，因其税率很小，故没有列出。

在对法战争期间，上述制成品几乎都被征收一定的附加税，尤其是砖税、报纸税、广告税、纸张税、皮革税、玻璃税、石制和陶制瓶子税等。与此同时，几种税额不大的制成品税被取消，例如，对手套、香精、牙粉、润发油、发粉、帽子的税收。

在1815年战争结束时，英国的主要制成品税收情况与1793年时有所变化，具体如下表[②]：

---

① Stephen Dowell, *A History of Taxation and Taxes in England*, Vol. IV, Frank Cass & Co. Ltd., 1965, p. 284.

② Ibid., p. 285.

表 2 - 3 - 24 　　　　　1815 年英国主要制成品税收 　　　（单位：英镑）

制成品种类	税额
蜡烛	354350
皮革	698342
肥皂	747759
纸张	476019
印染物品	388076
报纸	383000
淀粉	47000
玻璃	424787
砖和瓷砖	269121

　　由上表可见，除淀粉税外，其它制成品的税收都有了很大的增长。此外，广告税的收入是 12.5 万英镑，其它的制成品（纸牌、骰子、金银线、专卖药、金属板、石制及陶制瓶子）的税额相对较小。

　　1816 年，因所得税停征而使上述制成品的税收有了一定的增长，此后，制成品的税率及税额基本上处于减少或是废除之中。例如，1822 年，议会同意将皮革税的税率降低一半；1826 年，对金银线的征税废除；1830 年，威灵顿执政时废除了皮革税；1831 年，英国保留下来的制成品税的征收情况如下表①：

表 2 - 3 - 25 　　　　　1831 年英国制成品税的情况 　　　（单位：英镑）

制成品种类	税额
蜡烛税	447000
肥皂税	1200000
纸张税	723000
印染物品税	614000
报纸税	586000
淀粉税	99000
玻璃税	532000
砖和瓷砖税	375000

---

① Stephen Dowell, *A History of Taxation and Taxes in England*, Vol. IV, Frank Cass & Co. Ltd., 1965, p. 287.

1833 年，财政大臣阿尔索普废除了对瓷砖的税收、降低了肥皂税（税率仅是此前的一半），由此，税收收入损失了 30 万英镑。1834 年，废除了对淀粉的征税，税收收入减少 9.1 万英镑；废除了对石制和陶制瓶的征税。1836 年，斯宾塞·赖斯降低了纸张税和报纸税。至 1842 年，仍然在征收的制成品税主要有，如下表[①]：

表 2 - 3 - 26　　　　　　　　1842 **年英国制成品税收情况**　　　　　（单位：英镑）

制成品种类	税额
肥皂税	1079000
纸张税	633000
报纸税	261000
玻璃税	565000
砖税	451000
总计	2989000

在罗伯特·皮尔执政后，出于重征所得税考虑，皮尔进行关税改革，废除了玻璃税；1853 年格拉斯顿执政，因开征所得税而使格拉斯顿能够废除肥皂税；1855 年，自由党财政大臣乔治·康沃尔·路易斯爵士废除了报纸税；1861 年，自由党财政大臣格拉斯顿最终废除了纸张税。

综上，英国制成品从消费税的桎梏中被解放出来并免于税收，例如，1830 年皮革税被废止；1831 年废除了蜡烛和印染物品税；1834 年废除了淀粉税；1845 年玻璃税被废除；1850 年砖税被废除；1853 年肥皂税被废除；1855 年报纸税被废除；1861 年纸张税被废除；1862 年对骰子的税收被废除；至 1884—1885 年间，仍然继续征收的制成品税还有，如下表[②]：

---

①　Stephen Dowell, *A History of Taxation and Taxes in England*, Vol. IV, Frank Cass & Co. Ltd., 1965, p. 288.

②　Ibid. , p. 289.

表 2 - 3 - 27　　　　　　1884—1885 年英国制成品税收情况

制成品种类	税额（英镑）
纸牌税	15000
专卖药税	170000
金属板税	71000

　　除对制成品征税外，18 世纪英国还对原材料进行征税，其中主要征税的物品有：煤炭、烙铁、木材、牛脂、苏打灰、羊毛、丝绸、亚麻、棉花、大麻、靛蓝及种子等。因为对上述原材料的征税阻碍了英国的工业和商业发展（如增加了成本、降低了与外国商人的竞争力），使其遭到了极大的反对，上述税收逐渐被废除。1787 年小皮特的关税改革后，1803 年阿丁顿、1809 年斯宾塞·珀西瓦尔、1819 年范西塔特及此后的罗宾逊、哈斯基森等将原材料的税率进一步降低。至 1827 年，原材料的征税情况如下表[①]：

表 2 - 3 - 28　　　　　　1827 年英国原材料征税情况表　　　　（单位：英镑）

征税物品	税额
煤炭	888000
烙铁	22000
木材	1640000
牛脂	188000
苏打灰	79000
羊毛	106000
丝绸	128000
亚麻	8000
棉花	332000
大麻	104000
靛蓝	31000
种子	166000

---

　　① Stephen Dowell, *A History of Taxation and Taxes in England*, Vol. IV, Frank Cass & Co. Ltd., 1965, pp. 395 - 396.

因为上述对原材料的征税阻碍了英国工商业的发展，到 1831 年时，财政大臣阿尔索普废除了煤炭税；罗伯特·皮尔执政后废除了对烙铁、苏打灰、羊毛、丝绸、亚麻、棉花、大麻和靛蓝的税收，同时，大大降低了木材、牛脂和种子的税率。至格拉斯顿任财政大臣时，废除了对种子的征税，1860 年废除了牛脂税，1866 年废除了对木材的征税。

18 世纪英国的税收除了关税和间接税外，还有印花税。

四　印花税

印花税是指对文件书信等所征的税收。该税收由荷兰引入英国。英国最早的普通印花税于 1694 年首次开征。1694 年英国颁布了《印花税法案》，任命专门官员征收此税。在最初的几年中，印花税的征收额一般在每年 5 万英镑左右；1698 年又开征了附加税，到 17 世纪末，英国的印花税年征收额约 9 万英镑。[1] 1714 年，印花税收入约 11.7 万英镑；1715 年，印花税收入是 142027 英镑；[2] 到 1727 年，印花税收入是 16 万英镑；[3] 1739 年，印花税收入是 15 万英镑；[4] 1755 年，印花税收入是 13.7 万英镑。[5] 七年战争期间，财政大臣理雅各将契约的印花税提高了 1 先令，税率是 2 先令 6 便士。1760 年，印花税的税额是 29 万英镑；1770 年，税额超过 36.6 万英镑；1778 年达到 44.2 万英镑；1783 年达到 855025 英镑；[6] 1807 年，各种印花税的总收入达 4124224 英镑；[7] 到 1815 年，各种印花税的收入总额是 2811933 英镑。[8]

在英国税收收入中，与关税、消费税和直接税等税收相比，印花税收

---

① 　Roy Douglas, *Taxation in Britain since* 1660, Macmillan Press Ltd., 1999, p. 15.

② 　D. B. Horn & Mary Ransome, *English Historical Documents*, 1714 – 1783, Eyre & Spottiswoode, 1957, p. 297.

③ 　Stephen Dowell, *A History of Taxation and Taxes in England*, Vol. III, Frank Cass & Co. Ltd., 1965, p. 290.

④ 　Stephen Dowell, *A History of Taxation and Taxes in England*, Vol. II, Frank Cass & Co. Ltd., 1965, p. 109.

⑤ 　Ibid., p. 128.

⑥ 　D. B. Horn & Mary Ransome, *English Historical Documents*, 1714 – 1783, Eyre & Spottiswoode, 1957, p. 300.

⑦ 　Edward Hughes, "The English Stamp Duties, 1664 – 1764", *The English Historical Review*, Vol. 56, No. 222, Apr., 1941.

⑧ 　Stephen Dowell, *A History of Taxation and Taxes in England*, Vol. III, Frank Cass & Co. Ltd., 1965, p. 296.

入从来都不是主要的税收收入来源，在英国税收中所占比重不大。

综上，18 世纪英国的税制结构以间接税为主，直接税在 18 世纪末之前所占比重不大。18 世纪英国的直接税主要包括土地税、估价税、窗户税、车马税及 1799 年开征的所得税等税种，尤其是 1799 年小皮特开征的所得税为英国 19 世纪末以后建立以直接税为主的税制结构奠定了基础。

五　简单直接税的开征

18 世纪英国税制结构的基本特点是从简单直接税到大量间接税推行的复合税制。就直接税和间接税的比例而言，发展的基本趋势是直接税逐渐降低而间接税比重日益增大。据统计，18 世纪的最初 10 年，直接税占税收总收入的 37%，但到 1790 年代则仅占 17%。[①]　而间接税中仅消费税一项在 1714 年就占到了税收收入的 35%；到 18 世纪 50 年代中期，间接税中的消费税收入却占到了税收总额的 50%。[②]

18 世纪英国的直接税主要是土地税，此外因战争等需要临时开征了诸如窗户税、车马税、仆人税等税种，直到 1799 年小皮特开征所得税，为英国现代直接税的开创奠定了基础。具体而言，18 世纪英国开征的直接税可分为对人的征税、对财产的征税及其它类似财产的征税。

（一）对人的征税

18 世纪英国政府对人的直接征税主要包括店主税和对特定行业及商业（包括律师、办理不动产等让与事务者、写状人、发行银行票据者、拍卖者、评估人、房地产经纪人、典当商、小贩和提供旅行工具的人）的征税。

英国对法律行业的征税始于 1785 年小皮特执政时期，其征税方式是通过对从事法律职业的人征收资格证税。凡是从事这一行业的律师、公证人、代理人每年都需要拿出其从业资格证，该证书要附以一定的印花税。对伦敦和近郊及爱丁堡的居民征收 5 英镑的印花税，对其它地区的居民征收 3 英镑的印花税。至 1792 年，该税的税额是 18943 英镑。1804 年阿丁顿曾将此印花税普遍提高。1804 年小皮特再次执政后，其税率有所改变：

---

① 刘雪梅、张歌：《1660—1799 年英国财政革命所带来的划时代变化》，《现代财经》2010 年第 7 期。

② Roy Douglas, *Taxation in Britain since* 1660, Macmillan Press Ltd., 1999, p. 28.

凡是在法律行业实习超过 3 年的所有人员的税率提高一倍,即居住在伦敦和爱丁堡纳税 10 英镑,居住在农村的实习者纳税 6 英镑。从业 3 年以下者,税率减半或是按以前的税率纳税。1814 年,对上述行业从业人员征收的税额是 47992 英镑;1815 年达到 58856 英镑。① 至范西塔特任财政大臣期间,将上述法律行业从业资格证的印花税提高,伦敦和爱丁堡的税率提高至 12 英镑,农村实习者提高至 8 英镑,实习 3 年以下者减半。同时,对办理不动产等让与事务者和特别辩论者及公证书起草人的税率也提高到 12 英镑和 8 英镑。②

至 1851 年,上述税收的总额达到 121262 英镑,其中英格兰 92388 英镑,苏格兰 13050 英镑,爱尔兰 15824 英镑。1853 年格拉斯顿任财政大臣期间将上述税率降低,伦敦和爱丁堡 9 英镑,农村实习者 6 英镑(不足 3 年者税率减半);同时,对办理不动产等让与事务者和特别辩论者及公证书起草人的税率也降低(伦敦和爱丁堡 9 英镑,其它地区 6 英镑)。至 1879 年,上述税收额达到 101147 英镑,比上年增长了 1748 英镑。1881 年,律师的执照税额是 103978 英镑,办理不动产等让与事务者的执照税是 287 英镑;1883 年,分别达到 107602 英镑和 318 英镑;1884—1885 年间,分别达到 111714 英镑和 162 英镑。③

除对律师等从事法律行业征收执照税外,对发行银行票据者亦征收执照税,此税于 1808 年开始征收,每年的税率是 20 英镑。1810 年,该税的收入额共计 17320 英镑(其中英格兰 16560 英镑,苏格兰 760 英镑);1815 年税率增长至 30 英镑,征税范围扩及爱尔兰;1834 年税额达 25200 英镑;1836 年增至 29160 英镑;1837 年达到 41280 英镑;1845 年税额总计 22830 英镑(英格兰 19080 英镑,苏格兰 2820 英镑,爱尔兰 930 英镑);1883 年的税收总额达 36090 英镑;1884—1885 年税额总计 37200 英镑。④

对拍卖人的征税始于 1777 年诺斯任财政大臣期间,要求拍卖者在拍卖财产时出示年度执照,此税税额很小。1825 年财政大臣罗宾逊对拍卖

---

① Stephen Dowell, *A History of Taxation and Taxes in England*, Vol. III, Frank Cass & Co. Ltd., 1965, pp. 14 – 15.

② Ibid., p. 15.

③ Ibid., pp. 16 – 17.

④ Ibid., p. 19.

者的执照征税 5 便士，1827 年此税的税额计 1.8 万英镑。1840 年，财政大臣巴林爵士将税率提高了 5%，即 5 英镑 5 先令，1844 年该税收收入达到 2.2 万英镑。1845 年，皮尔废除了对拍卖财产的税收，但仍然保留了对拍卖者征收一定的执照税，且将税率提高至 10 英镑。1846 年，该税税额计 4 万英镑；1864 年税收将近 4.8 万英镑。[①]

1806 年英国政府开始对评估人征收年度执照税，税率是 5 先令。1815 年税率提高一倍；1828 年税额达 1794 英镑 10 先令（英格兰 1748 英镑，苏格兰 46 英镑 10 先令）；1842 年税额达 2166 英镑（其中英格兰 2092 英镑，苏格兰 52 英镑，爱尔兰 22 英镑）；1845 年，该税税率提高至 2 英镑；1846 年税额计 5100 英镑；1861 年计 4584 英镑；1862 年达 7530 英镑；[②] 1866 年，对评估人和房产中介的税额达 56580 英镑；1878 年达到 78470 英镑；1881 年计 81506 英镑；1883 年计 80652 英镑；1884—1885 年间达 80734 英镑。[③] 1861 年，房地产经纪人第一次被征收年度执照税，税率是 2 英镑，该税的税额很小，几乎可以忽略不计。

1785 年，财政大臣小皮特对英国所有从事典当生意的典当商征收年度执照税，税率不一。对居住在伦敦和近郊的典当商的税率是 10 英镑，对其它地区典当商的税率是 5 英镑。1800 年，该税税额达 4372 英镑。1815 年，税率分别提升至 15 英镑和 7 英镑 10 先令，税额从 1815 年的 5000 英镑增加到 1822 年的 1 万多英镑。[④] 1872 年通过的《典当商法案》规定：废除伦敦典当商的高税率，将英国所有典当商的执照税统一为 7 英镑 10 先令。1881 年，该税的税额共计 33375 英镑；1883 年计 34553 英镑；1884—1885 年达到 35340 英镑。[⑤]

英国对沿街叫卖的小商贩亦征收年度执照税。1704 年，出于防止沿街叫卖的小商贩逃税的考虑，英国政府通过了相关法案，规定：每个小商贩在从事贸易时必须随身携带从业执照，若是执照被外借则借用者和拥有执照者都要受到惩罚。

---

① Stephen Dowell, *A History of Taxation and Taxes in England*, *Vol. III*, Frank Cass & Co. Ltd., 1965, pp. 19 – 20.

② Ibid., pp. 21 – 22.

③ Ibid., p. 20.

④ Ibid., p. 23.

⑤ Ibid., p. 25.

1785 年，当小皮特将商店税的税率提高一倍，即 8 英镑。另外，还对用于运输的牲畜征收 8 英镑的附加税。政府禁止小贩们沿街叫卖，由此，小商贩的数量大量减少，直至 1789 年废除对商店的附加税，小商贩的数量停止下降。1792 年，对小商贩征收的执照税的税额约 6000 英镑。1793 年对法战争开始后，英国沿街叫卖的小商贩的数量增加。至 1815 年，该税的税额达 21180 英镑。1831 年该税由印花税官员征收，税额由 34800 英镑降至 28500 英镑。1849 年，印花税委员会与消费税委员会合并后，税额立即由 28100 英镑上升到 35400 英镑，此后，该税继续增长。[①] 1861 年，该税税率分两类征收：一，徒步行走的小商贩的执照税税率是 2 英镑；二，用牲畜从事沿街叫卖生意的小商贩的税率是 4 英镑。1864 年，该税被废除。1869 年规定凡是没有执照税的沿街叫卖者要处以 10 英镑的罚款。1870 年，因对徒步叫卖者的征税困难而取消了对这类小商贩的执照税。

除对沿街叫卖的小商贩征收一定的执照税外，英国还对提供移动工具的人征税。这主要包括：对出租马车、敞篷双轮马车所有人的征税、对驿马所有人的征税、对运河所有者的征税、对乘坐汽艇旅游者的征税及对铁路所有者的征税等。

对出租马车的征税：1715 年，对出租马车征收的执照税是每周 5 先令，按月征收；1770 年，缴纳执照税的出租马车的数量是 1000 辆。对出租马车征收的执照税税额直到 1774 年才有记载，其税额是 11478 英镑；1784 年，小皮特对车马征税，且将每月的执照税提高至 10 先令，由此，1792 年，出租马车的税额达 26322 英镑；1802 年，使用出租马车的数量增长到 1100 辆；[②] 1815 年，出租马车的执照税额计 28932 英镑。

1831 年，格雷政府执政时期取消了之前对出租马车数量的限制。由此，出租马车的年度执照税上升到 5 英镑，外加每周 10 先令的附加税。1833 年，出租马车缴纳的执照税是 45，208 英镑。此后，该税税额日益增长，至 1852 年税额达到 85682 英镑。1853 年，出租马车的税率再次降低，该税税额减少约 26000 英镑。因为税率降低而使出租马车的数量大增，由此 1857 年税额达 80028 英镑；1866 年达 114638 英镑。1869 年，自由党财政大臣罗

---

① Stephen Dowell, *A History of Taxation and Taxes in England*, Vol. III, Frank Cass & Co. Ltd., 1965, p. 31.

② Ibid. , p. 37.

伯特．洛（Lowe）废除了公共马车和驿马的执照税。①

对用于公共马车和大篷车车主征收一定的执照税。对公共马车所有者的征税在 1694 年到期后再无恢复。然而，那时拥有公共马车的车主仍然在 1698 年《人头税法案》中缴纳人头税，税率是拥有一辆一匹马拉的公共马车的车主需要纳税 1 英镑 5 先令。18 世纪前期，英国的公共马车非常简陋，主要是为穷人提供旅行的工具。1745 年，财政大臣佩勒姆试图对英国拥有公共马车的富有者征税。此后，英国的道路状况有所改进，公共马车亦得到改良，出现了两端镶有玻璃的速度较快的马车。当英国对拥有新型马车的车主征税时，引起了那些因拥有私人改良马车车主的抱怨，他们要求对那些能够承载 6、8、10 人的新型马车征税。在这样的背景下，财政大臣诺斯因北美独立战争之需将私家四轮马车的税率从 4 英镑提高到 5 英镑，并且对公共马车主征收每辆马车 5 英镑的税收。② 1783 年，英国政府将公共马车的里程税提高到 1 便士，到 1792 年，小皮特任财政大臣时期，公共马车的税额达到 62131 英镑（其中英格兰 59006 英镑，苏格兰 3125 英镑）。后因对法国战争的需要，小皮特于 1797 年将里程税的税率提高到 2 便士。1804 年，里程税根据公共马车承载旅客的数量而征收不同的税率：不超过 4 人，税率 2 便士；6 人 2.5 便士；8 人 3.5 便士；10 人 4 便士；10 人以上 5 便士。同时，还根据每辆马车可承载的人数征收价值 5、6、7、8、9 先令的执照税。1814 年，公共马车的里程税和执照税税额达到 194559 英镑。1815 年，财政大臣范西塔特将每辆马车的里程税提高了 0.5 便士，即 2.5、3、4、4.5 和 5.5 便士；同时，每辆马车还需缴纳 10 先令的执照税。是年，该税的税额达 223608 英镑。③ 1832 年，财政大臣阿尔索普子爵废除了公共马车、大篷车和驿马的旧税收，开始实行一种与对铁路经营者的税收一起征收的新税种。这种新的对公共马车的征税税率根据其可乘乘客的多少确定：不超过 4 人，1 便士；6 人，1.5 便士；9 人，2 便士；12 人，2.5 便士；15 人，3 便士；18 人，3.5 便士；21 人，4 便士；超过 21 人，每 3 个乘客征收 1.5 便士的附加税。1837 年之后，因英国铁路体系的发展，公共马车的税收收入额下降，1841 年，

---

① Stephen Dowell, *A History of Taxation and Taxes in England*, Vol. III, Frank Cass & Co. Ltd., 1965, pp. 38 – 39.

② Ibid., p. 42.

③ Ibid., pp. 44 – 46.

其税额低于 31.4 万英镑。[1] 1842 年，皮尔将执照税的税率由 5 英镑降至 3 英镑，废除了根据乘客人数的征税，统一按里程税征收，税率是 1.5 便士。1844 年，其税额是 242728 英镑。至 1853 年，随着小型公共汽车的出现，旧的出租马车日益减少，是年的税收收入仅有 212659 英镑。1855 年，自由党财政大臣路易斯（Cornewall Lewis）将里程税降至 1 便士；1866 年，格拉斯顿将里程税进一步降低；至 1870 年该税完全被废止，是年该税的税额是 4.9 万英镑，[2] 比此前大大降低。

对驿马或出租马匹所有者的征税。18 世纪，英国对驿马或出租马匹所有人的征税始于 1779 年诺斯任财政大臣期间，其税率如下：对驿马的税率是每英里纳税 1 便士；租用马车时间不超过一天，纳税 1 先令 6 便士。至小皮特执政期间，将上述税收的里程税提高至 1 先令 9 便士，然此税很难征收，1792 年，税额达 134350 英镑。1804 年，该税的税率重新加以调整，雇佣马车不超过 28 天的每英里纳税 1.5 便士，对不能确定里程的出租马车每天征税 1 先令 9 便士。[3]

1832 年，阿尔索普子爵调整了上述税收的税率，对用于出租马匹的执照税仅为 7 先令 6 便士，里程税是每英里 1.5 便士，对马匹出租不超过 3 天的，税率是每天 2 先令 6 便士；出租两周的，每天 1 先令 9 便士；出租 4 周，每天 1 先令 3 便士；若时间超过 4 周，则征收出租费用的 1/5，即 20% 的税率。1837 年，税收达 266880 英镑；1852 年，因铁路的增加，税额降低，仅有 157565 英镑。至格拉斯顿任财政大臣时，根据马匹和马车的数额征税：一匹马、一辆马车，税率 7 英镑 10 先令；两匹马驾车，税率 12 英镑 10 先令；4 匹马或 3 辆马车，税率 20 英镑；15 辆马车或 20 匹马，税率 70 英镑，每 10 匹马增加 10 英镑的附加税。在上述税率下，1865 年的税额英格兰 133321 英镑，苏格兰 15921 英镑。1869 年该税被废除。[4]

对通过运河或是乘坐汽艇的乘客征收一定的税收：此税税额很小，可忽略不计。

综上，英国 18 世纪对直接税中人的征税涉及面广，但税额不大，在

---

① Stephen Dowell, *A History of Taxation and Taxes in England*, Vol. III, Frank Cass & Co. Ltd., 1965, pp. 48 – 49.

② Ibid., p. 50.

③ Ibid., p. 53.

④ Ibid., p. 55.

英国的直接税收入中不占重要地位。18 世纪英国的直接税中最重要的是土地税和 18 世纪末开始征收的个人所得税。

（二）对财产的征税

18 世纪英国直接税结构中对财产的征税主要包括土地税、个人所得税、继承税、拍卖财产税和火灾或海难保险税。其具体情况如下：

对土地和财产的征税：18 世纪英国的土地税实际上是威廉三世时期对私人财产和固定薪金所征收的赋税，后因对个人财产的估定常常不能顺利进行，存在着诸多逃税和舞弊现象，因此对私人财产和固定薪金的税收改为土地税补助金进行征收。此后的 100 年间，常年土地税（annual land tax）作为一种主要的直接税被征收。18 世纪因西班牙王位继承战争之需，常年土地税的税率是每镑 4 先令；《乌得勒支条约》签订后，税率降为 2 先令。1717—1721 年间，常年土地税的税率因与西班牙的战争而提高至 3 先令。1722 年沃波尔任财政大臣期间将土地税的税率降为 2 先令。此后，土地税的税率因需要而几次调整，例如，1727 年税率是 4 先令；1728 和 1729 年是 3 先令；1730 年沃波尔再次将税率降至 2 先令；1731 年常年土地税的税率第一次降至 1 先令，此税率一直保持到 1732 年。[1]

在沃波尔任财政大臣期间，其主要的税收政策是想逐步提高间接税、减少并最终废除土地税。正是出于这种考虑，沃波尔重征已被废止的盐税，并于 1733 年提议将白酒和烟草的税收改为消费税征收。当然，如前文所述，沃波尔开征消费税的建议遭到了强烈的反对而最终被放弃。此时，常年土地税的税率重新恢复为 2 先令，此税率一直实行到与西班牙战争之前。1740—1749 年间，土地税的税率是 4 先令；此后的 3 年间税率是 3 先令；1753 年降至 2 先令并一直持续到 1754 和 1755 年。[2] 此后，因七年战争之需，土地税的税率提高到 4 先令（最高税率）并一直保持了 10 年（1756 到 1766 年）。1767 年，乔治·格伦维尔任财政大臣时将土地税的税率降至 3 先令。此后，土地税的税率一直保持在 3 先令的水平上（除了 1771 年是 4 先令外）。直到北美独立战争爆发，土地税的税率再次被提高到 4 先令。然而，到 1793 年对法战争爆发时，每镑 4 先令的土地税就显得非常低了。在

---

① Stephen Dowell, *A History of Taxation and Taxes in England*, Vol. III, Frank Cass & Co. Ltd., 1965, p. 85.

② Ibid., p. 86.

这样的背景下，小皮特将土地税与其它直接税一起打包征收，称之为"估价税"。这就是著名的"三倍估值法"，即将三个不同部门合为一个部门主管一系列征收，征收对象主要是直接税或财产税，包括车马税和窗户税（1696 年的窗户税，最初按家庭炉灶数目征收炉灶税，后改为按房屋窗户数目征收，1778 年又改按房屋租赁价格征收；1784 年的车马税；1784 年的抵代税和 1786 年的商店税，等等，此点将在后文专门叙述）。三倍估值法是一种具有应急性质的所得税，这种税收的基础是此前已经支付的财产税。比如，如果一个人已经支付了 20 英镑财产税，那么他必须再付 3 个 20 英镑，即 60 英镑才是他要交纳的税收额。三倍估值税收方法是英国税收新时代开始的标志。这种税收是后来英国个人所得税的源头，霍兰·罗斯（Holland Rose）认为，三倍估值法是一种缓慢发展的所得税。[1] 到 1798 年，"估定税"从最低征税的 3 倍增加到 5 倍。同时还附有限制性条款，即：只有超过一定标准的收入才被征税，若年收入所得超过 200 英镑，则税率为 10%；若收入低于 200 镑，则税率相应减少。对此，有人曾声称此税的价值超过了新的"三倍估值法"。[2] 在"三倍估值法"中，还有一种"自愿性税收"，即当一个人的纳税率低于 10% 时他将自愿地将缺少的部分补清。通过这种方法获得的税收有 200 万英镑。1798 年，"出售土地税"被引入到英国的税制中。这时，英国其它税种都呈上升态势，而土地税仍保持传统的每镑 2 先令的税率，土地税的收入额不足 10%。此后，土地税的痕迹一直保持到 20 世纪中期，直至 1949 年才被废除。[3]

然而，上述的诸种税收措施仍不能满足需要，鉴于此，小皮特实行了更为激进的改革取代"三倍估值法"，此税即是所得税。

1798 年，小皮特提出开征新的税种——所得税。1799 年所得税开征。在小皮特的预算中，年所得收入超过 200 英镑，税率为 10%；所得低于 60 英镑免税；在 60—200 英镑之间，其所得税税率按浮动折算制计算。根据小皮特的设想，政府的年所得税征收额是 750 万英镑，在所得税开征的第一年，所得税征收额超了预定额 150 万英镑。

正如我们所知道的，所得税经历了长达 40 年的荣辱历程，最终被确

---

[1] Richard Cooper, " William Pitt, Taxation, and the Needs of War", *The Journal of British Studies*, Vol. 22, No. 1, 1982.

[2] Roy Douglas, *Taxation in Britain since* 1660, Macmillan Press Ltd. , 1999, p. 35.

[3] Ibid. , p. 40.

定为英国税制中的永久性税收。在 1799 年之后的许多年中，英国人并不喜欢个人所得税，其原因有：一，所得税被认为具有审判的性质；二，纳税人被要求主动申报税额遭到拒绝；三，许多人认为此税可以通过掩盖而逃税；四，在所得税的征收税率上，大多数人反对实行统一的税率，这种税率不分纳税者的财富水平和收入来源。

关于所得税遭到反对的情形，我们亦可从下面的漫画中看出①：

图 2 - 3 - 2　小皮特开征所得税

这幅漫画描述的是 1799 年小皮特引进所得税的情形。漫画的作者反对开征所得税，此画暗喻小皮特正试图通过威胁"农夫约翰"（一个典型的英国人）来达到自己的目的。

在画中，小皮特养了一只像狼似的怪物，这只怪物在小皮特的腋下，嘴里喷着火，全身带着火。首相宣布："如果你不带着你的所得下来，我就放开它。"农夫约翰非常害怕，赶紧拿出两个口袋，一个上写着"10%的所得税"，一个上写着"工业革命的剩余"。农夫约翰对小皮特说："噢，饶恕我，请拿走我的全部。"②

① Roy Douglas, *Taxation in Britain since* 1660, Macmillan Press Ltd., 1999, p. 36.
② Ibid., p. 41.

1802 年，在《亚眠合约》签订后，阿丁顿（英国首相，1801—1804年。1801 年继小皮特为首相兼财政大臣，因 1802 年与拿破仑签订《亚眠合约》而遭到批评）试图恢复更常态的税收模式，所得税被废止，从而导致英国的税收收入遭到极大损失。仅两个月后，阿丁顿政府即被迫恢复所得税，所得税的税率是 5% 的低税率。不同的是，所得税被列成五个表格，在每种表格中都有所得税的具体征收情况。与小皮特的所得税的设想一样，年所得低于 60 英镑免税；但新所得税的最低限是 150 英镑，而非之前的 200 英镑。另外，1803 年《财政法案》又增加了对进口商品的征税，尤其是白酒。[①] 1804 年 5 月，小皮特重新执政。他的 1805 年《财政法案》将所得税的税率提高到 6.5%，并且扩大了其他税收的征收范围。1806 年小皮特去世，此时英国没有比小皮特更合适的继任者，因此，一个政治上的混合政府成立，这届政府有时也被称为"贤能内阁"或"才子内阁"（1806—1807 年格伦威尔首相领导的内阁）。"贤能内阁"包括了政治上完全不同的人：阿丁顿（此时已成为西德默斯勋爵）、查尔斯·福克斯（外务大臣和下议院领袖）、亨利·佩蒂勋爵（财政大臣）。这届"贤能内阁"执政时间不长，所以很难发现其财政政策与之前政府的不同之处。如果和平不能获得，则意味着政府需要更多的金钱支持战争。此时，所得税的税率被提高到 10%（这被佩蒂描述为"自然界限"），所得税的免税点降到了纳税人 50 英镑。消费税有了很大幅度的增长且税率因战争而日益提高。

此后，英国土地税在直接税中的比重逐渐下降，到 1793 年，土地税的收入只占全国财政收入的五分之一左右。[②] 至 18 世纪末，小皮特开征所得税虽然历经反复，但在英国的税制结构中，所得税逐渐成为政府的一个常税，而且是英国税制中的第一大税项，比重日渐提高。1911 年，所得税占英国财政收入的 22%；1922 年，上升为 45%。[③] 此后，所得税比重大致保持在 40% 左右。[④]

---

①　Roy Douglas, *Taxation in Britain since 1660*, Macmillan Press Ltd., 1999, p. 42.

②　陆伟芳、余大庆：《18 世纪英国税收制度的发展》，《扬州大学税务学院学报》1997 年第 4 期。

③　陈共：《财政学》，中国人民大学出版社 2008 年版，第 259 页。

④　财政部《税收制度国际比较》课题组编《英国税制》，中国财政经济出版社 2000 年版，第 47 页。

18世纪英国的直接税收入是2460万英镑。[①] 其中，收入所得总额大约1460万英镑；对房屋和建筑物的课税总量是650万英镑；继承税130万英镑；土地税120万英镑；其它直接税100万英镑。与所得税相比，此时，消费税总额为4230万英镑，这包括各种各样的饮料税，约2230万英镑；食品税500多万英镑；工业制造品600万英镑；烟草税200万英镑。[②]

（三）对类似财产的其它物品征收直接税

在18世纪英国政府征收的直接税中，除了上文的土地税、所得税及继承税外，还对其它类似财产的物品征收一定的直接税。这主要包括户主税和房屋设施税。

对户主的征税。18世纪英国对房屋的征税被称为壁炉税或烟囱税。此税于1696年被废除，代之以窗户税。1747年，财政大臣佩勒姆通过了《1747年法案》，规定：对有10—14个窗户的房屋的税率是每个窗户6便士；15—19个窗户，每个窗户纳税9便士；20个窗户以上，每个窗户纳税1先令。此后，窗户税的税率于1758、1761和1766年有所提高。[③] 到诺斯任财政大臣期间，因北美独立战争之需，诺斯对房屋的征税不再按照窗户的数量征收，而是根据房屋的年价值征收，即所谓的居住房屋税。此税于1778年开征，在相关的法案中规定：自1778年7月5日起，将对居住的房屋征税，房屋的年租金在5—50镑，税率是每年6便士。房屋年租金50镑以上，税率是每镑1先令。[④] 在英国纳税的房屋数量若以1750年和1781年做比较，呈下降趋势。据数据统计，1750年英国纳税的房屋数量有729048所；而1781年则是721351所。[⑤]

就窗户税和房屋税的收入情况，我们以1775—1785年间具体收入进行列表说明[⑥]：

[①]　Roy Douglas, *Taxation in Britain since* 1660, Macmillan Press Ltd., 1999, p. 42.

[②]　Ibid., p. 43.

[③]　D. B. Horn & Mary Ransome, *English Historical Documents*, 1714 – 1783, Eyre & Spottiswoode, 1957, p. 317.

[④]　Ibid., pp. 320 – 321.

[⑤]　Ibid., p. 324.

[⑥]　Ibid., p. 325.

表 2 - 3 - 29　　　　　1775—1785 年 7 月英国窗户税和房屋税收入

年度	英格兰			苏格兰			总计		
	£	s	d	£	s	d	£	s	d
1775.9—1776.9	395874	14	2	8000	0	0	403874	14	2
1776.9—1777.9	429038	16	11.5	5500	0	0	4434538	16	11.5
1777.9—1778.9	448285	7	6	3700	0	0	451985	7	6
1778.9—1779.9	396378	0	1	2000	0	0	398378	0	1
1779.9—1780.9	405661	8	3.5	1950	0	0	407611	8	3.5
1780.9—1781.9	401098	2	3	1000	0	0	402098	2	3
1781.9—1782.9	436810	10	1.25	18150	0	0	454960	10	1.25
1782.9—1783.9	389939	12	3.25	13600	0	0	403539	12	3.25
1783.9—1784.9	391152	10	9	1700	0	0	392852	10	9
1784.9—1785.9	432017	1	7	3110	19	8	435128	1	3
总计	4126256	3	11.5	58710	19	8	4184967	3	7.5

由上表可见:1775—1785 年间英国的房屋税和窗户税总额基本保持稳定,至 1785 年总额共计 4184967 英镑 3 先令 7.5 便士。

至 1793 年与法国的战争爆发之前,小皮特将房屋税的税率从 1766 年的 2 先令和 3 先令提高至 6 先令,同时对拥有窗户 7 个以上的房屋(税率在 6 先令),超过 180 个窗子(税率是 20 英镑)的房屋征收窗户税,此经过改革的税收即所谓的"抵代税"(Commutation Tax)。小皮特还废除了房屋不足 7 个窗子的税收,由此税收收入损失约 5.6 万英镑。与法国的战争开始后,上述税收几次被提高,其税率如下:不超过 6 个窗户年价值低于 5 英镑的房屋,税率 6 先令 6 便士;若超过房屋年价值超过 5 英镑,则税率是 8 先令;若有 7 个窗子,税率 1 英镑;8 个, 1 英镑 13 先令;9 个,2 英镑 2 先令;10 个,2 英镑 16 先令;超过 44 个,税率 28 英镑 17 先令 6 便士;超过 109 个,税率 58 英镑 17 先令; 超过 110 低于 180 个,税率 93 英镑 2 先令 6 便士;超过 180 个,每个窗户加征 3 先令的附加税。至 1815 年,上述窗户税的税额约 200 万英镑。[1]此后,财政大臣罗宾逊免除了 8 个窗子以下的房屋的税收,1829 年,窗户税的税额是 1163760 英镑。1834 年废除了低收入者的窗户税。

① Stephen Dowell, *A History of Taxation and Taxes in England*, Vol.III, Frank Cass & Co. Ltd., 1965, pp. 172 - 173.

至 1840 年财政大臣巴林爵士将"估价税"的税率提高至 10 英镑。此后，1845、1848 和 1850 年民众强烈要求废除"估价税"。至 19 世纪末，"估价税"在英国基本被废除。

对房屋设施的征税。18 世纪英国对房屋设施的征税开始于 1747 年佩勒姆任财政大臣时期。因奥地利王位继承战争之需，佩勒姆开征了马车税；1756 年，财政大臣利特尔顿（Lyttelton）爵士对金属衣柜征税，但该税因估价困难而废止；诺斯任财政大臣时，对拥有男仆的家庭征税；小皮特任财政大臣后，对马鞍、马车和赛马征税，并对运动员征收一定的执照税。小皮特还开征了女仆税。对法战争爆发后，为满足战争之需，小皮特于 1795 年对发粉和手表征税。上述税收小皮特将之打包征收，称之为"估价税"，此税后来演变成为著名的"三倍估值法"（前文已有说明）。后因"三倍估值法"失败，小皮特才于 1799 年开征了所得税。

上文提及的"估价税"因所得税的日渐增长而逐渐退出英国的税收舞台。例如，1869 年财政大臣罗伯特·洛（Lowe）在其财政预算中建议废除"估价税"并获得通过。在这样的背景下，1875 年，对马鞍、车马和赛马的税收被废除。因此三种税收的废除致使出租马车、仆人、徽章、体育许可证、持枪执照和狗的税额下降，据统计，其税收额保持在每年 130—140 万英镑。具体征收情况如下表[1]：

表 2-3-30　　　　1881—1885 年间英国估价税征收情况

征税种类	1881—2（英镑）	1882—3（英镑）	1884—5（英镑）
四轮马车	552333	554850	549406
仆人	136239	137162	139046
徽章	79419	78711	77455
体育许可证	167694	167731	180593
持枪执照	76824	77783	83767
狗	342528	333250	341672
合计	1355037	1349487	1371989

①　Stephen Dowell, *A History of Taxation and Taxes in England*, Vol. III, Frank Cass & Co. Ltd., 1965, p. 162.

综上所述，在 18 世纪英国的税制结构中，初始阶段，直接税占有较大的比重；但此后，间接税所占的比重逐渐增加并成为 18 世纪英国税制结构中的主导税种。有关此点，我们可从下面有关 18 世纪英国税制结构的图表中看出[①]：

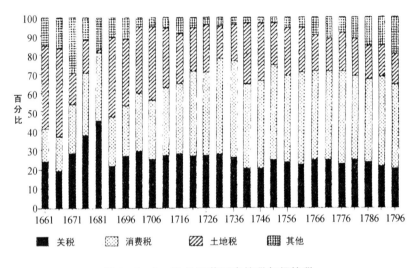

图 2 - 3 - 3　18 世纪英国直接税与间接税

由上表可见，自 18 世纪以来至 18 世纪末，英国的间接税所占比重大大超过直接税，是英国税收收入的主要来源。

表 2 - 3 - 31　　英国公共财政收入分配情况（1696—1799）

（每 5 年为一周期，单位千英镑；比例:% ）[②]:

时间	财政收入总额	关税		消费税		其他		土地和估价税	
		收入	比例	收入	比例	收入	比例	收入	比例
1696—1700	22207	5875	26.5	5805	26.1	2458	11.1	8069	36.3
1701—05	24885	7292	29.3	7596	30.5	1301	5.2	8696	34.9

① J. V. Beckett & Michael Turner, "Taxation and Economic Growth in Eighteenth-century England", *Economic History Review*, 2nd, ser., XLIII, 3, 1990.

② J. V. Beckett & Michael Turner, "Taxation and Economic Growth in Eighteenth-century England", *Economic History Review*, 2nd, ser., XLIII, 3, 1990.

续表

时间	财政收入总额	关税		消费税		其他		土地和估价税	
		收入	比例	收入	比例	收入	比例	收入	比例
1706—10	26417	6493	24.6	8228	31.1	1488	5.6	10208	38.6
1711—15	27615	7302	26.4	9926	35.9	1803	6.5	8584	31.1
1716—20	30535	8330	27.3	11072	36.3	3036	9.9	8097	26.5
1721—25	29830	7878	26.4	13316	44.6	1909	6.4	6727	22.6
1726—30	30921	8718	26.4	13623	44.1	1514	4.9	7606	24.6
1731—35	28505	7774	27.3	14827	50.1	1597	5.6	4847	17.0
1736—40	29120	7450	25.6	14554	50.0	1350	4.6	5766	19.8
1741—45	32254	6290	19.5	14337	44.5	1325	3.8	10392	32.2
1746—50	35370	6895	19.5	16427	46.4	1220	3.4	10828	30.6
1751—55	35192	8362	23.8	17804	50.6	1320	3.8	7706	21.9
1756—60	40283	9432	23.4	18082	44.9	2589	6.4	10180	25.3
1761—65	49995	10904	21.8	24242	48.5	3363	6.7	11486	23.0
1766—70	52778	12943	24.5	24246	45.9	5685	10.8	9904	18.8
1771—75	54232	13211	24.4	25000	46.1	6669	12.3	9346	17.2
1776—80	57494	12740	22.2	27710	48.2	5400	9.4	11644	20.3
1781—85	68463	16429	24.0	30292	44.2	8661	12.7	13081	19.1
1786—90	82161	18982	23.1	35712	43.5	12772	15.5	14695	17.9
1791—95	93029	19442	20.9	44035	47.3	14686	15.8	14866	16.0
1796—99	99500	19832	19.5	42382	43.0	19863	20.0	17423	17.5

由上表可见：18 世纪初，直接税所占比重高于间接税；但此后，直接税尤其是土地税所占比重日益下降，消费税和关税等间接税所占比重逐渐超过直接税（土地税和估价税），尤其是消费税在 18 世纪英国的税制中占有非常高的比例。因此，18 世纪英国税制结构的基本特征是从开征简单直接税到大量推行间接税的复合税制。

众所周知，税收的主要目的是为了满足国家和政府的运转需要。政府向社会提供公共产品，必然导致财政开支的增加；而公共财政开支的主要来源则是税收，正所谓："公共事务几乎没有一项不是产生于捐税，或导致捐税。"① 赋税在很大程度上体现了国家在不同时段的主要的经济和政治生活。对此,马克思和恩格斯曾说: "国家存在的经济体现就是捐税。"② 著名的经济学家马赛厄斯 (Mathias) 和奥布赖恩 (O'Brien) 亦认为:"税收对任何一国的经济和政治具有非常重要的意义。事关一国经济和政治的主题。"③

那么,18世纪英国的赋税主要用在哪些方面呢?概括来讲,因18世纪英国卷入了太多的对外战争,所以说军费开支是18世纪赋税开支的主要来源。同时,因18世纪英国正处于由传统农业社会向工业革命的转型时期,社会转型带来了太多的社会问题,如农业问题、社会贫困和人口失业问题等,这些都需要通过政府的财政政策加以解决,而其解决的资金则来源于税收,这是18世纪英国赋税开支的另外两个来源。

第四节　18世纪英国的赋税用途

一　战争与税收

18世纪英国的对外战争不断,据统计,自1693—1815年的122年间英国共卷入战争56次。有关18世纪英国发动或卷入对外战争的原因,霍布斯鲍姆曾写道:"18世纪的英国政府情愿为其制造品开拓海外市场而发动战争。"④ 战争的进行需要有充足的财政保障,这主要靠税收来满足,战争开支的扩大必然会引来税收的增长。有关此点,可从下面的一系列图表中得到验证⑤:

---

① [法] 托克维尔:《旧制度与大革命》,冯棠译,商务印书馆2013年版,第129页。
② 《马克思恩格斯全集》第4卷,人民出版社1958年版,第342页。
③ J. V. Beckett & Michael Turner, "Taxation and Economic Growth in Eighteenth-century England", *Economic History Review*, 2nd, ser., XLIII, 3, 1990.
④ J. V. Beckett & Michael Turner, "Taxation and Economic Growth in Eighteenth-century England", *Economic History Review*, 2nd, ser., XLIII, 3, 1990.
⑤ J. V. Beckett & Michael Turner, "Taxation and Economic Growth in Eighteenth-century England", *Economic History Review*, 2nd, ser., XLIII, 3, 1990.

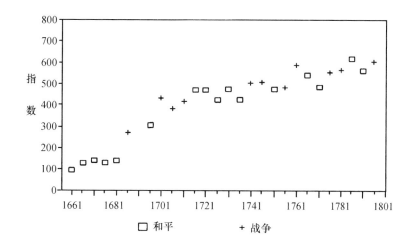

图 2 - 4 - 1　英国历史上税收与和平战争间关系

　　由上表可见，18 世纪英国的赋税若以和平时期与战争期间做比较，非常明显的趋势是和平时期的税收低于战争期间；当战争爆发时，税收往往呈现增长的趋势。对战争给英国及其国民带来的影响，著名的经济学家奥布赖恩认为："自光荣革命至法国大革命，英国的税收体制的运行与其陆军和海军支出是密不可分的，英国需要用税收收入支撑它的军事开支以对敌作战或为下一场战争做好准备。"[1] 哈蒙德（Hammonds）也曾说道："战争给英国国民造成的影响是不可挽回的，它使英国国民的负担加重，使国民财富随着价格波动和农业兴衰而被花掉，英国财政家们为支持战争而设法征税和贷款，为此，他们几乎成了国家的罪人。"[2]

　　有关 18 世纪英国战争与税收间的互动关系，我们将从 18 世纪英国所经历的几场主要战争所引发的英国税制的变化进行阐述。如前所述，18 世纪英国所进行的战争从本质上来讲是为其商业利益拓展海外市场而进行的战争，即所谓的"重商主义战争"。伴随着战争的进行，英国国民的税收负担日益增加，若按不变价格计算（in real terms），自查理二世统治至乔治四世执政期间，英国国民的税收负担将近增加了 8 倍；若按相对价格

　　① Patrick K. O'Brien, "The Political Economy of British Taxation, 1660 - 1815", *Econmic History Review*, 2nd, ser, XLI, 1, 1988.

　　② J. V. Beckett & Michael Turner, "Taxation and Economic Growth in Eighteenth-century England", *Economic History Review*, 2nd, ser., XLIII, 3, 1990.

计算 (in relative terms)，因战争所致的英国政府和纳税人的负担在威廉三世和安妮女王执政时期变化很大。此后，英国的税收稳定了一段时间之后即开始增长，其中北美独立战争所引发的税收变革很大；而与法国所进行的长达 22 年 (1793—1815) 的战争更是英国税制发展史上的巅峰时期。

有关自"光荣革命"后至 1815 年拿破仑战争结束期间，英国政府的税收开支情况（以和平与战争两个时段比较）如下表[①]：

表 2 - 4 - 1　　　　　　　1689—1815 年间政府开支分配情况

时间	军事开支（%）	政府行政开支（%）	国债利息（%）
1689—1697（战争）	79	15	6
1698—1702（和平）	67	9	24
1702—1713（战争）	72	9	19
1714—1739（和平）	39	17	44
1740—1748（战争）	65	10	25
1750—1755（和平）	41	15	44
1756—1763（战争）	70	8	22
1764—1775（和平）	37	20	43
1776—1783（战争）	62	8	30
1784—1792（和平）	31	13	56
1793—1815（战争）	61	9	30

由上表可见，当英国处于战争时，军费开支和国债利息都比和平时期有很大增长。在 18 世纪英国政府的开支中，军费开支所占比重相当大，有的年份竟然占到了政府开支的 79%。国债利息在有的年份竟然占到了政府开支的 56%。可见 18 世纪英国的战争对其税制和经济发展有多大的影响。

那么，在 18 世纪英国政府的财政收入中，税收收入所占的比重是多

---

　　① Patrick K. O'Brien, "The Political Economy of British Taxation, 1660 - 1815", *Econmic History Review*, 2nd, ser, XLI, 1, 1988.

少呢？ 具体如下表①：

表 2 - 4 - 2　1700—1815 年间英国的税收收入及在国民收入中所占的比重

年度（以 5 年为一周期）	税收收入（百万英镑）	税收占国民收入的比重（%）
1700	4.40	8.8
1705	5.22	
1710	5.13	9.2
1715	5.51	
1720	5.81	10.8
1725	5.70	
1730	6.04	10.7
1735	5.50	
1740	5.62	8.7
1745	6.33	
1750	7.33	10.5
1755	7.01	
1760	8.51	11.5
1765	9.80	
1770	9.70	10.5
1775	10.08	
1780	11.75	11.7
1785	13.74	
1790	16.09	12.3
1795	17.73	
1800	28.47	12.9
1805	44.60	
1810	58.25	18.2
1815	62.67	

　　由上表可见，18 世纪英国的税收收入在国民收入中所占比重在 8.8—18.2%，比例不大。那么，战争时期英国的税收与战时财政收入之间是什么比例呢？ 如下表②：

---

① Patrick K. O'Brien "The Political Economy of British Taxation, 1660 – 1815", *Econmic History Review*, 2nd, ser., XLI, 1, 1988.

② Patrick K. O'Brien "The Political Economy of British Taxation, 1660 – 1815", *Econmic History Review*, 2nd, ser., XLI, 1, 1988.

表 2 - 4 - 3   1689—1815 年间英国的税收与战时财政情况

战争年份	税收收入在战时额外财政收入中的比重（%）
1689—1697	49
1702—1713	26
1739—1748	21
1756—1763	20
1775—1783	19
1793—1815	58

由上表可见：在 18 世纪英国处于战争年份时，税收收入在战时政府额外财政收入中所占比重在 19%—58% 之间。尤其是 1793 年与法国的战争使英国的税收有了很大提高，在战时政府财政收入中的比重高达 58%。

18 世纪英国所进行的战争主要有西班牙王位继承战争（1702—1713）、四国同盟战争（1718—1720）、英西战争（1727—1729）、詹金斯的耳朵战争（1734—1743）、奥地利王位继承战争（1740—1748）、克里米亚战争（1756—1763）、北美独立战争（1775—1783）和对法战争（1793—1815）等。那么，这些战争对英国的税制产生了什么影响？下面我们将作详细论述：

1714 年安妮女王去世，英国经历了短暂的和平时期。然而，因此前威廉与安妮执政时期与法国及西班牙的战争使英国的税收收入和政府开支及国债大大增加。据统计，1688 年，政府的税收收入约为 200 万英镑。此后 10 年间，每年的税收收入达 500 万英镑且从未低于这一数字。[1] 因战争而引起的国债数额也大大提高，如下两表[2]：

表 2 - 4 - 4   1691—1714 年间英国的债务（长期和短期债务）情况（单位：英镑）

年度	债务额	年度	债务额
1691	3130000	1696	11579178
1692	3310547	1697	14522925

---

① Roy Douglas, *Taxation in Britain since* 1660, Macmillan Press Ltd., 1999, p. 21.

② Andrew Browning, *English Historical Documents*, 1660 - 1714, Eyre & Spottiswoode, 1953, pp. 355 - 356.

续表

年度	债务额	年度	债务额
1693	5902839	1698	15445416
1694	6734297	1699	13799355
1695	8436846	1700	12607080
1701	12552486	1708	15518406
1702	12767225	1709	18933339
1703	12325779	1710	21335645
1704	12363474	1711	22398425
1705	12135351	1712	34922688
1706	12388030	1713	34699847
1707	15244299	1714	36175460

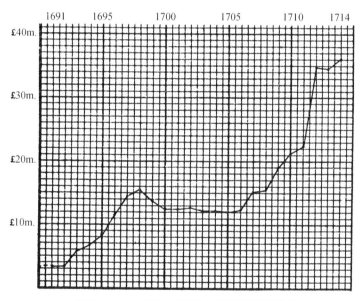

图 2 - 4 - 2　1691—1714 年间英国国债增长

　　由以上两图表可见，1691—1714 年，当英国处于和平时，国债数额要低于战争时期；同样，战争期间英国国债的增长速度要远远高于和平时期。至 1714 年，英国的国债达到近 3620 万英镑，利息达到 302 万英镑，其每年的利率高达 8% 以上，仅国债开支就占政府开支的一半以上。由此可见战争对英国国债的影响。而我们知道，国债本质上也是一种税收，国债的增长意味着英国国民在战争时期承担的税收负担要高于和平时期的税负。

安妮女王去世后，英国经历了短暂的和平后又卷入了与西班牙的战争。此时，汉诺威的乔治一世（1714—1727）和乔治二世（1727—1760）执政。1718年英国卷入了与西班牙的两次战争（四国同盟战争和英西战争）和奥地利王位继承战争，为支付战争所需的军费，时任财政大臣的沃波尔进行了税制改革，具体表现为：一，提高土地税的税率。1717—1721年间，土地税的税率因与西班牙的战争而提高至3先令，1722年沃波尔任财政大臣期间将土地税的税率降为2先令。此后，土地税的税率因需要而几次调整，例如，1727年税率是4先令；1728和1729年是3先令；1730年沃波尔再次将税率降至2先令；1731年常年土地税的税率第一次降至1先令，此税率一直保持到1732年。1739年，刚刚从与西班牙的战争有所恢复的英国又卷入了奥地利王位继承战争，因战争需要，沃波尔再次将土地税的税率提高至每镑4先令（最高水平）；1749年战争结束后，土地税的税率复又降至每镑3先令；1753—1755年七年战争爆发前夕，土地税的税一直维持在每镑2先令的水平。[①] 二，提议将酒税和茶叶税改由消费税征收，后因此建议遭到强烈反对而最终未能实行（前文已有论述），由于战争费用之需，政府在巨大的财政压力下开征消费税，此后，消费税在英国国家财政收入中所占比重日益增加。具体情况如下表[②]：

表2－4－5　　　　　　　　　1716—1750年政府收入情况　　　　　　（单位：千镑）

时间	总额	关税	%	消费税	%	土地税和估价税	%
1716—20	30535	8330	27.3	11072	36.3	8089	26.5
1721—25	29830	7878	26.4	13316	44.6	6727	22.6
1726—30	30921	8178	26.4	13623	44.1	7606	24.6
1731—35	28505	7774	27.3	14287	50.1	4847	17.0
1736—40	29120	7450	25.6	14554	50.0	5766	19.8
1741—45	32254	6290	19.5	14337	44.5	10392	32.2
1746—50	35370	6895	19.5	16427	46.4	10828	30.6

①　Stephen Dowell, *A History of Taxation and Taxes in England*, Vol. III, Frank Cass & Co. Ltd. , 1965, pp. 85 – 86.

②　J. V. Beckett, "Land Tax or Excise: the Levying of Taxation in Seventeenth-and-Eighteenth-Century England", *The English Historical Review*, Vol. 100, No. 395, April, 1985.

由上表可见：1715—1750 年，英国的税收收入中消费税所占比重很大。1714 年安妮女王去世时，英国的消费税收入占税收收入的 35%；而到 18 世纪 50 年代中期，消费税收入占税收总额的 50%。三，开征已于 1730 年废止的盐税，因遭到反对而未能成行。

1742 年，沃波尔辞职。此时英国仍陷于奥地利王位继承战争中，为满足战争之需，财政大臣佩勒姆于 1747 年通过法案开征窗户税并对其税率作了具体规定：对有 10—14 个窗户的房屋的税率是每个窗户 6 便士；15—19 个窗户，每个窗户纳税 9 便士；20 个窗户以上，每个窗户纳税 1 先令。此后，窗户税的税率于 1758 年、1761 年和 1766 年有所提高。[①] 同时，佩勒姆还开征了马车税。

1748 年奥地利王位继承战争结束，英国的国债进一步增加：1739 年的国债是 4690 万英镑，1748 年的国债则上升至 7610 万英镑。战争结束后不久，英国又于 1756 年卷入了七年战争（1756—1763）。此后，因七年战争之需，英国的直接税和间接税的税率及税额都有所提高。例如，土地税的税率提高到 4 先令（最高税率）并一直保持了 10 年（1756—1766 年）。1767 年，乔治·格伦威尔任财政大臣时将土地税的税率降至 3 先令。此后，土地税的税率一直保持在 3 先令的水平上（除了 1771 年是 4 先令外），直到北美独立战争爆发，土地税的税率再次被提高到 4 先令。除对提高土地税的税率外，为了满足战争的需要，财政大臣理雅各将啤酒花的税率从每蒲式耳 6 便士提高至 9.25 便士，税额增加了 35.2 万英镑（从 61.1 万英镑增加到 96.3 万英镑）；1761 年，浓啤酒的税率提高了 3 先令每桶。[②] 同时，理雅各还将茶叶税的税率提高了 5%。

七年战争的开支超过了此前的任何一次，战争开始时，军事开支约 8200 万英镑，占政府支出的 71%。[③] 有鉴于此，税收亦随之增加，在战争开始时，政府每年的税收总额约 700 万英镑；到战争结束时，增加到

---

①　D. B. Horn & Mary Ransome, *English Historical Documents*, 1714 – 1783, Eyre & Spottiswoode, 1957, p. 317.

②　Stephen Dowell, *A History of Taxation and Taxes in England*, Vol. IV, Frank Cass & Co. Ltd., 1965, pp. 72 – 74.

③　Roy Douglas, *Taxation in Britain since* 1660, Macmillan Press Ltd., 1999, p. 29.

1000 万英镑。在这些税收中，关税增长了约 50 万英镑，消费税和土地税各增长了约 100 万英镑。同时，一些新的税种及征收额也有突然的增长。如其他处于战争时期一样，政府此时的国债大大增加。有数据记载，1756 年战争开始时，英国的国债是 74575025 英镑；但至 1763 年七年战争结束时，英国的国债达到了 132716049 英镑。战争结束后一直到北美独立战争开始，英国的国债基本上保持在 120 万至 130 万英镑之间。① 然而到 1776 年北美独立战争爆发后，英国的国债和税收因战争的原因又急剧增长。

18 世纪，美国独立战争爆发。对英国人来说，美国独立战争完全是一场灾难。战争的耗费巨大，据统计，1774 年和 1775 年，军费开支约 380 或 390 万英镑；而 1776—1783 年，军费开支即达到约 1.02 亿英镑。② 为满足战争需要，财政大臣诺斯将盐税的税率提高至每蒲式耳（约 8 加仑）5 先令；将糖税的税率提高至每英担 11 先令 4 便士，由此带来的税收收入是 32.6 万英镑；将英格兰麦芽酒的税率从 9 便士提高至 1 先令 4.5 便士，将苏格兰麦芽酒的税率从 4 便士提高至 8.3 便士。由此，税收收入增加了约 60 万英镑（即从 100 万英镑增加到 160 万英镑），增加了近 2 倍。据统计，1774 年，英国啤酒税的税额近 250 万英镑，直接税收入是 1385400 英镑，麦芽酒税 96 万英镑，啤酒花税 138800 英镑。③ 战争期间，啤酒花的税率亦被提高，增加了 5% 的附加税，在此后的 68 年间，啤酒花的税率都保持在每吨 1 便士的水平上。1781 年，对浓啤酒征收 3 先令的附加税，这一税收适用于税率每桶 6 先令以上的所有啤酒。因此税率的提高而使餐桌上家庭消费的啤酒量减少，有鉴于此，1782 年，将价值在每桶 11 先令以上及 11 先令以下的啤酒进行区分：价值在每桶 6 先令至 11 先令间的啤酒称之为佐餐啤酒（table beer），此种啤酒的税率仅为每桶 3 先令。具体情况如下表④：

---

① D. B. Horn & Mary Ransome, *English Historical Documents*, 1714 – 1783, Eyre & Spottis-woode, 1957, p. 337.

② Roy Douglas, *Taxation in Britain since* 1660, Macmillan Press Ltd., 1999, p. 31.

③ Stephen Dowell, *A History of Taxation and Taxes in England*, Vol. IV, Frank Cass & Co. Ltd., 1965, p. 76.

④ Ibid.

表 2 - 4 - 6　　　　　　　　　　　1782 年英国啤酒税率

	先令	便士
浓啤酒（每桶 11 先令以上）	8	0
佐餐啤酒（6 先令至 11 先令）	3	0
淡啤酒（6 先令以下）	1	4

同时，诺斯还对之前征收的窗户税进行了改革。对房屋的征税不再按照窗户的数量征收，而是根据房屋的年价值征收，即所谓的居住房屋税。此税于 1778 年开征，在相关的法案中规定：自 1778 年 7 月 5 日起，将对居住的房屋征税，当房屋的年租金在 5—50 镑时，税率是每年 6 便士；房屋年租金 50 镑以上，税率是每镑 1 先令。[1] 在英国纳税的房屋数量若以 1750 年和 1781 年作比较，呈下降趋势。有数据统计，1750 年英国纳税的房屋数量有 729048 所，而 1781 年则是 721351 所。[2]

就窗户税和房屋税的收入情况，我们以 1775—1785 年间具体收入进行列表说明[3]：

表 2 - 4 - 7　　　　　1775—1785 年间英国窗户税和房屋税收入情况

年份	英格兰			苏格兰			总计		
	£	s	d	£	s	d	£	s	d
1775.9—1776.9	395874	14	2	8000	0	0	403874	14	2
1776.9—1777.9	429038	16	11.5	5500	0	0	4434538	16	11.5
1777.9—1778.9	448285	7	6	3700	0	0	451985	7	6
1778.9—1779.9	396378	0	1	2000	0	0	398378	0	1
1779.9—1780.9	405661	8	3.5	1950	0	0	407611	8	3.5
1780.9—1781.9	401098	2	3	1000	0	0	402098	2	3
1781.9—1782.9	436810	10	1.25	18150	0	0	454960	10	1.25
1782.9—1783.9	389939	12	3.25	13600	0	0	403539	12	3.25
1783.9—1784.9	391152	10	9	1700	0	0	392852	10	9
1784.9—1785.9	432017	1	7	3110	19	8	435128	1	3
总计	4126256	3	11.5	58710	19	8	4184967	3	7.5

[1]　D. B. Horn & Mary Ransome, *English Historical Documents*, 1714 - 1783, Eyre & Spottis-woode, 1957, pp. 320 - 321.

[2]　Ibid., p. 324.

[3]　Ibid., p. 325.

　　由上表可见:1775—1785 年间英国的房屋税和窗户税总额基本保持稳定,至 1785 年总额共计 4184967 英镑 3 先令 7.5 便士。

　　北美独立战争结束后,英国的国债达到 231843631 英镑,比战争开始时增长了将近一倍(1776 年是 131237283 英镑)。关于 1715—1783 年英国的国债发展情况,可从下面的两个图表中看出:

表 2 - 4 - 8　　　　　1715—1783 年间英国的国债情况统计①　　　（单位：英镑）

1715	37432234	1750	76859810
1716	37918468	1751	77197026
1717	40308257	1752	76431683
1718	40379684	1753	75034815
1719	41872241	1754	72128282
1720	53979708	1755	72505572
1721	54405108	1756	74575025
1722	54202366	1757	77825397
1723	52996990	1758	83128009
1724	53323570	1759	91273459
1725	52239077	1760	102014018
1726	52850797	1761	114294987
1727	52523923	1762	126794937
1728	51960576	1763	132110822
1729	51541220	1764	133287940
1730	50830310	1765	131816173
1731	50738786	1766	131636931
1732	49836638	1767	132110822
1733	48728097	1768	132587404
1734	48821416	1769	130313280
1735	48948089	1770	129197633
1736	50424651	1771	128986012
1737	47231299	1772	138036533
1738	46497500	1773	128871497
1739	46613883	1774	127162413
1740	47122579	1775	126842811
1741	48382439	1776	131237283

① D. B. Horn & Mary Ransome, *English Historical Documents*, 1714 - 1783, Eyre & Spottiswoode, 1957, p. 337.

续表

1742	51847323	1777	136776637
1743	53200989	1778	143052634
1744	56742418	1779	153574350
1745	59717817	1780	167460982
1746	64617844	1781	189258681
1747	69115414	1782	214729586
1748	75812132	1783	231843631
1749	77488940		

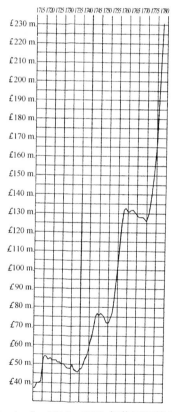

图 2 - 4 - 3　1715—1783 年英国国债增长①

---

①　D. B. Horn & Mary Ransome, *English Historical Documents*, 1714 – 1783, Eyre & Spottis-woode, 1957, p. 338.

　　由上两表可见:1715—1783 年,英国的国债总额增长了 6 倍。繁重的债务需要通过税收加以弥补和偿还,由此,1715—1783 年北美独立战争结束期间,英国政府将原有税种的税率提高,并开征了一些新的临时性税收以满足战争和偿还国债的需要。

　　然而,北美独立战争的硝烟还未散尽,英国又陷入了 18 世纪末至 19 世纪初与法国之间长达 22 年的战争。此次战争耗费巨大,1793 年,政府每年的开支是 1960 万英镑,而收入是 1810 万英镑,开支略高于支出,基本上保持了平衡。在英法战争开始几年后,战争开支要求有更大的财政支持,这包括武装军队和贿赂英国的大陆盟国以使他们继续与法国作战。此时,在政府的所得收入和开支上有了很大的缺口,比如,1797 年,政府的开支是 5770 万英镑,而收入只有 2140 万英镑,在这样的背景下,英国的国债以难以置信的速度增长,超过了 1.1 亿万英镑。政府每年支付的国债利息日益增多。例如,1792 年,政府每年的国债利息是 930 万英镑;而到 1797 年几乎达到 1360 万英镑。[①] 为满足战争需要,小皮特开征了车马税、商店税和所得税等税种。

　　1793 年英国与法国的战争爆发时,每镑 4 先令的土地税就显得非常低了。在这样的背景下,小皮特将土地税与其它直接税一起打包征收,称之为“估价税”。这就是著名的“三倍估值法”,即将三个不同部门合为一个部门主管一系列征收,征收对象主要是直接税或财产税,包括车马税和窗户税(1696 年的窗户税,初按家庭炉灶数目征收炉灶税,后改为按房屋窗户数目征收窗户税,1778 年又改按房屋租赁价格征收;1784 年的车马税;1784 年的抵代税和 1786 年的商店税等等)。“三倍估值法”是一种具有应急性质的所得税,这种税收的基础是此前已经支付的财产税。比如,如果一个人已经支付了 20 英镑财产税,那么他必须再付 3 个 20 英镑,即 60 英镑才是他要交纳的税收额。三倍估值税收方法是英国税收新时代开始的标志,这种税收是后来英国个人所得税的源头。霍兰·罗斯(Holland Rose)认为,三倍估值法是一种缓慢发展的所得税。[②] 然而,到 1798 年,“估定税”从最低征税的 3 倍增加到 5 倍。同时还附有限制性条款,即:只有超过一定

---

① Roy Douglas, *Taxation in Britain since* 1660, Macmillan Press Ltd. , 1999, p. 35.

② Richard Cooper, "William Pitt, Taxation, and the Needs of War", *The Journal of British Studies*, Vol. 22, No. 1, 1982.

标准的收入才被征税，若年收入所得超过 200 英镑，则税率为 10%；若收入低于 200 镑，则税率相应减少。对此，有人曾声称此税的价值超过了新的"三倍估值法"。[1] 在"三倍估值法"中，还有一种"自愿性税收"。意即当一个人的纳税率低于 10% 时他将自愿地将缺少的部分补清。通过这种方法获得的税收有 200 万英镑。1798 年，"出售土地税"被引入到英国的税制中。这时，英国其他的税种都呈上升态势，而土地税仍保持传统的每镑 2 先令的税率，土地税的收入额不足 10%，此后，土地税的痕迹一直保持到 20 世纪中期，直至 1949 年土地税才被废除。[2]

然而，上述的诸种税收措施仍不能满足需要，鉴于此，小皮特开征所得税。所得税于 1799 年开征，其税率根据年所得的多少征收：年所得收入超过 200 英镑，税率为 10%；所得低于 60 英镑免税；在 60—200 英镑之间者，其所得税税率按浮动折算制计算。根据所得税的设想，政府的年所得税征收额是 750 万英镑，所得税开征第 1 年，征收额即超过了预定额的 150 万英镑。1802 年，《亚眠合约》签订后所得税被废止。所得税的开征历经反复，但在英国的税制结构中，所得税逐渐成为政府的一个常税，而且是英国税制中的第一大税项，比重日渐提高。1911 年，所得税占英国财政收入的 22%；1922 年，上升为 45%。[3] 此后，所得税比重大致保持在 40% 左右。[4]

综上，18 世纪因英国多次卷入战争，由此导致英国税收亦同步增长。有关 18 世纪战争与税收间的关系，可见下表[5]。

综上所述，18 世纪英国许多税收在很大程度上是因战争而起、为解决军费需要而临时设立或征收的。然而，一种新的税收一旦开征往往并不会因战争结束而退出历史舞台，有些反而成为永久性的税种并在国家税制结构中发挥着非常重要的作用。从这一意义上讲，战争促进了英国的税制改革，战争在一定的程度上促进了英国税制现代化的发展。除此之外，18 世纪英国宪政制度的发展从制度上保证了英国税收的顺利征收，亦从制度层面上促进了英国税制现代化的发展。

---

①　Roy Douglas, *Taxation in Britain since* 1660, Macmillan Press Ltd. , 1999, p. 35.

②　Ibid. , p. 40.

③　陈共:《财政学》，中国人民大学出版社 2008 年版，第 259 页。

④　财政部《税书制度国际比较》课题组编:《英国税制》，中国财政经济出版社 2000 年版，第 47 页。

⑤　Edgar Kiser & April Linton, "Determinants of the Growth of the State: War and Taxation in Early Modern France and England", *Social Forces*, Vol. 80, No. 2, Dec. , 2001.

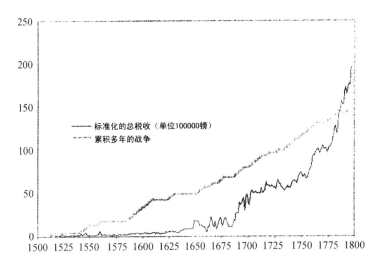

图 2 - 4 - 4　英国历史上战争与税收关系

18 世纪英国的税收虽多用于战争,然而这并不意味着政府在其它社会问题上一无所为。18 世纪的英国政府还用税收减免或优惠的方式实行了诸多惠农政策,促进了农业的发展。

二　18 世纪英国的税收与政府惠农政策[①]

英国是最早完成工业化并实现现代化的国家。作为一个现代化工业国,英国并没有忽视对农业的关注和保护,相反,政府将之置于民族国家发展战略的高度,以工业反哺农业,实施了诸多惠农政策。这不仅保证了农业的繁荣,而且形成了一个科学合理的经济结构和产业结构。而农民生活富足闲适,常常被喻为"躺在政府怀抱里"的特殊群体。[②] 英国政府对农业的照顾或是补贴经历了从重课农业到减轻农业税再到补贴农业的过程。

在中世纪时期,英国政府的财政收入以农业税为主体。在中世纪早期,英国的农业税在税收体系中居于中心或主体地位。约从 13、14 世纪起,随着社会转型的起步,农业税比重开始下降。与此同时,商业税比重日益增长,开始取代农业税而居于中心地位。进入近代早期,随着英国社会转型的加速,

① 参见滕淑娜、顾銮斋《由课征到补贴——英国惠农政策的由来与现状》,《史学理论研究》2010 年第 2 期。

② 盛立中:《西方,农业生产者的天堂》,《看世界》2004 年第 5 期。

农业税比重继续下降，地位进一步边缘化。

至近代早期，农业税进一步减征。16、17 两个世纪，西方王权空前强大，税制业已完备。随着英国对农业课税的下降，政府必然将课税重心转移到其他税项。依据当时的具体条件，这种税项只能是以关税为主体的商税。

16 世纪，英国设置了一种新的补助金制度，称 Subsidy。补助金征收的对象是商人，主要是进出口商人；征收的物品仅限于商品，所以属于商税范围。新补助金征收对象则为包括商人在内的全国人民，乃是在 1/15 和 1/10 税之外对城市和乡村征收的一种综合性财产税。所征物品非常广泛，包括农产品、商品、生活生产设施、牲畜、日用品、租金、年金、薪俸等，不一而足。一次征收所得为 8 万镑左右①，不仅是 1/10 和 1/15 税的两倍，而且超过了同时期商税的征收量。那么，在新补助金总量中，农业税与商业税孰优孰劣呢？同 1/10 和 1/15 税一样，新补助金的征收可分城市与乡村两部分。城市所纳，基本为工商所出，而且由于 15、16 世纪工商业特别是呢绒业的飞速发展，所纳份额很大。在乡镇，征收的物品主要为牲畜、毛皮以及其它手工业品，来自农产品的份额较小。英国素有养羊传统。当 13 世纪养羊业尚未发展之时，包括维兰在内的一般农户，拥有十几只或数十只羊已经习见。14 世纪中叶，英国至少有 800 万只羊。而至 16 世纪初，存栏量更达 1600 万只。作为纳税物品，羊除了本身纳税外，所产羊毛、毛皮等也纳税。养羊业的发展使大量耕地转化为牧场。15 世纪中叶至 17 世纪初期，英国 24 个郡所圈土地已达土地总面积的近 3%，而这还不是一个完全的统计数字。这样，上述 8 万镑中的农业所出应将征自这部分土地的税额扣除，因为耕地在转化为牧场后，便不再具有农业性质而属于工商业范畴了。而且，这里还仅仅列举了养羊业，事实上，英国包括养马、养牛、养猪等在内的整个畜牧业都很发达，在国民经济结构中居于重要地位。这一因素对赋税结构也产生了重要影响。就纳税人而言，我们无须列举那些以养羊为业的乡绅大户，即以上文言及的一般农户而论，他们的牛羊存栏数量不大，但却是最值钱的家产。这些家产连同其他手工业品一起，构成了个体小农所纳赋税的基本部分。而由于小农人数广大，畜群、畜产品和其他手工业产品便构成了乡村所纳新补助金的

---

① S. Dowell, *A History of Taxation and Taxes in England*, *vol. l*, Fank Cass and Co. Ltd., pp. 154 – 155.

主要来源。正是基于以上原因,格鲁塞斯特郡一次所征 11629 镑 16 先令 8 便士的补助金中,动产所征为 8251 镑 10 先令,农业所出仅为 3378 镑 6 先令 8 便士。[①]

关税征收量较兰开斯特、约克王朝显著增长。首先,都铎王朝诸王无一例外地获得了议会所授终身享有关税的权力,这首先保证了一个至少不低于兰开斯特、约克王朝的征收量。其次,随着对外贸易的发展,这时又有新的关税征收。例如,1490 年亨利七世接受了议会授予的一种特别关税,向克里特商人征收马尔姆塞(Malmsey)葡萄酒进口税,税率为每桶 18 先令。这种特别税属桶税范围,桶税税率原不到 1 镑,现增为 1 镑 16 先令。玛丽女王统治时期,又对窄幅呢绒征收新税,并提高了甜葡萄酒税率。[②] 至伊丽莎白统治末年,关税已达 5 万镑。[③] 关税的发展如果说在都铎王朝时期还仅仅是鹅行鸭步的渐进,甚至偶有南辕北辙的逆转;那么在斯图亚特王朝建立后,便出现了扶摇直上的景象。这可由下表得到证明[④]:

表 2 - 4 - 9　　　　　　16、17 世纪英国关税收入情况

年份	税额
1590	50 000
1604	127 000
1613	148 000
1619	284 000
1623	323 000
1635	350 000

以上分析表明,如果说在都铎王朝,关税所征连同新补助金与 1/10 和 1/15 税的工商业部分,构成了英国财政收入的主体;那么,在斯图亚特王朝,仅关税一项即构成了财政收入的大部分。

① S. Dowell, *A History of Taxation and Taxes in England*, *vol. l*, Fank Cass and Co. Ltd., pp. 156 – 157.

② Ibid. , p. 179.

③ Ibid. , p. 181.

④ Ibid. , p. 195.

综上所述，从 16 世纪开始，英国农业税在国家税收中的比重下降，税收始以工商税为主，并以此作为政府的财政收入基础。

政府在减征农业税的同时，还通过立法对农业予以保护。1663 年法案规定：无论何时，只要英国国内农产品价格低于国家立法规定的最低限价，那么，政府就要对进口农产品实施征税；同样，当国内农产品价格超过政府的最低限价，政府就要鼓励农产品出口。而在 1673 年之后，政府更在鼓励农产品出口的基础上对谷物出口进行补贴。[①] 1663 年立法实际上是政府对农业实行的一种价格保护，即通过干预农产品价格来保护农业生产发展和农民利益，这就减轻了进口农产品对本国农业的竞争和冲击，提高了农民的生产积极性，促进了农业的发展。

进入 18 世纪，由于战争频发，尤其是对法战争，长达 22 年之久，使英国财政和税收状况趋于恶化，国债日增。1783 年，政府欠债约为 24.3 亿英镑，其中要支付的利息就占年度财政收入的一半多。[②] 为了支付战争费用，首相小皮特采取增加税收的方式扩大财政收入。这一时期，英国新征税项主要有：1696 年的窗户税（初按家庭炉灶数目征收炉灶税，后改为按房屋窗户数目征收窗户税，1778 年又改按房屋租赁价格征收）；1784 年的车马税；1784 年的折算税和 1786 年的商店税等[③]。1799 年，出于北美战争的需要，又开始征收所得税。

新税的开征虽在一定程度上缓解了政府财政困难，但为战争而贷款、为偿还利息而增加税收又必然意味着政府税收负担的加重。例如，对法战争第一年的贷款，为偿还利息而增加的税收只有 25 万英镑。但第二年，利息即增为 65 万英镑。而税收负担也相应增为 90 万英镑。至第三年，这一负担更增达 110 万英镑。[④] 到 1797 年，英国国债逾超 35 亿英镑。利率

---

① Barry Carr. The Economics of Agricultural Policy［EB/OL］. http：//digital. library. unt. edu/govdocs/crs/permalink/meta-crs–21：1

② Richard Cooper, " William Pitt. Taxation, and the Needs of War", *The Journal of British Studies*, Vol. 22, No. 1, 1982.

③ Ronald Max Hartwell, "Taxation in England during the Industrial Revolution", *Cato Journal*, Vol. 1, No. 1, 1980.

④ Richard Cooper, "William Pitt, Taxation, and the Needs of War", *The Journal of British Studies*, Vol. 22, No. 1, 1982.

也逐年提高。1796 年贷款利率在 5% 左右，1798 年达 6.7%。[1] 面对上述财政问题，小皮特采取应急措施，实施"三倍估值税收法"，将三个不同部门合为一个部门主管一系列征收，征收对象主要是直接税或财产税，包括上文提及的车马税和窗户税等。1799 年开征之后，曾于 1802 年由于对法战争结束而停征，1803 年又因战争重起而复征。1815 年拿破仑失败，战争结束，所得税再度废止。此后，一直到 1842 年才恢复。此后，所得税成为政府的一个常税，而且是英国税制中的第一大税项，比重日渐提高。1911 年，所得税占英国财政收入的 22%；1922 年，上升为 45%；[2]此后，所得税比重大致保持在 40% 左右。[3]

尽管 18 世纪因战争频繁而使税制不够稳定，但政府对农业的保护却仍有例可证。1663—1846 年之间，受土地贵族的影响，政府农业政策总是力图保护农业。我们以《谷物法》为例作一说明。

《谷物法》是英国政府为保护国内农产品价格免受外国廉价谷物冲击而颁行的法律文件。关于这一文件出台的原因，学术界虽有不同意见，但有一点却是大家都认同的，那就是，随着 1814 年拿破仑战争的结束，欧洲进入了和平时期。由于战争威胁的消除，英国国内谷物价格下跌，针对这一情况，托利党政府于 1815 年颁行《谷物法》，规定：只要国内谷物价格不超过每夸脱 80 先令，英国就禁止粮食进口。而实际情况是，在 1790 年之前，只有当发生农业灾荒时，粮价才会涨到这个水平。[4] 这意味着英国国内农产品价格始终没有超过每夸脱 80 先令，从而说明英国的谷物价格得到了政府的高价保护。

由于《谷物法》规定的国内谷物价格过高，1828 年，新任首相威灵顿实行了浮动折算法，即按物价折算税款。浮动折算法规定，当国内谷物价格达到每夸脱 52 先令左右，国外谷物进口关税是 34 先令 8 便士；而当国内谷物价格上升到 73 先令时，谷物进口关税则下降到 1 先令甚至免税。

---

①　Richard Cooper, "William Pitt, Taxation, and the Needs of War", *The Journal of British Studies*, Vol. 22, No. 1, 1982.

②　陈共:《财政学》，中国人民大学出版社 2008 年版，第 259 页。

③　财政部《税收制度国际比较》课题组编:《英国税制》，中国财政经济出版社 2000 年版，第 47 页。

④　[美]约翰·巴克勒、[美]贝内特·希尔、[美]约翰·麦凯:《西方社会史》第三卷，霍文利等译，朱孝远校，广西师范大学出版社 2005 年版，第 33 页。

若谷物价格低于 73 先令，则国内谷物价格越低，关税就越高。[1] 显然，英国托利党政府对谷物的高价保护政策，使土地贵族和大土地所有者成为最大的受益者。同时，在政府的高价保护下，英国农业得以发展，农民得到实惠。以下表为例：

表 2 - 4 - 10 **谷物产量、价格和进口量指数变化**[2] （以 1828—1834 年为 100 计）

年 份	产 量			价 格			年 份	进 口 量		
	小麦	大麦	燕麦	小麦	大麦	燕麦		小麦	大麦	燕麦
1828/9—1834/5	100	100	100	100	100	100	1828—34	100	100	100
1835/6—1841/2	120	116	99	106	103	104	1835—41	150	133	90
1842/3—1848/9	117	87	66	94	102	96	1842—48	250	288	167

以上数字表明：《谷物法》实施期间，谷物产量和谷物价格都保持了较高水平，而谷物进口量却没有明显增长。然而，1846 年《谷物法》废除后，谷物产量、价格皆有下降。同时，《谷物法》废除后，谷物进口量与此前相比亦有大幅上涨。

《谷物法》对谷物的价格保护亦可从英国谷物价格和其他国家农产品价格比较中看出。1815—1827 年，英国小麦价格平均每夸脱比普鲁士高 32 先令 8 便士；1828—1841 年，高出 27 先令 1 便士；1842—1848 年，高出 15 先令 1 便士。1835 年，英国小麦价格降为 39 先令 4 便士时，此时法国小麦价格为 35 先令 6 便士，普鲁士 24 先令 6 便士，丹麦 19 先令 3 便士。[3]

《谷物法》保护了农业和农业生产者的利益，同时也导致了食品生产成本的提高。城市工人阶级不得不以高价购买生活必需品，由此又引发了

---

① Corn Laws ［EB/OL］. http：//en. wikipedia. org/wiki/Corn_ Laws.

② Wray Vamplew， "The Protection of English Cereal Producers：The Corn Laws Reassessed"， *Economic History Society*， 33， 1980.

③ Susan Fairlie， "The Corn Laws and British Wheat Production， 1829 - 76"， *Economic History Review*， Vol. 22， No. 1， 1969.

国内食品加工业的日渐萧条。于是社会下层主要是工人阶级迫切要求废除
《谷物法》,以争取自身的经济利益和政治地位。1838 年《人民宪章》的
发表即是工人阶级争取自身权利的最好例证。1845 年底爱尔兰爆发土豆
饥荒,致使英国 100 万人死亡,100 万人成为难民。这又进一步促使英国
人民迫切废除《谷物法》①。直到 1906 年,一些诗歌仍然反映着当年下层
群众对《谷物法》的不满情绪。诗说:

> 地主,国家的统治者!
> 穿得暖,生活富足!
> 这是富人和贵族的国家!
> 地主和土地的统治者们,
> 请给我们生活所必需的面包吧!
> 为了你们,我们做着薪酬微薄而艰辛繁重的工作!
> 为了你们,我们的血像雨一样流下!
> 土地贵族和统治者们!
> 请给我们生活所必需的面包吧!②

从诗歌中可以看出,《谷物法》保护了土地所有者和贵族的利益,使
英国农业得以发展。然而,《谷物法》的颁行却也导致了工业原料价格和
雇佣工人工资的提高,所以又必然引起工业资产阶级的不满。

19 世纪,英国工业的发展加强了工业资产阶级的力量,他们认为自
己应该和贵族地主一样获得政治权力和社会地位,于是向国会施压,力图
废除《谷物法》。1839 年,工业资产阶级在曼彻斯特成立了“反谷物法协
会”,协会的代表人物是约翰·布莱特(John Bright)和理查德·科布登
(Richard Cobden)。他们鼓吹自由主义,宣称只有废除《谷物法》才能降
低食品价格、创造更多就业机会。很多工人也加入了“反谷物法协会”。
协会致力于废除《谷物法》,使英国农业“全球化”。③ 1846 年,托利党首

---

① European Potato Famine [EB/OL]. http: //en. wikipedia. org/wiki/European_ Potato_ Famine.

② Francis Neilson, "The Corn Law Rhymes.", *American Journal of Economics and Sociology*, 1951.

③ against the corn laws, which imposed a tax on food grain imports [EB/OL]. http: //
www. lse. ac. uk/Depts/global/Publications/Yearbooks/2003/2003Chapter4b. pdf, GCS2003 pages [04]
6/00 7/10/03 1: 51 pm Page 64.

相罗伯特·庇尔（Robert Peel）及党内一小部分成员转向辉格党立场，以致最终废除了《谷物法》。《谷物法》的废除不仅对英国而且对世界都产生了重要影响。它开启了廉价粮食进口英国市场的大门，也开始了贸易自由主义时代。这意味着英国政府开始重视工商业发展，而农业则逐渐受到冷落。

18 世纪英国政府的税收开支除了用于战争和对农业的补贴和照顾外，还有一部分用于解决社会失业和贫困问题，即用于社会救济。

三 税收与社会救济

（一）18 世纪之前英国政府的济贫理念及对济贫法的影响

英国的济贫政策早在中世纪即已有之，中世纪教会及民间慈善组织成为济贫的主要机构。但随着英国由传统农业社会向近代的转型，中世纪的济贫机构已不能满足日益严重的济贫需要了。另外，由于 17 世纪是英国发展经济时期，政府的经济理念是尊崇重商主义。为了发展经济，政府关心的是如何通过国家干预获取更多金银财富，因此政府对这一时期出现的社会贫困问题没有给予足够重视。政府颁布的一系列济贫法主要是考虑社会稳定，济贫手段亦主要是通过强制措施惩罚贫民、限制贫民自由流动等以实现其经济意志。都铎王朝的统治者对当时英国社会的贫民及贫困问题的政策正如他们自己所言，"是将变化引向良好的秩序并进行安安稳稳的统治"。[1]

伊丽莎白执政时期，英国社会存在着大量的流民等贫困人口。有数据统计，1616 年，谢菲尔德城全城 2207 人中，有 725 个乞食的穷人，还有 140 人生活艰难，只要生病两周就有可能成为乞丐，只有 100 人有能力捐献赈济穷人。英国最大的城市伦敦，其人口增长比任何城市都要快。1524 年，伦敦人口 6 万，1559 年 9 万，到 1625 年竟达 22.4 万人。[2] 对伦敦的流民情况，现代社会史作家阿萨·勃里格斯说："伦敦的外来移民中，至少有 1/3 仅能勉强维持生存。""这座城市有可能成为全国的犯罪、骚乱与疾病的中心，使人怀有恐惧感。"[3]对流民的社会影响，近代史学家艾德

---

① 魏建国：《都铎英国对社会转型中"失业"问题的政策应对述略》，《广西社会科学》2002 年第 5 期。

② 尹虹：《16 世纪和 17 世纪前期英国的流民问题》，《世界历史》2001 年第 4 期。

③ ［英］阿萨·勃里格斯著：《英国社会史》，陈叔平等译，中国人民大学出版社 1991 年版，第 152 页。

劳特认为:"16 世纪的流浪汉远非一个软弱无能的和无害的阶层,……他们不仅是有害的,而且是危险的。他们的存在足以使制定法律的人挖空心思寻找对策,包括制定法规和保证这些法规的执行。"沃勒斯坦认为:"艾德劳特的观点和当时统治者的看法相去不太远,那就是将这些流浪者的问题看作一个社会问题。"① 随着流民问题的严重,伊丽莎白一世逐渐认识到"是整个社会而不是专门的宗教团体应该救济年迈、生病或无法抗拒灾难而致贫困的人"②,并于 1601 年颁布了《济贫法》(旧《济贫法》)。规定由教区承担对贫民救济的任务并把贫民分为身体强壮的、无劳动能力的和不能自立的三类。对不同类型的贫民政府的济贫政策有所不同:对身体强壮的贫民,《济贫法》规定此类人必须进入济贫院参加强制劳动,否则不得给予救济;对无劳动能力的穷人,主要包括老年人、病人、孕妇、残疾人和精神病患者等,《济贫法》规定济贫院有义务对其予以救济;对不能自立的儿童,包括孤儿、弃婴或因父母贫困无力抚养的儿童等,济贫院给他们提供当学徒的机会以至能够独立生存。③ 1601 年的《济贫法》合法化和正式化了英格兰政府对穷人的责任。④

然而,与现代社会把济贫视为穷人权利和实现社会公平与正义不同,旧《济贫法》则把贫困归于个人原因,把解决贫民及贫困问题看作维护社会安定的必要手段。"都铎王朝经济统治的主要目标是安全而不是繁荣。"⑤ 因此,当时的英国政府承担社会救助责任是勉强、有限和被迫无奈的。18 世纪的经济史学家索罗尔德·罗杰斯说:济贫法"救助贫困无助者的冲动仅仅是环境压力之下自然的、不可避免的选择,而不是由于善心的指引"⑥。1888 年,悉尼·韦伯指出:"三百年前,由于害怕那连绞刑也消灭不了的

---

① 伊曼纽尔·沃勒斯坦:《现代世界体系》第 1 卷,罗荣渠等译,高等教育出版社 1998 年版,第 318 页。

② [英] 伊·勒·伍德沃德著:《英国简史》,王世训译,上海外语教育出版社 1990 年版,第 91 页。

③ Sara Birtles, "Common Land, Poor Relief and Enclosure: The Use of Manorial Resources in Fulfilling Parish Obligations 1601-1834", *Past & Present*, No. 165, 1999.

④ Day, Phyllis J, *A New History of Social Welfare*, Boston: Pearson/Allyn & Bacon, 2009, p. 110.

⑤ 魏建国:《都铎英国对社会转型中"失业"问题的政策应对述略》,《广西社会科学》2002 年第 5 期。

⑥ 向荣:《论 16、17 世纪英国理性的贫穷观》,《武汉大学学报》(哲学社会科学版) 1999 年第 3 期。

'健壮的乞丐群'，明智的塞西尔想出了建立普遍的贫民救济制度的办法，即扣除一部分租金和利息来救济那些不能直接享有它们的人。"① 为了限制流民及贫困人员到处流动，1662 年，斯图亚特王朝通过了《居住法》（Settlement Act），规定：穷人只有在他的出生地才有可能得到救济。若非出生地的流民及贫民，每个教区有权将其驱逐并限其 40 天之内出境，以免增加本地济贫负担。② 从《居住法》的内容可见，政府实行此法的主要目的是为了维护社会稳定、减轻政府的济贫负担。因而此法并未能真正解决当时的贫困问题。不仅如此，教区却可以凭此法拒绝救济那些确实急需救助的贫民，事实上这个法案给予了教会的看管人和监督人靠治安法官的帮助赶走外来无产者的权力。③ 这违背了济贫本应有的公平内涵。而且，随着圈地运动和产业革命的进行，英国农村出现了大量剩余劳动力，然而由于《居住法》的限制，这些剩余劳动力只能依赖于教区，靠教区提供的微薄救济金度日，而不能到城镇中做工，这种状况不能适应资本主义工业革命迫切需要大量自由劳动力的要求。对此，正如威廉·皮特曾在下院指出："居住法阻碍了工人到他可以根据最有利的条件出卖其劳动力的市场上去，同时也阻碍了资本家雇佣那能为他所投的资本带来最高报酬的能干人。"④《居住法》因其未能切实解决英国的贫困问题及不能适应工业对劳动力自由流动的需求而不断遭到抨击。亚当·斯密在《国富论》中抨击该制度，认为这是英国特有的阻碍劳动力自由流动的法律障碍，是英格兰劳动价格极不平等的原因，也是对天赋自由的公然违反。⑤

综上所述，受重商主义影响，自 17 世纪初旧《济贫法》实施以来，英国政府承担了一定的济贫责任，但政府的济贫主要是从经济发展和社会秩序稳定的角度考量的，因而旧《济贫法》及其后《居住法》的相关规定中未能真正体现济贫所要求的公平，是以此时英国的济贫税虽呈增长趋势，然济贫效果却并不明显。例如在圣马丁教区，1640 年该教区的济贫

---

①　吴必康：《英国执政党与民生问题：从济贫法到建立福利国家》，《江海学刊》2011 年第 1 期。

②　Paul Slack, *The English Poor Law* 1531–1782, NewYork：Cambridge University Press, 1995, p. 30.

③　［苏］塔塔里诺娃：《英国史纲 1640—1815》，何清新译，生活·读书·新知 三联书店1962 年版，第 173 页。

④　［法］保尔·芒图：《十八世纪产业革命：英国近代大工业初期的概况》，杨人楩、陈希秦、吴绪译，商务印书馆 2009 年版，第 393 页。

⑤　［英］亚当·斯密：《国富论》，唐日松译，华夏出版社 2005 年版，第 110 页。

税为 500 镑，1661 年约 700 镑，1671 年 1200 镑，1680 年 2500 镑，1691 年 2000 镑，1702 年 2800 镑，1711 年 3500 镑，1721 年 4000 镑。据统计，从 17 世纪末至 1782 年，英国各教区的济贫税增加了 1—2 倍。[①]

（二）18 世纪英国的济贫—以斯宾汉姆兰制度为例

英国可以说是世界上最早关注社会贫困问题并采取相关济贫措施的国家，其济贫从 1601 年的旧《济贫法》起一直到 20 世纪初《养老金法案》和《国民保险法》的实施为止，英国开始了向现代社会福利国家的转变。在这一演变过程中，1795 年由伯克郡治安法官通过的《Speenhamland 法案》及其实行的院外救济方式和工资补贴制度具有明显的人道主义情怀，对缓解当时的社会贫困发挥着不可忽视的作用。然而因其过分关注了济贫的公平而忽视了经济发展所应有的效率内涵而给英国当时的社会发展带来了一些负面的影响。

为了更好地了解 Speenhamland 制度，有必要就学术界关于 Speenhamland 制度的研究动态作一梳理。

由于英国是最早进入工业化并完成现代化的国家，其对社会贫困问题的关注及解决迄今仍为许多国家所研究和借鉴。就学术界而言，目前国外学术界对济贫法的研究可以说成果颇多[②]，与国外学术界对英国济贫法研究的成熟相比较，国内学术界对英国济贫法（包括 Speenhamland 制度）的研究则略显不足。迄今为止，国内尚无一本专门的济贫法专著，大部分是在论述英国的社会保障制度或者是社会福利制度时有所涉及[③]。在有关济贫法研究的文章方面，其侧重点也主要是对济贫法的论述，专门论述 Speenhamland 制度的文章很少。如董文俊的《〈Speenhamland 法案〉与近代英

① 尹虹：《论十七、十八世纪英国政府的济贫问题》，《历史研究》2003 年第 3 期。
② 可参见斯莱克《英国济贫法 1531—1782 年》（Paul Slack, *The English Poor Law* 1531 – 1782），纽约 1995 年版；威廉姆斯：《从贫穷到贫困》（Karel Williams, *From Pauperism to Poverty*），伦敦 1981 年版；马歇尔：《18 世纪英国济贫法》（D. Marshall, *English Poor Law in 18th century*），剑桥 1926 年版；格罗塞：《济贫院制度，1834—1929 年的英国社会制度史》（M. A. Growther, *The Workhouse System, the History of an English Social Institution*, 1834 - 1929），伦敦 1981 年版；塞恩：《福利国家的基础》（Pat Thane, *Foundations of Welfare State*），伦敦 1982 年版。
③ 如：南京大学的陈晓律《英国福利制度的由来与发展》（南京大学出版社 1996 年版）；华中科技大学的丁建定《从济贫法到社会保险——英国现代社会保障制度的建立》（中国社会科学出版社 2000 年版）；丁建定、杨凤娟：《英国社会保障制度的发展》（中国劳动社会保障出版社 2004 年版）；钱乘旦、陈晓律：《英国文化模式溯源》（上海社会科学出版社 2003 年版）等。

国社会转型的道德困境》① 一文对 Speenhamland 制度的背景、特点及其弊端作了系统的介绍，其中有一定的篇幅分析了该法案在"公平"与"效率"问题上的矛盾与缺失。但在该问题上着墨不多，且并未用具体的数据来说明。华中科技大学丁建定教授是研究英国济贫问题的专家，成果颇多。其中《论 18 世纪英国的济贫法制度》② 一文对 18 世纪英国的济贫法制度实施的背景、内容及特点作了具体说明，其中有关 18 世纪后期英国济贫中的斯宾汉姆兰制度只有很少的文字作了附带介绍。北京师范大学的郭家宏教授在《19 世纪上半期英国的贫富差距问题及其化解策略》③ 一文中提及了斯宾汉姆兰制度（Speenhamland），此文中该制度是作为 18 世纪末英国政府应对贫困及贫富差距问题的手段之一——贫困救济而提及，并未展开论述。同样，郭家宏、唐艳的《19 世纪英国的济贫院制度初探》④《19 世纪英国济贫院制度评析》⑤ 从济贫院的起源与发展、济贫院管理与院内救济、济贫院的影响与评价三个方面阐述了 19 世纪英国的济贫院制度。其中在第一部分论述英国济贫院制度的起源与发展问题时，却未提及 1795 年英国济贫历史上颇具特点的 Speenhamland。郭家宏教授的《工业革命与英国贫困观念的变化》⑥ 从因工业革命而引发的英国日益增长的社会财富与日益加剧的贫困问题着手，探讨了英国人贫困观念的变化。其中没有涉及 Speenhamland 制度。郭义贵的《从济贫法到福利国家—论英国社会立法的进程及其作用与影响》⑦ 从社会立法的视角分析了英国由济贫法到社会福利国家的演变历程，其中在分析英国有关济贫立法时亦无涉及 Speenhamland 的相关文字。杨立雄的《从人道到人权：穷人权利的演变—兼论最低生活保障制度实施过程中存在的问题》⑧ 从政府济贫是穷人的权利还是政府的恩惠的视角对英国的济贫进行分析，其中亦没有提及

---

① 董文俊：《〈Speenhamland 法案〉与近代英国社会转型的道德困境》，《江西社会科学》2008 年第 11 期。

② 丁建定：《论 18 世纪英国的济贫法制度》，《学习与实践》2011 年第 6 期。

③ 郭家宏：《19 世纪上半期英国的贫富差距问题及其化解策略》，《学海》2007 年第 6 期。

④ 郭家宏、唐艳：《19 世纪英国的济贫院制度初探》，《学海》2006 年第 6 期。

⑤ 郭家宏、唐艳：《19 世纪英国济贫院制度评析》，《史学月刊》2007 年第 2 期。

⑥ 郭家宏：《工业革命与英国贫困观念的变化》，《史学月刊》2009 年第 7 期。

⑦ 郭义贵：《从济贫法到福利国家——论英国社会立法的进程及其作用与影响》，《华中科技大学学报》（人文社会科学版）2002 年第 3 期。

⑧ 杨立雄：《从人道到人权：穷人权利的演变——兼论最低生活保障制度实施过程中存在的问题》，《湖南师范大学社会科学学报》2003 年第 3 期。

Speenhamland 制度。内蒙古大学的丛志杰的《对英国"新济贫法"的探讨》① 一文中在分析英国"新济贫法"实施的背景时曾有只言片语对斯宾汉姆兰法案作了简要介绍。丛志杰的《对英国济贫政策演变的政治学分析》② 一文中从政治学的视角分析了英国由济贫到社会福利国家建立的政策变化，其中在对英国济贫政策的历史介绍中并未提及 Speenhamland 制度。首都师范大学杨山鸽的《福利国家的变迁——政治学视角下的解析》③ 一文从政治学的视角分析了福利国家演变过程过程中国家、社会、市场及中央政府与地方政府的角色和相互关系变迁，其中在阐释英国的济贫法历史时并没有与 Speenhamland 制度的相关文字。扬州大学刘诚的《福利国家型社会保障法律制度评述》④ 一文从社会保障法律制度的视角分析了社会保障的法律制度起源、特点及其发展趋势，其中有提及斯宾汉姆兰制度。然只是寥寥数语，并未多谈。尹虹的《论十七、十八世纪英国政府的济贫问题》⑤ 一文从济贫管理及其经验教训着手论述了英国政府十七、十八世纪的济贫情况，对 Speenhamland 制度亦未多用笔墨。华东师范大学卢海生的《试论英国工业革命时期济贫法的调整》⑥ 一文论述了英国济贫法的历史变迁，尤其着重分析了工业革命时期英国济贫法变迁的背景及表现、影响。其中，卢先生将 Speenhamland 称之为"斯皮纳姆兰制度"，但未深入分析。广西民族大学的黄红梅在《英国〈济贫法〉退出历史舞台的根源分析》⑦ 中将 Speenhamland 制度称之为"斯宾汉姆兰德制"，只是稍有提及。天津师范大学的徐滨在《英国 17—18 世纪的福利救济立法及其社会经济价值》⑧ 中对英国 17—18 世纪的济贫法（主要以

---

① 丛志杰：《对英国"新济贫法"的探讨》，《内蒙古大学学报》（社会科学版）1996 年第 5 期。

② 丛志杰：《对英国济贫政策演变的政治学分析》，《内蒙古大学学报》（社会科学版）2001 年第 4 期。

③ 杨山鸽：《福利国家的变迁——政治学视角下的解析》，《首都师范大学学报》（社会科学版）2009 年第 2 期。

④ 刘诚：《福利国家型社会保障法律制度评述》，《河南师范大学学报》（哲学社会科学版）2003 年第 3 期。

⑤ 尹虹：《论十七、十八世纪英国政府的济贫问题》，《历史研究》2003 年第 3 期。

⑥ 卢海生：《试论英国工业革命时期济贫法的调整》，《历史教学问题》2007 年第 4 期。

⑦ 黄红梅：《英国〈济贫法〉退出历史舞台的根源分析》，《中国市场》2011 年第 1 期。

⑧ 徐滨：《英国 17—18 世纪的福利救济立法及其社会经济价值》，《天津师范大学学报》（社会科学版）2001 年第 1 期。

《居住法》和 Speenhamland 法案为对象）的具体内容及其反映的社会收入
再分配政策作了阐述，其中将 Speenhamland 制度称之为"斯频汉姆兰制
度"，并且分析用一定的笔墨分析了 Speenhamland 制度中存在的公平与效
率问题，遗憾的是在分析这一问题时并没有将之作为一个单独的命题进行
详尽的论述。在徐滨的《英国工业革命中济贫法改革与古典经济学影
响》① 一文中并未涉及 Speenhamland 制度。高潮、徐滨的《英国 1834 年
济贫法改革的社会背景和思想根源》② 论述了英国济贫法的变迁及工业革
命时期政府以自由放任主义为核心的济贫观念的变化，以及对 1834 年新
《济贫法》的影响。其中，将 1795 年的 Speenhamland 称之为"斯频汉姆
兰制度"，然并未深入涉及和分析。云南师范大学的赵虹在《英国工业革
命期间的社会立法》③ 一文中在对英国工业革命期间的社会立法（其中包
括一系列济贫法）进行阐述时，将 Speenhamland 制度称之为"斯宾汉姆
兰制度"。当然，因其主要内容并不仅仅是阐述英国的济贫法，所以对
Speenhamland 制度未加以重墨。丰华琴的《英国工业化时期的济贫政策
与人口迁移运动》④ 一文中主要从工业化时期英国的济贫政策与人口迁移
的关系作了论述，其中将 Speenhamland 称之为"斯品汉姆兰制度"。文章
并未将 Speenhamland 制度展开论述，只是顺带提及一句。华东师范大学
刘波在《纵观英国社会保障立法制度的历史演进》⑤ 一文中将 Speenham-
land 称之为"斯宾汉姆兰德制度"，其中对该制度只用了几句话来描述，
涉及公平一词，但未展开。

综上所述，国内学者在论述英国的济贫法时更多的时候谈及的是
1601 年的旧《济贫法》和 1834 年的新《济贫法》，很少有将 1795 年的
Speenhamland 制度拿来与旧《济贫法》与新《济贫法》相提并论的，更
不用说用专门的文章来系统深入地研究了。然而，纵观英国历史上《济
贫法》的演变历程，1795 年代的 Speenhamland 制度都不可以避之不谈或
轻描淡写来处理，因为 18 世纪末的 Speenhamland 制度在英国的济贫历史

---

① 徐滨：《英国工业革命中济贫法改革与古典经济学影响》，《史学集刊》2004 年第 3 期。
② 高潮、徐滨：《英国 1834 年济贫法改革的社会背景和思想根源》，《山东师范大学学报》
（人文社会科学版）2011 年第 1 期。
③ 赵虹：《英国工业革命期间的社会立法》，《云南师范大学学报》（哲学社会科学版）
2002 年第 6 期。
④ 丰华琴：《英国工业化时期的济贫政策与人口迁移运动》，《学海》2008 年第 4 期。
⑤ 刘波：《纵观英国社会保障立法制度的历史演进》，《广东技术师范学院学报》2005 年第 1 期。

上发挥着承上启下的重要作用,该制度更因其处于英国圈地运动与工业革命的重大经济变动时期而显得意义非凡。由此,本文的主要意图是想通过分析 Speenhamland 制度中所体现的公平与效率问题的视角重新评价该制度。

与国内学术界的研究相比,国外学术界对英国济贫法的研究比较成熟,相关成果数不胜数。单就 Speenhamland 制度而言,国外学者的研究就显得成熟些。例如,日本学者堀经夫①对 Speenhamland 制度的背景、内容和特点等作了说明,认为 Speenhamland 制度的实行虽不是议会通过的,但到 1834 年前除北部两郡外已在全国通行。日本学者堀经夫对 Speenhamland 制度的评价是一分为二的,认为该制度的实行体现了原始的公平,但因其违背了社会发展的效率要求而产生了一些不好的后果,如助长了懒惰等。美国学者戴维·罗伯兹亦对 Speenhamland 制度进行了一定篇幅的介绍,认为 Speenhamland 制度虽然出发点是好的,但在实际上却产生了恶果,造成了更多工人的贫困。罗伯兹还认为,Speenhamland 制度实行的范围很小,因其不是议会通过的法案而并未在全国范围内实行。② 研究英国济贫法问题的专家 Mark Blaug 则对旧《济贫法》及 Speenhamland 制度持批判态度,认为:“旧《济贫法》使工人阶级堕落、人口增长、降低工资、租金下降、摧毁了自耕农,并且将负担压在了纳税人身上。旧济贫法对贫穷的救济越多,那么贫困会因救济而更加严重。”因此主张对旧《济贫法》进行改革。③ 奇怪的是,Blaug 在不同的文章中对旧《济贫法》的观点又是自相矛盾的,如他在批判旧《济贫法》及 Speenhamland 制度的同时,又说:“旧《济贫法》是福利国家的缩影”,因为它与工作提高、家庭津贴、失业补贴和公共工作紧密结合,而所有的这些都是由地方政府执行和供给经费的。④ 詹姆斯·泰勒对 Blaug 关于旧《济贫法》的批评提出了不可尽信的观点,并且提出长时间以来竟然没有人对 Blaug 的观点提出质疑实在是非常奇怪的事情。为此,泰勒针对 Blaug 对旧《济贫法》的

　　① ［日］堀经夫:《英国社会经济史》,许啸天译,商务印书馆 1936 年版。

　　② ［美］戴维·罗伯兹 (David Roberts):《英国史:1688 年至今》,鲁光桓译,中山大学出版社 1990 年版。

　　③ Mark Blaug, “The Myth of the Old Poor Law and the Making of the New”, *The Journal of the Economic History*, Vol. xxiii, No. 2, June, 1963.

　　④ Mark Blaug, “The Poor Law Report Reexamined”, *The Journal of Economic Hisotry*, Vol. 24, No. 2, Jun., 1964.

各种批评提出了针锋相对的不同意见。最后，泰勒得出结论：Blaug 对旧《济贫法》的批评在于他得出了太多的结论而基本上没有证据来证明这些结论。[1] 研究旧《济贫法》的主要历史学家（乔治·尼克尔斯、多罗西·马歇尔、韦伯夫妇）都用一种不同情的眼光看待英国济贫法中的人道主义精神。比如，尼克尔斯（《新济贫法》的拥护者）对旧《济贫法》及倡导旧《济贫法》人道主义的改革家们持敌视态度[2]；韦伯夫妇认为1792—1832 年间英国的济贫法是英国立法的失败。[3] 英国著名人口学家马尔萨斯也对《济贫法》（包括 Speenhamland 制度）持批判态度，认为：旧《济贫法》实行的家庭补贴和儿童补贴原则助长了英国人口的增长，是导致贫困的原因，主张对旧《济贫法》进行改革。马尔萨斯的观点被当时的英国政府所接受，此后 1834 年《济贫法修正案》中对济贫的严苛规定即是受此影响。[4] 与马尔萨斯的观点不同，詹姆斯·胡塞尔批判了马尔萨斯认为旧《济贫法》促使英国人口增长的观点，胡塞尔认为马尔萨斯并没有考虑到物价上涨对贫困进而对人口增长所产生的作用。[5] 与上述对旧《济贫法》及 Speenhamland 的批评不同，彼得·索拉从与西欧大陆国家（主要是法国）比较的视角阐述了 16—18 世纪英国《济贫法》的优势和特点，认为：与大陆国家相比，英国济贫法可以说是非常慷慨的，体现了政府的"人道主义关怀"。[6] 威廉姆斯选择了 18 世纪后 30 年和 19 世纪前30 年的贝德福德郡分析英国 18 世纪晚期 19 世纪初期的济贫作用，持赞成态度。[7] 鲍从对比英国东南部的埃塞克斯郡、肯特郡和苏塞克斯郡的工资收入及其与济贫受益的比较中阐述了 Speenhamland 制度的影响。[8]

[1]　James Stephen Taylor, "The Mythology of the Old Poor Law", *The Journal of Economic History*, Vol. 29, No. 2, Jun., 1969.

[2]　Georg Nicholls, *A History of the English Poor Law*, London: P. S. King&Son, 1898.

[3]　Webb, Sidney, *English Poor Law Policy*, London: Frank Cass, 1963.

[4]　[英] 马尔萨斯著：《人口原理》，朱泱、胡企林、朱和中译，商务印书馆 2009 年版。

[5]　James P. Huzel, "Malthus, the Poor Law, and Population in Early Nineteenth-Century England", *The Economic History Review*, New Series, Vol. 22, No. 3, Dec., 1969.

[6]　Peter M. Solar, "Poor Relief and English Economic Development before the Industrial Revolution", *Economic History Review*, XLVIII, 1995.

[7]　Samantha Williams, "Poor Relief, Labourers' Households and Living Standards in Rural England c. 1770 - 1834: a Bedfordshire case study", *Economic History Review*, LVIII, 3, 2005.

[8]　D. A. Baugh, "The Cost of Poor Relief in South-East England, 1790 - 1834", *The Economic History Review*, New Series, Vol. 28, No. 1, Feb., 1975.

综上所述,无论是国外学术界对《济贫法》研究的成熟还是国内对《济贫法》研究的薄弱,其中都未能系统地对 Speenhamland 制度作全面考察,更未能从《济贫法》所要求的公平和社会经济发展的效率两方面来综合考察 Speenhamland 制度。

众所周知,任何制度或政策的出台都是在一定的社会背景下进行的,离开了事件发生的社会环境容易使我们在分析事物时不够全面和深入,不能形成综合而全面的评价。由此,有必要就该制度实行的社会大环境作一说明。

Speenhamland 制度是 1795 年在英国伯克郡实行的一项济贫制度,其主要内容是根据一定重量的面包价格和家庭规模而给予贫困者以救济,其中以对有劳动能力者的院外救济为最显著特征。对于此制度学者们的评价不一,然而无论如何看待这一救济制度都不能脱离该制度实行的社会背景。18 世纪末英国工业革命的开展、圈地运动的大规模进行、与法国的长期战争、粮食歉收等都是影响该制度的不可忽视的因素。

18 世纪末英国工业革命的进行改变了传统的劳作方式,机器的使用减少了对劳动力的需要;同时因工业革命而衰落的传统的手工业又使许多原来能够独立生存的手工业者大量失业。在这样的情况下,18 世纪 60 年代以后在议会支持下英国圈地运动的大规模进行又使失业者的队伍增大。有关圈地的情况如下表所示[①]:

表 2 - 4 - 11 　　　　　　1760—1832 年议会圈地法案件数

年代	圈地法案件数
1760—1769	385
1770—1779	660
1780—1789	246
1790—1799	469
1800—1809	847
1810—1819	853
1820—1829	205
1830—1832	42

① A. Aspinall & E. Anthony Smith, *English Historical Documents*, 1783 - 1832, Eyre& Spottis-woode, 1959, pp. 467 - 468.

　　由上表可见：以 1760 年代为界，此前英国圈地的数额很小，但 1760 年
之后却明显增加。1760—1844 年的圈地运动中圈占的土地数量比 18 世纪初
期的 60 年所圈占的土地面积增加了 20 倍。其中 1790—1799 年间圈占土地
的数量比 1780—1789 年间几乎翻了一番。由此我们可以说导致 18 世纪末英
国失业及贫困人口增加的一个主要原因当与圈地运动有很大的关系。

　　工业革命和圈地运动两个因素交织在一起，必然产生大量的失业人
口，加剧了英国 18 世纪末以后的社会贫困。除了上述工业革命和圈地运
动的影响外，英法之间自 18 世纪开始的长达 22 年的战争亦加剧了英国社会
的贫困。战争使英国财政和税收状况趋于恶化，国债日增。1783 年，政府
欠债约为 24.3 亿英镑，其中要支付的利息就占年度财政收入的一半多。[①]
为了支付战争费用，首相皮特开征新税以增加收入，这一时期，英国新征
税项主要有：1696 年的窗户税（初按家庭炉灶数目征收炉灶税，后改为按
房屋窗户数目征收窗户税，1778 年又改按房屋租赁价格征收）；1784 年的车
马税；1784 年的折算税和 1786 年的商店税等；1799 年，出于北美战争的需
要，又开始征收所得税。[②]

　　新税的开征虽在一定程度上缓解了政府财政困难，但为战争而贷款、
为偿还利息而增加税收，又必然意味着政府税收负担的加重。例如，对法
战争第一年的贷款，为偿还利息而增加的税收只有 25 万英镑。但第二年，
利息即增为 65 万英镑，而税收负担也相应增为 90 万英镑。至第三年，这
一负担更增达 110 万英镑。[③] 到 1797 年，英国国债逾超 35 亿英镑。利率
也逐年提高。1796 年贷款利率在 5% 左右，1798 年达 6.7%。[④]

　　然而，屋漏偏逢连夜雨，1794 年英国的粮食歉收更加剧了普通劳动
者的生活困难和社会的贫困。有数据统计，1794 年地粮食产量比前 10 年
的平均产量减少了 1/5，棉花的价格上涨了几乎一倍。在粮食歉收的情况
下，政府为了维持国民的基本生活竟要求国民"食用小麦和大麦混合面

---

　　① Richard Cooper & William Pitt, "Taxation, and the Needs of War", *The Journal of British Studies*, Vol. 22, No. 1, 1982.

　　② Ronald Max Hartwell, "Taxation in England during the Industrial Revolution", *Cato Journal*, Vol. 1, No. 1, 1980.

　　③ Richard Cooper & William Pitt, "Taxation, and the Needs of War", *The Journal of British Studies*, Vol. 22, No. 1, 1982.

　　④ Ibid.

粉", 尽管政府知道食用质量粗劣的混合面粉会造成"虚弱、消化不良和恶心而不能工作"。①

工业革命、圈地运动、粮食歉收加之皮特政府实行的开征新税、发行国债的做法引起了物价飞涨, 加上战争期间拿破仑实行了大陆封锁政策, 英国从大陆进口粮食困难, 致使英国粮食匮乏、粮价上涨。具体如下表②:

表 2 - 4 - 12　　　　英格兰和威尔士每个月的小麦平均价格

(单位：winchester quarter, 温彻斯特夸脱——

一种液体容量单位, 约为半加仑)

月份 年代	一月		二月		三月		四月		五月		六月	
	s.	d.	s.	d.	s.	d.	s.	d.	s.	d.	s.	d.
1793	47	0	46	10	47	9	49	9	51	5	51	2
1794	50	1	50	7	50	10	51	2	51	3	51	6
1795	56	8	58	3	59	11	62	1	64	10	70	1
1796	92	0	93	6	100	0	86	8	75	7	80	2
1797	55	0	52	6	49	8	49	9	49	8	50	0
1798	51	2	49	10	50	2	51	7	51	10	51	0
1799	49	5	50	0	50	3	53	5	60	10	64	0
1800	94	8	101	11	107	10	111	11	120	2	125	0
1801	138	1	145	9	154	4	151	9	130	4	128	11
1802	76	5	74	5	73	6	69	9	65	3	67	0
1803	56	8	56	7	56	4	56	7	57	11	61	6
1804	51	8	50	2	50	0	51	1	51	8	52	0
1805	86	4	90	1	92	8	91	5	88	4	89	10
1806	75	8	74	6	74	5	77	0	84	4	84	0
1807	76	10	76	0	76	8	76	8	75	7	74	3
1808	69	2	69	4	69	0	71	4	73	5	79	3
1809	90	4	92	0	95	0	93	0	91	4	88	10
1810	101	11	100	4	102	5	105	2	109	4	115	6
1811	95	6	95	0	92	8	89	0	88	4	87	2
1812	105	9	105	2	112	5	125	5	132	2	133	10
1813	119	10	120	0	121	9	120	10	117	10	117	10
1814	78	2	77	4	77	3	75	8	69	7	69	10
1815	62	1	63	2	67	3	70	1	70	4	69	2

① ［英］爱德华·汤普森：《共有的习惯》, 沈汉、王加丰译, 上海人民出版社 2002 年版, 第 201 页。

② ［日］堀经夫：《英国社会经济史》, 许啸天译, 商务印书馆 1936 年版, 第 141—142 页。

续表

月份 年代	七月		八月		九月		十月		十一月		十二月	
s.	d.	s.	d.	s.	d.	s.	d.	s.	d.	s.	d.	
1793	51	1	50	6	48	9	47	0	47	2	48	9
1794	51	11	52	6	51	6	51	0	52	10	55	0
1795	84	5	108	4	79	0	76	9	83	9	86	3
1796	81	0	75	11	64	5	61	3	59	9	57	3
1797	50	5	52	0	58	10	60	2	56	4	52	9
1798	50	9	51	3	50	0	48	7	47	11	48	5
1799	66	9	73	0	75	5	83	6	89	9	93	10
1800	134	10	103	2	105	10	106	6	120	2	132	6
1801	135	2	121	9	90	4	77	5	71	1	75	5
1802	67	4	69	0	67	3	61	10	59	5	57	10
1803	58	6	55	11	55	7	54	2	54	8	53	6
1804	53	4	59	9	65	2	68	1	79	8	85	7
1805	90	6	98	4	89	2	81	10	78	3	76	0
1806	82	2	81	9	80	8	79	2	77	4	76	11
1807	73	5	74	9	71	8	68	6	66	0	67	10
1808	81	8	81	6	84	0	86	7	92	9	90	8
1809	86	10	93	8	102	7	105	6	101	10	102	6
1810	113	9	116	0	110	5	101	10	100	2	67	1
1811	87	2	91	2	96	11	100	0	105	5	106	8
1812	144	6	152	3	136	6	113	7	121	6	121	0
1813	116	3	112	6	100	1	93	11	86	2	74	11
1814	68	4	73	8	78	6	75	4	73	5	70	4
1815	67	10	68	10	63	7	57	9	56	6	55	7

由上表可见：英格兰和威尔士的粮食价格在1795年之后到1796年明显上涨；1800年、1811年两年粮食价格更是飞涨，此后有所降低，但1809年之后复又上涨。

然而，粮食价格的上涨并不意味着工人的工资亦同时增长；与粮食价格上涨相比，工人的实际工资却不断下降。如下表[①]：

表2-4-13　　　　　以小麦价格计算的工人劳动工资表格

年代	每周劳资	一夸脱小麦价	从小麦表明的劳资
1742—1752	6先令	30先令	102便士
1761—1770	7先令6便士	42先令6便士	90便士

---

① ［日］堀经夫：《英国社会经济史》，许啸天译，商务印书馆1936年版，第151页。

续表

年代	每周劳资	一夸脱小麦价	从小麦表明的劳资
1780—1790	8 先令	51 先令 2 便士	80 便士
1795—1799	9 先令	70 先令 8 便士	65 便士
1800—1808	11 先令	86 先令 8 便士	60 便士

由上表可见：从 18 世纪 40 年代以后直到 19 世纪初期，英国的小麦价格不断上涨，然而由小麦价格所表明的工人的工资却不断下降，由此使普通劳动者的生活更加困难，其中尤以英国东南部各郡的农业工人的生活最为糟糕。为了能够生活下去，南部各郡多地发生了哄抢面包的现象。

在这样的背景下，1795 年伯克郡通过了《Speenhamland 法案》，法案中规定了如何给予贫困以救济的相关内容，被称为 Speenhamland 制度。

Speenhamland 制度实际上是一种工资补贴制度，即根据一定重量的面包价格和家庭规模进行补贴，"当每加仑面粉做成的面包重 81 磅 11 盎司价值 1 先令时，每个勤勉的穷人每周应有 3 先令的收入""其妻及其他家庭成员每周应有 1 先令 6 便士"。如劳动者及其家庭成员的所有收入均达不到此项标准，则应从济贫税中予以补足。此项补贴随着面包价格上涨而浮动。[1] 该制度根据家庭人数和面包价格实行救济的具体情况参见下表[2]：

表 2 - 4 - 14　斯宾汉姆兰制度下根据家庭人数和面包价格实行救济的统计

用次等麦粉造成的一加仑面包的价格	工价								
	男子一人	女子一人	夫妻	夫妻及一子	夫妻及二子	夫妻及三子	夫妻及四子	夫妻及五子	夫妻及六子	夫妻及七子
s. d.	s. d.	s. d.	s. d.	s. d.	s. d.	s. d.	s. d.	s. d.	s. d.	s. d.
1 0	3 0	2 0	4 6	6 0	7 6	9 0	10 6	12 0	13 6	17 0
1 1	3 3	2 1	4 10	6 5	8 0	9 7	11 2	12 9	14 4	15 11

---

① 郭家宏：《19 世纪上半期英国的贫富差距问题及其化解策略》，《学海》2007 年第 6 期。
② ［日］堀经夫：《英国社会经济史》，许啸天译，商务印书馆 1936 年版，第 156—157 页。

续表

用次等麦粉造成的一加仑面包的价格	工价									
	男子一人	女子一人	夫妻	夫妻及一子	夫妻及二子	夫妻及三子	夫妻及四子	夫妻及五子	夫妻及六子	夫妻及七子
1　2	3　6	2　2	5　2	6　10	8　6	10　2	11　10	13　6	15　2	16　10
1　3	3　9	2　3	5　6	7　3	9　0	10　9	12　8	14　3	16　0	17　9
1　4	4　0	2　4	5　10	7　8	9　6	11　4	13　2	15　0	16　10	18　8
1　5	4　0	2　5	5　11	7　10	9　9	11　8	13　7	15　6	17　5	19　4
1　6	4　0	2　6	6　3	8　3	10　3	12　3	14　3	16　3	18　3	20　3
1　7	4　3	2　7	6　4	8　5	10　6	12　7	14　8	16　9	18　10	20　11
1　8	4　6	2　8	6　8	8　10	11　0	13　2	15　4	17　6	19　8	21　10
1　9	4　6	2　8	6　9	9　0	11　3	13　6	15　9	18　0	20　3	22　6
1　10	4　9	2　10	7　1	9　5	11　9	14　1	16　5	18　9	21　1	23　5
1　11	4　9	2　11	7　2	9　5	12　0	14　5	16　10	19　3	21　8	24　1
2　0	5　0	3　0	7　6	10　0	12　6	15　0	17　6	20　0	22　6	25　0

　　由表可见，斯宾汉姆兰制度下的济贫标准是根据贫民的主要食物面包的价格和家庭的人数而决定的。当一加仑的面包价格上涨时，救济额随之上升，且这种上升随着家庭人口的增多而增加。

　　那么，Speenhamland 制度实行的这种根据面包价格和家庭人数进行救济的政策我们应该如何看待呢？下面我们就从公平与效率的视角来进行分析。

　　首先，我们不能否认该制度实行的最初出发点是为了体现公平，解决社会上存在的贫困问题。在最低工资补贴制度下，英国实行 Speenhamland 制度地区的大多数劳动者得到了最低生活保障，可以说这一特征体现了前英国工业化时期较为原始的"公平"色彩。

　　然而，这种看似"公平"的救济真的公平吗？它能够在体现公平的基础上促进英国经济的发展吗？这点我们拟从以下方面进行分析：

　　因为 speenhamland 制度是根据家庭人数进行补贴的，所以，家庭人数越多补贴额越高，这从上表中可以看出。由此，许多家庭为了得到更多的补贴而早婚或多生育子女，当然，我们需要证据来证明。比如，在德文郡的一个工人于 1834 年被济贫委员会的助理委员问及人口增长的原因时，这个工人的回答是："年轻人的结婚年龄太早了。"莱斯特郡唐宁顿城堡（Castle Donnington）的监察员说："年轻小伙子为了得到教区的津贴而结婚是非常普遍的事情。"在 1828 年的调查报告中显示，工人几乎在 18—22 岁时就结婚了，然后开始向教区申请救助以维持孩子们的生活。[1] 这种为得到更多补贴而早婚的现象促使英国的人口出现很大增长。如下表所示：

表 2 - 4 - 15　英格兰和威尔士的总体出生率（1791—1815 年）：以 20—
39 岁的 1000 名妇女中所生的 0—9 岁的儿童计算[2]

基础年度	周期	1821—1831 年的出生率（A）	1831—1841 年的出生率（B）	A 和 B 的平均数
1801	1790's	2143	2143	2143
1811	1800's	2219	2219	2219
1821	1810's	2272	2272	2272
1831	1820's	2076	2076	2076
1841	1830's	1913	1954	1933
1851	1840's	1741	1741	1741

表 2 - 4 - 16　英格兰和威尔士总体出生率的变化情况（1791—1851）[3]

周期	百分比变化		
	（A）	（B）	（C）
1800's	+ 3.55	+ 3.55	+ 3.55
1810's	+ 2.39	+ 2.39	+ 2.39
1820's	- 8.63	- 8.63	- 8.63
1830's	- 7.85	- 5.88	- 6.89
1840's	- 8.99	- 10.90	- 9.93

---

[1]　James P. Huzel, "Malthus, the Poor Law, and Population in Early Nineteenth-Century England", *The Economic History Review*, New Series, Vol. 22, No. 3, Dec., 1969.

[2]　James P. Huzel, "Malthus, the Poor Law, and Population in Early Nineteenth-Century England", *The Economic History Review*, New Series, Vol. 22, No. 3, Dec., 1969.

[3]　James P. Huzel, "Malthus, the Poor Law, and Population in Early Nineteenth-Century England", *The Economic History Review*, New Series, Vol. 22, No. 3, Dec., 1969.

　　由上两表可见：1790—1820 年，英国的出生率总体呈上涨趋势。而期间英国因出生率增多使其家庭规模扩大与 Speenhamland 制度的实行不无关系。

　　因 Speenhamland 制度的津贴额与家庭人数的多少直接联系，这在英国又产生了非常奇怪的现象。比如，为了得到更多的工资补贴，当时英国出现了这样一种怪现象："儿童成为生财之道，有些地方竟把私生子看成是一种嫁妆，有一两个私生子的年轻妇女就比较容易找到丈夫。"[1]另有一个案例，哈里威尔郡的 Margaret Cundliffe 想要为她自己和她的私生子争取救济，因为她是一个年轻、健康的女人且只有一个孩子，所以被拒绝给予救济。而詹姆斯·劳与寡妇泰勒结婚后想要为他妻子的两个孩子争取额外的津贴（他们属于哈里威尔），劳动每周的收入是 1 先令，现在他想要 2 先令获准，而确实劳动有了每周 2 先令的补贴，而且在未来还有每周 1 先令的补贴。[2]有关工资津贴直接鼓励结婚的情况在 1824 年的工人工资专门委员会的调查中曾如此描述："过剩的人口被鼓励，男人们非常明白他们只有结婚才能拿到更多的儿童补贴。有一个非常明智的证人曾经说，当你抱怨他们的津贴时，他们会经常对你说，'我们将结婚，而那时你必须供养我们。'"还有一个比较奇怪的现象，苏塞克斯郡西格林斯特德（West Grinstead）教区的监察员（overseer）在 1827 年说："农场主采取的政策非常荒谬和愚蠢，他们不愿意雇佣单身男人，结果是那个单身男人很快就结婚了。"白金汉郡大诺伍德（Great Norwood 教区）的监察员托马斯．布拉德伯里（Thomas Bradbruy）也说："是的，—当他们作为单身无法生活下去，他们就结婚，然后向监察员申请工作和房屋。"[3]

　　Speenhamland 制度根据家庭规模而进行补贴的规定致使 18 世纪末至 19 世纪 20 年代英国的人口大幅增长，由此带来了另外一个问题，即贫困人口增多，政府的济贫开支愈益增加，为此政府最初实行该制度所考虑的"公平"就显得有问题了。它不但没有解决贫困，反而还使接受救济的人数大大增长，政

---

　　①　[英]莫尔顿：《人民的英国史》，谢琏造等译，生活·读书·新知三联书店 1958 年版，第 279 页。

　　②　Steve King, "Poor Relief and English Economic Development Reappraised", *Economic History Review*, No. 2, 1997.

　　③　James P. Huzel, "Malthus, the Poor Law, and Population in Early Nineteenth-Century England", *The Economic History Review*, New Series, Vol. 22, No. 3, Dec., 1969.

府为济贫而承担的费用亦大大增长。济贫开支的扩大势必又会使政府的济贫税提高,增加了纳税人的负担,激起他们的怨恨。同时,济贫开支的增长又会阻碍英国经济的发展,由此为济贫费用买单的经济发展所需要的效率又出现了问题。对这种家庭津贴制度,Okeden 认为:“这样的制度就像希腊神话中的九头蛇,他有很多头,而每个头都充满着剧毒。”①

　　至于因 speenhamland 制度实行而使政府济贫开支增长的情况,有相关数据证明。18 世纪 80 年代末至 90 年代初,在 Odiham,每年的济贫支出在 600 镑以下,其税率或是每镑 6 便士或是每镑 1 先令。10 年后,济贫支出增长到 2000 镑,10 年内几乎增加了 2.5 倍。到 1814—1815 年,济贫支出超过了 3000 英镑,税率是每镑 7 先令;1817—1818 年增长到 4250 英镑,税率是每镑 11 先令。也就是说,每个人的济贫支出增长了 5 倍。② 为了检测 Speenhamland 制度的影响,我们必须回溯到 1813 年有关济贫支出的相关统计数据。为了方便调查,我们选取了英国东南部的三个郡:埃塞克斯郡、肯特郡和苏塞克斯郡。这三个郡都是济贫支出很高的郡,其中,苏塞克斯郡的济贫支出是英国最高的。我们使用这些济贫数字的主要目的在于发现每个郡的年济贫支出情况,

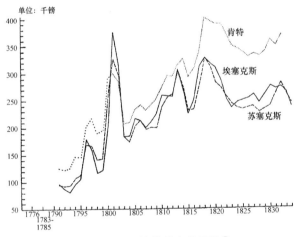

图 2 - 4 - 5　济贫总支出情况③

　　① James P. Huzel, “Malthus, the Poor Law, and Population in Early Nineteenth-Century England”, *The Economic History Review*, New Series, Vol. 22, No. 3, Dec., 1969.

　　② Barry Stapleton, “Inherited Poverty and Life-Cycle Poverty: Odiham, Hampshire, 1650 – 1850”, *Social History*, Vol. 18, No. 3, Oct., 1993.

　　③ D. A. Baugh, “The Cost of Poor Relief in South-East England, 1790 – 1834”, *The Economic History Review*, New Series, Vol. 28, No. 1, Feb., 1975.

以作为区分农业区和非农业区的主要数据差别。

　　在上图中最明显的现象是 1795 年 Speenhamland 制度实行后英国的济贫支出迅速增长；1801 年英国的济贫开支水平达到最高峰；此后虽有所变化但都没有低于 1795 年的水平。直到 1834 年新《济贫法》实行后，济贫开支才有所下降。

　　以上是自 18 世纪 90 年代以后英国总的济贫开支情况，至于对每个人的救济情况则如下表：

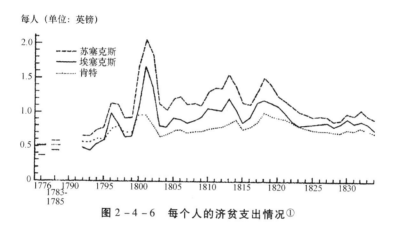

图 2 - 4 - 6　每个人的济贫支出情况①

　　在上图中显示：在这三个郡中，每个人的济贫开支情况都与英国这一阶段总的济贫开支水平保持一致，都比 18 世纪 90 年代有所提高，尤其是 1801 年达到了顶峰。

　　从上两图可见，自 Speenhamland 制度实行后英国的济贫总支出及对每个人的济贫支出呈上涨趋势，且这种上涨的趋势又与小麦价格的上涨保持一致。具体如下图②：

　　①　D. A. Baugh "The Cost of Poor Relief in South-East England, 1790 – 1834", *The Economic History Review*, New Series, Vol. 28, No. 1, Feb., 1975.

　　②　Mark Blaug, "The Myth of the Old Poor Law and the Making of the New", *The Journal of Ecomonic Hisotory*, Vol. xxiii, No. 2., June, 1963.

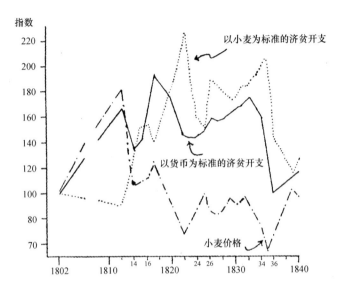

图 2 - 4 - 7　英国济贫开支与小麦价格关系图

1795 年后，英国的济贫支出呈现急剧上涨的趋势，到 1818 年达到顶点。1818 年后英国济贫支出开始下降并在 1823 年达到最低点。在 1820 年后期，济贫支出再次呈上升趋势。

据统计，在 18 世纪 18 个实行 Speenhamland 制度的郡中，每个人的济贫数量普遍高于非 Speenhamland 各郡。比如，1802 年，实行 Speenhamland 的各郡，其平均的济贫费用是 12 先令，而在非 Speenhamland 地区则是 8 先令；到 1831 年，实行 Speenhamland 的各郡平均的济贫费用上升至 13 先令 8 便士，而非 Speenhamland 地区平均费用仅有 8 先令 7 便士。有下图可证[①]：

① Mark Blaug, "The Myth of the Old Poor Law and the Making of the New", *The Journal of Economic Hisotory*, Vol. xxiii, No. 2, June, 1963.

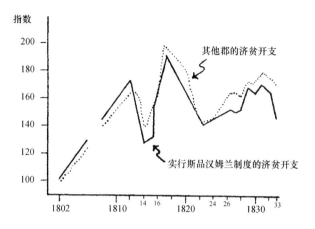

图 2 - 4 - 8　英国令行 Speenbam Land 制度与没有实行该
制度各部的济贫开支

　　由上图可见：1802—1830 年，英国实行 Speenhamland 制度区域的济
贫费用普遍高于没有实行 Speenhamland 制度的地区。由此可见该制度的
实行加大了地方政府的济贫开支及其济贫负担。这点也可从下表中对实行
该制度与没有实行该制度各郡对每个人的救济支出中看出①：

表 2 - 4 - 17　　　　　英国各郡对每个人的贫民救济情况　（单位：先令、便士）

Speenhamland 各郡	1802 年	1812 年	1821 年	1831 年
苏塞克斯郡	22.7	33.1	23.8	19.4
巴克斯郡	16.1	22.9	19.1	18.7
威尔特郡	13.11	24.5	15.8	16.9
贝德福德郡	11.9	17.6	16.6	16.11
伯克郡	15.1	27.1	17.0	15.9
亨廷顿郡	12.2	16.9	16.0	15.3
萨福克郡	11.5	19.4	18.0	18.4
诺福克郡	12.5	20.0	15.7	15.4
多塞特郡	11.4	17.5	13.3	11.5

---

①　Mark Blaug "The Myth of the Old Poor Law and the Making of the New", *The Journal of Ecomonic Hisotory*, Vol. xxiii, No. 2, June, 1963.

续表

Speenhamland 各郡	1802 年	1812 年	1821 年	1831 年
埃塞克斯郡	12.1	24.7	20.0	17.2
剑桥郡	12.1	17.0	14.9	13.8
牛津郡	16.2	24.10	19.1	16.11
北安普敦郡	14.5	19.11	19.2	16.10
来彻斯特郡	12.4	14.8	16.6	11.7
沃里克郡	11.3	13.4	12.0	9.7
德文郡	7.3	11.5	10.8	9.0
诺丁汉郡	6.4	10.10	9.5	6.6
约克郡东区	7.6	12.6	13.0	11.11
约克郡北区	6.5	8.4	9.6	8.9
平均	12.3	18.8	16.4	13.8
非 Speenhamland 各郡	1802 年	1812 年	1821 年	1831 年
肯特郡	13.6	17.1	18.5	14.5
汉普郡	12.2	18.4	14.11	13.10
萨里郡	10.0	13.6	13.11	10.11
赫特福德郡	11.5	13.10	15.1	13.2
伍斯特郡	10.3	11.11	10.1	7.6
拉特兰郡	10.1	13.8	12.3	9.1
赫里福郡	10.5	17.9	14.0	11.4
林肯郡	9.2	10.10	12.3	11.0
萨默塞特郡	8.11	12.3	9.11	8.10
格洛斯特郡	8.8	11.7	9.10	8.8
约克西区	6.6	9.11	8.2	5.7
斯塔福郡	6.11	8.6	8.10	6.6
彻斯特郡	6.11	10.0	8.4	6.3
康沃尔郡	5.10	9.5	9.1	6.8
德比郡	6.9	10.2	9.1	6.8
达拉谟郡	6.6	9.11	10.1	6.10
塞洛普郡	7.11	11.5	10.4	8.2
诺森伯兰郡	6.8	7.11	7.11	6.3
坎伯兰郡	4.9	6.9	7.4	5.6

续表

非 Speenhamland 各郡	1802 年	1812 年	1821 年	1831 年
威斯特摩兰郡	6.8	9.9	11.0	10.1
兰开斯特郡	4.5	7.5	5.6	4.5
米德尔赛克斯郡	8.7	10.7	11.10	10.1
蒙默思郡	8.0	9.1	7.9	5.5
威尔士郡	5.7	7.7	7.2	7.2
平均	8.4	11.4	10.2	8.7

　　由上两表可见：在实行 Speenhamland 制度的地区，每人的济贫数额要比非 Speenhamland 区域普遍偏高。

　　综上所述，由英国自 18 世纪末实行 Speenhamland 制度以来济贫开支的增长情况可知：为应付日益增长的济贫开支的需要，政府势必要提高济贫税的征收，在莱斯特郡的辛克利，有 2/3 的人口处于赤贫，济贫税高达每镑收入抽取 52 先令。[1] 而这引起了纳税人的不满，在漫画家乔治·克瑞克香克（George Cruikshank）的一幅漫画中，一个士兵催促其他人痛下杀手，说他们杀的穷人越多，他们交的济贫税就会越少。[2] 由于济贫税的增加而给租种土地的人增加了负担，农业的不景气进一步加剧。肯特郡议员布兰德说：一个农人到我这儿来，恳求我指教他该怎么办，因为他无力承受沉重的压力了，他是本郡本教区最后一名租土地者，因此，济贫税也就自然落在他头上。我听说只剩下他一人，就问他其他租用土地者都到哪里去了，那农人说："先生，他们被险恶的时运压垮了，已不能再经营土地。"[3] 由此我们可说，Speenhamland 制度因片面追求"公平"而给英国社会带来了一系列问题和麻烦，如人口增长、济贫税增加、济贫开支上涨和社会的不满。从这个角度来看，该制度并没有能够真正地体现出"公平"，也没有能够解决英国社会的贫困问题和促进英国经济效率的提高。

　　除了上述缺失外，Speenhamland 制度还有一个明显的特点就是其工资补贴主要是针对有工作能力的人而实施的。据统计，有劳动能力者占接受

---

① 王觉非：《近代英国史》，南京大学出版社 1997 年版，第 398 页。

② Mark Kishlansky, Mark A, *The Unfinished Legacy A Brief History of Western Civilization*, Vol II, NewYork：HarperCollins, 1994, pp. 667 - 668.

③ 王觉非：《近代英国史》，南京大学出版社 1997 年版，第 399 页。

救济者的大部分。据统计,1802—1803 年,在英格兰和威尔士人口中,接受救济的人口占 11%,接受救济的人数是 104 万,其中 60 岁以上、病残无工作能力者占 16.7 万。而有劳动能力的成人及其子女中接受救济的人口占 84%。① 这样的救济方式使很多贫困的劳动者缓解了生活的压力,但同时又容易助长有劳动能力的农业工人对院外救济的依赖而不再努力工作;同时也使雇主找到降低工人工资的借口,因工人工资不足的部分将由教区的救济金来补足,而这么做又同时引起了地方纳税人的不满。这样看来,Speenhamland 制度的这种救济方式并不能真正地体现“公平”,因为该制度的相关规定将鼓励有劳动能力的工人不愿意工作,这样对那些勤勉工作的工人是不公平的。对此,约翰·穆勒抨击道:“这一可悲的制度,不但使人口中的失业部分贫民化,而且使人口全部贫民化。”②

Speenhamland 制度的实行非但没有解决英国社会的贫困问题,反而使贫困人口和接受救济的人口增加,政府的济贫开支上涨,有关此点前面已有论述。现在我们再来分析因该制度对有工作劳动能力者的救济而使雇主故意降低工资的事实。由于济贫资金主要来自于教区的济贫税,所以农场主会故意压低工资,因为其不足的部分将有教区济贫税补足,这实际上是雇主将他自己本应负担的工资成本转嫁给了地方纳税人,由此造成了雇主与地方纳税人之间存在的不公平。而雇主压低工资,有劳动能力的工人为了得到更多的教区救济而不愿努力干活,这对英国经济的增长和生产效率的提高带来了负面的影响。对此,西尼尔指出:“目前灾难的主要原因,是济贫法破坏了最重要、最广泛的政治关系—企业主与工人的关系。……济贫法力图把自由与奴隶制的不可结合在一起的优点结合起来,工人是自由了,但不必负担自由活动应担的风险。他本来应该勤勉和深谋远虑,但他却用不着去害怕贫困,因为他得到的钱随着他家人的增加而增加”。③ 西尼尔的话实际上指出了 Speenhamland 制度将劳动效率与工作分离的做法所产生的不良后果,即将导致社会资源的不合理分配。这一点我们从当

---

① 徐滨:《英国 17—18 世纪的福利救济立法及其社会经济价值》,《天津师范大学学报》(社会科学版) 2001 年第 1 期。

② [英] 约翰·穆勒:《政治经济学原理及其在社会哲学上的若干应用》(下卷),胡企林、朱泱译,商务印书馆 1991 年版,第 412 页。

③ [俄] 杜冈—巴拉诺夫斯基:《周期性工业危机:英国危机史危机概论》,张凡译,商务印书馆 1982 年版,第 308—309 页。

时英国人对济贫税不公平转嫁的抱怨中可见。"济贫税吃光了所有的地租"① 这种说法的论据在于济贫税主要是由农场主和其他财产所有人而非地主承担，所以当济贫税增加时，农场主就给地主施加压力使其降低租金。由此，造成了农场主和地主在济贫税负担增长与地租降低之间的不公平，这也是 18 世纪末以后英国农业不景气的其中一个原因。

再者，由于 Speenhamland 制度对有工作能力者实行最低工资补贴制度，这在一定程度上使接受救济的劳动者不愿意努力工作，也不愿意从低工资的农业区域向高工资的工业区域流动，这又对英国工业革命急需劳动力的情况是一个障碍。对此，阿瑟·瑞福德（Arthur Reford）说："1834年前英国南部各郡实行的错误的、松懈的贫困救济是造成南部农业劳动力不流动的主要原因。"② 为了证明这一问题，有必要将农村—城市的工资差别做一比较。现将伦敦和南部农村各郡为例比较。1831 年，伦敦的建筑工人的周薪在 21—22.5 先令，若一年按 44 周计算，则伦敦建筑工人的年薪是 47.5 英镑。而在上表中英国东南部各郡农业工人的平均年收入在 1832 年是 27.1 英镑。由此可见：伦敦和英国南部各郡的工作差异是 60.2%。（以 1832 年计）同样的工作差异我们还可在南部各农业区域和北部工业区域看到，例如，曼彻斯特建筑工人在 1839 年的周薪是 17—18 先令，这个数字要比 1837 年英国南部各郡的周平均工资高 64%。③ 尽管英国北部工业区劳动者的工资要比南部农业区域各郡的工资普遍偏高，但由于 Speenhamland 制度对有劳动能力者的补贴占了他们收入的大部分，致使这些劳动者产生了懒惰情绪，不愿意到高工资的北部工业区努力工作。对劳动者收入进行的济贫效果可以通过比较每个农业劳动者的年济贫收益与其年工资收入的比率进行估计。因为要精确计算出教区的济贫开支在每个家庭中的比例非常困难，所以我将农业工人的济贫收益与其工资收益的比例分成了三种情况：33%、50% 和 67%。具体情况如下表④：

---

① Mark Blaug, "The Myth of the Old Poor Law and the Making of the New", *The Journal of Economic History*, Vol. xxiii, No. 2, June, 1963.

② George R. Boyer, "The Poor Law, Migration, and Economic Growth", *The Journal of Economic History*, Vol. 46, No. 2, Jun., 1986.

③ George R. Boyer "The Poor Law, Migration, and Economic Growth", *The Journal of Economic History*, Vol. 46, No. 2, Jun., 1986.

④ George R. Boyer "The Poor Law, Migration, and Economic Growth", *The Journal of Economic History*, Vol. 46, No. 2, Jun., 1986.

表 2-4-18　　英国各郡农业工人的工资收入与济贫收益比较

各郡	预期的年工资收入（英镑）	估算的每个农业劳动者的济贫开支（英镑）			因济贫而导致的劳动者收入的增长比例（英镑）		
		（1）	（2）	（3）	（1）	（2）	（3）
贝德福德郡	25.50	2.22	3.33	4.44	8.7	13.1	17.4
伯克郡	27.30	2.73	4.09	5.46	10	15.0	20.0
白金汉郡	26.95	2.88	4.32	5.76	10.7	16.0	21.4
剑桥郡	26.18	2.21	3.31	4.42	8.4	12.6	16.9
埃塞克斯郡	26.48	2.42	3.63	4.84	9.1	13.7	18.3
赫特福德郡	28.39	2.18	3.27	4.36	7.7	11.5	15.4
亨廷顿郡	29.36	2.30	3.45	4.60	7.8	11.7	15.7
肯特郡	32.26	3.36	5.04	6.72	10.4	15.6	20.8
诺福克郡	28.27	2.83	4.25	5.66	10.0	15.0	20.0
北安普敦郡	24.96	2.89	4.32	5.78	11.6	17.4	23.2
牛津郡	25.03	2.85	4.27	5.70	11.4	17.1	22.8
南安普敦郡	26.95	3.12	4.67	6.24	11.6	17.3	23.2
萨福克郡	26.00	2.82	4.23	5.64	10.8	16.3	21.7
苏塞克斯郡	28.73	3.63	5.45	7.26	12.6	19.0	25.3
威尔特郡	22.25	2.69	4.03	5.38	12.1	18.1	24.2

由上表可见:《济贫法》的实施对于农业工人的年收入的影响在不同的地区变动较大。例如,在苏塞克斯郡,1831 年英格兰每个农业工人的济贫开支达到了最高水平,因济贫而使工人的年收入从占劳动边际率(the marginal product of labor)的 12.6% 提高至 25.3%。然而,在其他地区,比如赫特福德郡,因济贫的实施而导致的农业工人的年收入仅从 7.7% 提升至 15.4%。无论如何,在教区的济贫救济下,农业工人的年收入水平随着济贫比例的提高而增长。

综合以上,由于 Speenhamland 制度存在的弊端,导致英国贫困人口的增多、劳动者工资的下降、土地租金的降低、济贫税的提高、济贫开支的扩大和劳动力流动的迟滞等社会问题。所以说 Speenhamland 制度尽管体现了比较原始的公平的济贫内涵,但因其只顾追求公平而没有注意济贫对国家经济发展这一物质基础的刚性要求。因此,从公平与效率的视角来看,该制度存在若干弊端,不能适应英国工业革命的需要,有必要对其进行改革,这也是 1834 年《济贫法(修正案)》出台的一个重要原因。

1795 年为了缓解日益严重的社会贫困,英国伯克郡的治安法官们通过了一个临时性的救济法案,即《Speenhamland 法案》。该法案是在 18 世纪末英国已经进入工业革命和圈地运动大规模进行的背景下出台的。再加上 18 世纪末的英国还处于与法国的长年战争中,战争的费用增加了政府的财政困难,为了满足战争需要,政府通过开征新税和增加税收的方式为政府开辟财源。同时,18 世纪末英国又经历了几次农业歉收,上述因素综合在一起使英国的失业人口增多,而粮食歉收和战争的进行又使粮食价格上涨,失业加上物价上涨使工人的生活更加困难,尤其是英国东南部各郡的农业劳动者更是深受其苦。为了维护社会稳定、缓解社会贫困,Speenhamland 制度应运而生。该制度的最大特点是对有劳动能力的农业工人给予院外救济,其主要的救济标准是根据一定重量的面包价格和家庭人数进行救济。此制度实行的初衷本是为解决社会日益严重的贫困问题,在一定程度上体现了前工业革命时期英国济贫法的原始的“公平”内涵;然而事与愿违,Speenhamland 制度的实行最终并没有能够实现其“公平”的愿望,反而造成了英国自 18 世纪末以后人口的增长、农业劳动者工资的下降、贫困人口的增多、济贫税的增长、济贫开支的扩大和劳动力流动的迟滞等问题,这在很大程度上阻碍了英国经济的发展及其所应包含的效率的要求。由此,我们说,Speenhamland 制度的实行并不符合英国社会发展的需要,对这一制度进行改革显得势在必行了。1834 年的济贫法修正案就是在这样的背景下出台的。

通过对 Speenhamland 制度的分析,可以给我们这样的启示:政府对社会贫困问题负有不可推卸的责任,穷人对政府的救济的享有是穷人的权利,政府通过征收济贫税的形式对社会财富进行重新分配,关怀处于社会底层的贫穷者是体现社会公平的重要手段。实际上,在济贫体现公平的同时还要不忘记社会经济发展这一为济贫提供重要物质基础的不可忽视的因素,因为只有社会经济发展了,劳动生产率提高了,社会财富增多了,政府才有能力来考虑和解决社会贫困问题。若济贫的实施在一定程度上缓和了社会贫困的同时又带来了其他更多阻碍社会经济发展的问题,则这样的济贫并不是理想的济贫,因其只顾追求公平而忽视了经济发展的效率要求。Speenhamland 制度正是没有能够很好地将公平和效率结合在一起，结果导致了诸多社会问题的出现，英国的贫困人口不但没有减少，反而还增加了。

英国对社会贫困问题比较妥善的处理应该是在 19 世纪 70 年代以后，那时的英国正处于国家财富最富裕的时期，政府有能力在照顾社会弱势群体的时候利用税收手段实现社会财富的再分配，较好地实现了公平与效率的结合。1908 年《养老金法案》的通过和 1911 年《国民保险法》的实施即是其重要的标志，也是英国迈向现代福利国家的转折点。

第五节　小结

由前文所述英国 18 世纪的税制变迁及政府社会政策实践可见：自 1688 年 "光荣革命" 后，议会基本上确立了在赋税问题上的主导权，这点可从 1689 年《权利法案》的相关规定中寻到证据。在 "光荣革命" 后，英国基本上建立了议会拥有主权的近代财政体制，中世纪时期国王的 "家计财政" 被国家公共财政所取代。为了确保议会的财税主导权，英国政府还制定了一系列法案来限制国王的税收征收及开支权利，其主要表现为议会逐步将国王曾经一度终生拥有的关税权纳入议会手中，并通过王室专款等文件限制国王的税收开支。18 世纪英国迈出了建立现代税制的重要一步，具体表现为：在税制理论上，中世纪时期国王 "靠自己过活" 的税制理论逐渐被打破，代之以具有顺应 18 世纪英国经济发展方向的重商主义税制理论和主张自由放任思想的古典政治经济学及相关税制原则。因为 18 世纪英国奉行重商主义经济思想和税制理论，这导致在英国的税收收入中关税收入及所占比重占政府手中的大半。在税制结构上，18 世纪英国的税制以关税和消费税等间接税为主，土地税等直接税所占比重不大。在赋税的用途上，因 18 世纪英国卷入了太多战争，此阶段英国的许多税收都是临时性的，有些税种在战争结束时或是因不适合英国的经济发展及遭到国民的反对而停止征收。同时，18 世纪的英国因为正处于由传统农业社会向现代工业社会迈进的转型时期，国家的主要精力除了对付外来的侵略外，就是发展国家经济，为国家谋取最大限度的金银财富。在这样的背景下，政府的税收理论和税收政策很少考虑到社会贫困和教育等公共部门的需要。直到 19 世纪末，英国的社会贫富差距日益严重，再加上此时英国正处于维多利亚的辉煌时期，政府有能力关注并解决诸如贫富差距扩大、国民教育、养老和失业等问题。政府理念的变化对英国的税制和政府社会政策都产生了很大影响，此点将在论述 19 世纪英国税制时专门论述。

在 1815 年拿破仑战争结束后，欧洲迎来了近百年的和平，欧洲各国的政治、经济及文化等各方面都有了新的发展。由此，我们将 19 世纪欧洲赋税史的研究起点定在 1815 年至 "一战" 爆发这一时间段。

第三章

19 世纪英国税制变迁与政府社会政策

　　19 世纪是英国历史上的黄金时期，经过了 18 世纪工业革命的发展，19 世纪 40 年代英国工业革命已基本完成。机器大生产导致英国国民财富急剧增长，至 19 世纪 70 年代，英国的国际地位位居世界第一，被称为"世界工厂"和"日不落帝国"。

　　与 18 世纪英国税制更多地与战争纠缠在一起不同，19 世纪（尤其是拿破仑战争结束后）英国工业革命正轰轰烈烈地进行，至 19 世纪 40 年代，工业革命基本完成。因为工业革命的需求，英国的税制需要进行相应的改革，其税制理论更多地要求实行自由主义贸易政策。由此，英国 19 世纪税制改革的一大趋势是关税的一系列改革，主要表现在废除或是减轻了此前的大部分关税，而因关税收入取消或是减少引起的政府收入的减少则需要另外找寻财政来源。再加上 19 世纪英国几次卷入对外战争，就使得所得税的重新开征成为必要。由此，19 世纪英国税制变化的一大特点就是间接税在国民收入中所占比重逐渐下降而直接税（所得税和遗产税）的比例日渐增加，这种趋势直到 20 世纪初才发生逆转。19 世纪的英国税制除税制结构向更加科学的方向迈进外，在税制理论上亦有所变化，19 世纪 40—70 年代英国在经济领域奉行的是自由主义经济政策，而 70 年代后，由于工业革命带来的社会财富分配不均而导致的失业、贫穷等社会问题加剧，英国的统治阶级和广大民众开始认识到不能仅仅依靠市场的自动调节来解决这些问题，必须发挥政府的干预作用，而其中比较有效的手段就是用税收作为杠杆调节社会财富再分配和社会上的贫富差距及失业问题。在这样的背景下，"建设性税制"理论出现并付诸实践。这为 20 世纪英国政府用税收政策调节社会政策奠定了基础。

第一节 19 世纪英国围绕税权的博弈

一 议会上下两院关于赋税权的博弈

早在 1688 年 "光荣革命" 后英国议会即获得了税收大权。此后英国政府又通过了一系列法案规定了议会与国王间有关税权的划分。1782 年的《伯克法案》完全取消了国王的 "家计" 财政，议会完全掌握了税收大权，英国的财政开始具有公共财政的性质。18 世纪的议会获得税收大权并不意味着议会上下院之间在税权问题上没有矛盾。18 世纪，英国的上院和下院都拥有一定的税收权力，然而，17、18 世纪几次税收法案在提交上院时都遭到了上院的否决。尤其是 1832 年议会改革后，此前上下院间的和谐关系被打破①，议会上院更趋保守。在财税问题上，上院多次使用否决权，引起下院和政府的反感。例如，1860 年议会下院提出取消纸张营业税时遭到上院的否决。在这样的背景下，议会下院通过一个决议，规定："除其他事项外，本院在自己手中有权这样来征收和免除赋税及制订供应法案，以便使平民代表们关于内容、方式、方法和时间方面的权利能够保持，不受侵犯。"② 至此，上院已失去了反对财政决议案的基本权利。

在两院争夺税权的过程中，可以说 19 世纪中叶以前是下院的黄金时期；而 19 世纪中叶以后，尤其是英国的两党制和内阁制完善后，在税权的问题上，下院和政府之间围绕着征税权的问题也出现了博弈。

二 19 世纪中叶以后政府与议会争夺财税权

18 世纪前期，随着议会政治的发展和汉诺威王朝的建立，英国内阁制形成。乔治一世即位后，因语言障碍加之本人对英国事务并无兴趣，遂指定一位大臣（通常是财政大臣）主持内阁会议，由此，财政大臣在内阁中的地位非常重要。而内阁制的形成则明确了国家最高行政部门对议会

---

① 因 18 世纪英国上下院成员基本上由地主和贵族构成，他们的利益基本一致。而且，下院的许多成员由上院提名产生，所以 18 世纪英国的上下两院关系正处于和谐时期。而 1832 年议会改革后，工业资产阶级的权利上升且超过土地贵族利益代表者，这就意味着在财税领域上二者之间必然会有一番争夺。

② ［英］埃弗尔·詹宁斯：《英国议会》，蓬勃译，商务印书馆 1959 年版，第 306 页。

的依赖关系，这种关系在 18 世纪内阁制形成后至 19 世纪 60、70 年代之前基本上是内阁听从于议会。然自 19 世纪 70 年代起，内阁地位逐渐增强，权力重心发生位移，内阁的权力越来越大，议会至上的原则逐渐被内阁至上的原则所取代。其最重要的标志是 1875 年迪斯累利购买苏伊士运河股票事件（1875 年，保守党首相迪斯累利不经议会同意，私自向银行家借贷，购买了尼罗河的大部分股票），内阁越过议会，在如此重要的问题上独自行动，这在英国历史上还是第一次。[①] 财政权的本质决定了议会改革的过程和趋势，如胡康大所言："在权力的转移中，下院是一根主线。它从无到有，从无权到有权，从小有权力到取得至高无上的权力，然后，又跨过顶峰，逐渐失去权力，以致又成为'取得下院多数党席位的驯服工具'。"[②] 这说明：在权力的转移过程中，财政权促进了议会的产生、两院的形成、下院的壮大，但权力又逐渐转向政府和内阁，它通过政党有组织、有规律的活动来逐步实现权力的转移。事实证明，自 1885 年以后，没有一届政府的预算案没有被通过。

上述内阁在财政问题上越权议会是政党政治发展的必然结果。但无论如何，在税权的问题上，议会都拥有无可争议的财税大权。这种权力转移不是事先设计好的，而是一种自然的转移，是根据形势的变化和环境的需要而形成的。

与税权问题的阶段性变化相辅相成，19 世纪英国的税制理论亦经历了由古典政治经济学到新古典政治经济学的演变。

第二节　19 世纪英国的税制理论

一　古典政治经济学的税收理论

英国古典政治经济学的主要代表是威廉·配第和亚当·斯密。斯密于 1776 年发表了《国民财富的性质和原因的研究》（简称《国富论》），标志着英国古典政治经济学的诞生。然因 18 世纪后期英国正处于重商主义时代，斯密所倡导的自由主义思想并未被英国政府所重视并实行。直到 19 世纪 40 年代《谷物法》废除后，英国才真正实行了自由主义经济政

---

① 王觉非:《近代英国史》，南京大学出版社 1997 年版，第 627 页。
② 胡康大:《英国政治制度》，社会科学文献出版社 1993 年版，第 1 页。

策，由此，在赋税理论上也体现出自由放任的思想倾向。

1. 威廉·配第的赋税理论和赋税思想

配第（William Petty，1623—1687）是英国资产阶级古典经济学的创始人，马克思曾称他为"政治经济学之父"[①]。其代表作是《赋税论》和《政治算术》。配第以 1660 年复辟后查理二世时期的赋税制度为中心，对国家经费、国家收入、税制原则等进行了阐述。在对国家经费的阐述中，配第将国家经费支出分为六类：一，军费；二，行政官员、公职人员的薪俸及办公费用；三，宗教费用；四，教育支出；五，救济费；六，公共费用。在国家赋税收入方面，配第将赋税分为税外收入和税收收入两种：所谓税外收入，主要是指王室领地收入和封建特权收入。这一收入在中世纪及其后一段时期曾是国王独立生活的主要收入来源，但随着英国经济的发展、国家职能的扩大等因素的变化，国王仅靠税外收入已无法维持生活。"光荣革命"后英国近代公共财政制度的建立使国王的税外收入逐渐被并入国家公共税收之内，成为议会控制的赋税收入的一部分。所谓赋税收入，是指由议会批准的税收收入，这部分收入是国家财政及国家职能得以运作的主要物质基础。对此，配第分析了各种名目的税收：关税、人头税、彩票、罚款、独占、什一税、地租、房产税等。对赋税的征收原则，配第亦作了分析，提出了三条征收标准：公平、简便和节约三原则。配第认为，公平标准就是课税时对任何人都没有偏袒，且赋税不能过重；简便原则是指征税手续当给人民以便利；节约原则是指要尽量减少征税的成本。[②] 配第的税收思想对亚当·斯密的税收思想产生了重要影响。

2. 亚当·斯密的税收四原则

斯密是 18 世纪英国古典政治经济学的主要代表人物，其代表作是《国民财富的性质及其原因的研究》。在其代表作中，斯密提出了税收四原则：一，平等原则。即，纳税人纳税时应该按照各自的能力纳税，取消特权税。所谓赋税的平等或不平等，就看对于这种原则是尊重还是忽视。二，确实原则。即，每种赋税的征收必须明确，不能随意变更。对此，斯密曾说："据一切国家的经验，我相信，赋税虽再不平等，其害民尚小，

[①] 《马克思恩格斯全集》第 23 卷，人民出版社 1972 年版，第 302 页。
[②] 参见［英］威廉·配第《赋税论》，马妍译，中国社会科学出版社 2010 年版，第 65—123 页。

赋税稍不确定，其害民实大。确定人民应纳的税额，是非常重要的事情。"① 三，便利原则。即，各种赋税完纳的日期及完纳的方法，须予纳税者以最大便利。四，节约原则。即，一切赋税的征收，须设法使人民所付出的尽可能等于国家所收入的。② 斯密的税收四原则对19世纪70年代前英国政府的税制理论及实践产生了重要影响。到19世纪70年代后，英国的形势变化需要对其税制进行变革。在这样的背景下，主张政府利用税收加大社会干预的新古典政治经济学派兴起并对英国政府的税制改革产生了非常重要的影响。

二　新古典经济学派的财税思想

英国的古典政治经济学所倡导的自由主义经济政策发展到19世纪70年代开始出现问题。19世纪70年代以后，英国的工业革命已经完成，伴随着工业革命的完成及国民财富的急剧增长，英国的社会财富分配出现了极度不平衡，社会贫困及失业问题严重。在这样的背景下，新古典经济学派顺应时势要求，从社会经济福利的角度出发，提出了一套自己的财税思想。其中主要的代表人物是阿尔弗雷德·马歇尔和庇古及美国学者亨利·乔治等。

1. 马歇尔的财税思想

马歇尔（1842—1924）是19世纪末20世纪初著名的经济学家，是英国剑桥学派的创始人。其代表作是《经济学原理》。马歇尔在税收理论上的贡献主要在于：开创了税收转嫁与归宿问题的局部均衡分析和边际分析，在晚年首次提出了以累进税解决社会公平问题的思想。马歇尔在《经济学原理》的"绪论"中指出："贫困是否必然的问题给予经济学以最大的关心。""公平问题不能完全由经济学来解答。因为这个答案部分要靠人类本性的道德和政治能力来解决。"③ 马歇尔强调社会公平问题的重要性。他认为："审慎的态度并不意味着默认现时财富分配不均。许多世纪以来，经济科学越来越相信极端贫困和巨大财富并存没有实际的必

---

① ［英］亚当·斯密：《国民财富的性质和原因的研究》（上、下卷），郭大力、王亚南译，商务印书馆2009年版，第385页。

② 同上书，第385—386页。

③ ［英］阿弗里德·马歇尔：《经济学原理》，廉运杰译，华夏出版社2010年版，第5页。

要，从而，在伦理上是不对的。财富不均虽说没有像遭到指责的那样厉害，但的确是我们经济组织的一个严重缺点。通过不会伤害人们的主动性，从而不会大大限制国民收入的增长而能减少这种不均的那种方法，显然对社会有利。"① 至于税收的公平问题，马歇尔认为，税收公平与否，必须要从税制总体上加以判断。几乎每一种无偿税收都会对某些阶级施以不适当的压迫，但如果各种税收的不均能为其他税收的不均所抵消，则赋税制度可以说是公平的，尽管其中任何一部分都有欠公平。根据这个原则，受益多者多纳税，受益少者少纳税。他主张对所得和财产尤其是非劳动所得和继承财产课以重税。马歇尔认为，"一个先令给穷人带来的满足比给富人带来的满足要大得多"。一个人如果"把他的收入用得增加了对穷人服务的需求，从而增加了他们的收入，那么，他使总满足得到的增加比他使富人增加等量收入时还要多些"。② 这样，马歇尔主张采用累进税，将富人的收入集中一部分于国家手中，以提高社会的总体福利水平。

2. 庇古的财税思想

庇古（A. C. Pigou，1877—1959）是英国剑桥学派的主要代表者之一。1912年，庇古写了《财富与福利》一书，1920年该书扩展成《福利经济学》，创建了福利经济学的完整体系，他因此也被称为"福利经济学之父"。庇古的财税思想也是从市场机制造成的收入不平等方面进行分析的，在马歇尔分析的基础上，庇古从货币边际效用递减规律③出发，主张通过政府把富人的钱拿给穷人来解决收入公平问题。庇古认为，随着货币收入的增加，人们从最后一个货币单位收入上得到的效用是逐步递减的。因此，富人手中的货币所产生的效用就没有穷人手中的大。所以，政府通过累进税改变市场收入分配结果，即把富人的一部分钱拿给穷人，就能提高社会的整体福利水平。显然庇古的分析是以效用可以在不同人之间相互比较为前提的。④

庇古还从资源配置的角度分析了收入差距过大的危害。那就是，在收

① ［英］阿弗里德·马歇尔：《经济学原理》，廉运杰译，华夏出版社2010年版，第558页。

② ［英］马歇尔：《经济学原理》下卷，陈良璧译，商务印书馆1965年版，第153页。

③ 在一定时间内，在其他商品的消费数量保持不变的条件下，随着消费者对某种商品消费量的增加，消费者从该商品连续增加的每一消费单位中所得到的效用增量即边际效用是递减的。

④ 甘行琼：《西方财税思想史》，中国财政经济出版社2007年版，第123页。

入差距过大的条件下，市场信号所引起的资源配置结构违背社会伦理原则。"由于纳税后所得收入分配的不公平，大批大批的生产资源被用来满足富人的挥霍……而大批大批的人们却食不得饱，衣不得暖，没有适当的居住条件，受不到充分的教育。生产资源在必不可少的和锦上添花的东西之间分配不当……也就是说，资源被用来满足不迫切的需要，而不是去满足更迫切的需要。"① 保证大多数人比较均等地享受现有资源确实具有社会的、文化的、经济的价值。

庇古提出的政府改善收入分配的措施有：征收遗产税和收入累进税；对生活必需品给予补贴；举办服务大众的社会设施，如免费学校、低价住宅。庇古也看到了公平与效率的冲突，指出政府的收入转移规模要适度，超过限度会影响市场经济条件下的资本积累机制，"因为目前提供大部分资本的人，其投资能力和投资兴趣都下降。而其后果是……有钱人被搞穷了，总收入减少得更多，穷人到头来不是日子好起来了，而是反而吃了亏"。②

与马歇尔和庇古主张进行遗产税改革不同，美国学者亨利·乔治则主张征收统一的土地税，通过这种单一税的征收来解决社会的贫困和不公问题。乔治的代表作《进步与贫穷》对英国 19 世纪后期的赋税思想产生了重要影响。

3. "建设性税制理论"的形成

19 世纪后期，英国的民主进一步发展。1867 年和 1884 年改革法案给予了家庭选举权，这意味着在英国几乎所有的成年男性都拥有选举权。1872 年的投票法案又规定了秘密投票原则。此时，英国的政党开始具有现代政党的特征。对统治者来说，若想要保持长久的统治就必须使他们的政策能够吸引广大的选民。而对广大选民来说，更能吸引他们注意的则主要是在经济上得到与国家财富日益增长一致的物质利益，在社会公共生活方面得到国家更多的关照。19 世纪后期，英国国民的思想变化也主要体现在这些方面。例如，人们已经认识到大量的疾病可以通过合适的卫生医疗加以避免，但这需要花费大量的金钱；此时还有日益增长的对教育给予

---

① ［英］庇古：《社会主义与资本主义的比较》，谨斋译，商务印书馆 1963 年版，第 14—15 页。

② 同上书，第 19 页。

公共支持的热情，这部分源于对工业和商业上对知识的需要；此时，传统的公共开支，如国防开支，耗费也正变得越来越大。所有这些都意味着要通过增税才能实现。

同时，有一种观念认为政府不仅能够而且应该在降低贫困、解决贫穷的问题上发挥更加主动积极的作用。在 19 世纪 40 年代剧烈的财政辩论的情形下，许多自由贸易主义者相信：他们的胜利不仅仅可以减少大量的贫困，而且还会从根源上对贫穷给予打击。此时，尽管大多数工人阶级比之前确实富裕了一些，但在很多方面，可怕的贫穷依然存在。

然而，19 世纪 50、60 年代后期和 19 世纪 70 年代早期的普遍繁荣使人们不太愿意进行任何激进的经济改革，无论是通过税收还是其他方式。普遍的观点认为，国家的开支和税收主要用于诸如国防和政府维持基本生存、保持法律和秩序、公共健康、通信和初等教育方面。而这些费用应该保持最低限度，而通过税收的方式达到上述目的应该保持在不使经济活动发生歪曲的最低限度上。

在 19 世纪 70 年代，在诸多方面都显示出英国的经济存在很严重的缺陷。

到 1879 年底，英国的农业萧条，再加上来自美国廉价农产品的竞争，致使英国的农业状况进一步恶化。社会贫困及失业问题严重，在这样的背景下，人们开始寻找新的经济制度或者至少是新的税收模式，而这种方式或许可以在一定程度上减轻他们的各种焦虑和不满。19 世纪 80 年代，大量的改革建议吸引了公众的注意力。所有的这些建议（无论他们是多么的不同和矛盾）都有一个共同点，那就是他们都主张将税制改革作为一种重要的武器——也许是唯一的武器——以期获得理想的改变。在这样的背景下，"建设性税收"应运而生。

自 19 世纪 40 年代以来，在"建设性税收"中一个强有力的因素是从间接税到直接税转变的大趋势。此时的议会不仅仅寻求政府收入的增加，而且正试图通过税收影响经济甚至在一定程度上影响社会上不同阶级的财富分配。然而，自 19 世纪 80 年代以来，越来越多的人开始认识到现存的财富分配制度难以让人满意，这样的状态需要修正，而税收的变革应该在这样的政策修正中扮演主要的角色。

自 19 世纪 80 年代以来，有关"建设性税收"的思想和理论应运而生，具体情况如下：

首先，新自由主义的税制改革理念。1870 年以后，资本主义经济进入了漫长的萧条期。在欧美廉价商品的冲击下，英国失业率急剧增长。据统计，英国的失业率从 1872—1873 年的 1% 上升到 1879 年的 10%。[①] 失业问题的加剧又使英国的贫困问题更加突出。在这种背景下，一些社会改革家和政治家开始注意到日益严重的贫困和贫富差距问题对英国经济和政治秩序稳定的威胁。不仅如此，在工业革命中作出巨大贡献的工人阶级的辛苦劳动并没有换来殷实富裕生活的境况，也使英国的一些有责任心的经济学家开始批判和质疑之前政府信奉并施行的自由放任主义和功利主义。由此，新自由主义产生并逐渐成为政府的执政理念和指导思想。新自由主义的主要内容是强调重新认识国家的职能，强调国家及政府对社会经济生活的干预。新自由主义的代表人物霍布豪斯认为："国家的职责是为公民创造条件，使他们能够依靠本身的努力获得充分的公民效率所需的一切。""在一个社会里，一个能力正常的老实人无法靠有用的劳动来养活自己，这个人就是受组织不良之害，社会制度肯定出了毛病，经济机器有了故障。"[②]

1880 年以后，许多人认为现存的财富分配制度存在缺陷，应通过税制改革调整这种缺陷。"税收方案应该成为一个重要的武器——也许还是唯一的武器，它能够为我们带来理想的改变。"[③] 由此，议会也不再仅仅将税收看作财政收入的一部分，而是指望它"能够影响经济的发展，或者通过对不同物品征税原则的确立，在一定程度上合理调节社会不同阶层所拥有的财富"。[④] 英国政府社会政策观念的变化对"建设性税收"起到了非常重要的导向作用。

其次，社会学家查尔斯·布思（Charles Booth ）和西博姆·朗特里（Seebohm Rowntree）的社会调查对政府税收政策的影响。19 世纪 70 年代以后，英国农业出现萧条，工业生产下降，失业、贫困等社会问题日益严重，查尔斯·布思和西博姆·朗特里对当时英国的贫困状况进行了调查。布思在对伦敦地区的贫困状况进行了深入调查的基础上，发表了《伦敦人民的生活和劳动》的调查报告，报告将伦敦的居民分为 5 种情况：第一种（A），最贫

---

① Roy Douglas, *Taxation in Britain since* 1660, Macmillan Press Ltd. , 1999, p. 74.
② ［英］霍布豪斯:《自由主义》，朱增汶译，商务印书馆 1996 年版，第 89 页。
③ Roy Douglas, *Taxation in Britain since* 1660, Macmillan Press Ltd. , 1999, p. 75.
④ 郭家宏、王广坤:《论 19 世纪下半期英国的财税政策》，《史学月刊》2011 年第 8 期。

困阶层（主要指偶尔劳动、游手好闲及处于半犯罪状态的人）；第二种（B），非常贫穷阶层（主要指打散工、勉强糊口及处于长期物质贫乏的阶层）；第三、第四种（C and D），贫穷阶层（主要指那些工作不稳定及薪酬很低的人）；第五、第六种（E and F），工人阶级（有稳定工作且薪酬相对公平的阶层）；第七、第八种（G and H），中产阶级及以上（其收入超过以上六种的所有阶层）。布思将上述几种阶层所占的比例（伦敦此时的总人口是4209170人）整理如下[①]：

各阶层分类	人数	比例	
A（最贫困阶层）	37610	0.9%	
B（非常贫穷阶层）	316834	7.5%	贫困（30.7%）
C and D（贫穷阶层）	938293	22.3%	
E and F（工人阶级，生活相对舒适）	2166503	51.5%	舒适（69.3%）
G and H（中产阶级及以上）	749930	17.8%	
共计	4209170	100%	

报告指出：伦敦大约有1/3的人生活在"贫困线"（poverty line）以下，他们营养不良、缺衣少食。在伦敦东区，约有35%的人仅能勉强糊口，约有13.3%的人生活在饥寒交迫中。[②] 西博姆·朗特里对约克郡的贫困状况进行了调查，发表了调查报告《贫穷：有关城市生活的研究》。报告称，若一个家庭有三个孩子，他们每周至少需要21先令8便士才能勉强维生。然而在约克郡，约有6.8%的工人家庭每周的收入要低于这个水平，他们的总人数约占约克郡总人数的3.6%。[③] 此外，南安普敦、沃灵顿、斯坦利和雷丁四城市的贫困人口比例为16%，但幼儿及学龄儿童的情况较差，在雷丁，45%的5岁以下的幼儿及47%的14岁以下儿童生活在贫困之中。在收入情况较好的米德尔斯伯，900家矿工中的125家处于贫困之中，另外175家是"如此接近贫困线，以至于时常越过此线"。在广泛调查的基础上，有人认为，19世纪末英国城市人口的25%—30%生

---

① W. D. Handcock, *English Historical Documents*, 1874 - 1914, London: Eyre & Spottiswoode, 1977, p. 566.

② Pat Thane, *Foundations of Welfare State*, London: Longman, 1982, p. 7.

③ Pat Thane, *Foundations of Welfare State*, London: Longman, 1982, p. 8.

活贫困。① 农村贫困现象也很严重,贝德福特郡 34.3% 的老人无法维持基本生活。另有对 42 个农村家庭的调查报告显示,其中 32 个家庭无法维持基本生活。② 失业是困扰人们的又一个问题,据贸易部的记录显示,格拉斯哥码头 6000—7000 名临时工中有一半经常处于失业状态。建筑业工会会员失业率 1879 年是 8.2%,1909 年是 11.7%。布里斯托尔 1/3 的鞋匠因机器制鞋业的兴起而失业;格拉斯哥 593 名面包师因机制面包的出现而失业。③ 贫困和失业使许多人生活艰难,严重影响了身体健康。20 世纪初,英国婴儿死亡率平均为 127.3‰,约克郡贝特利市贫困家庭儿童死亡率高达 172.5‰。④ 人口素质令人担忧,布尔战争期间征兵时,34% 的英国应征者体检不合格。⑤

19 世纪六七十年代,英国社会危机加剧,关于济贫院的抱怨和指责增多。例如,20 世纪初,赖德·哈格德对英格兰东部一座济贫院的描述中写道:"在用砖铺成的地面上,到处是贫困的妇女和满脸肮脏、四处乱爬的孩子;老年妇女躺在床上气喘吁吁、无法动弹,或围坐在火炉旁大声地咳着;老年男子弓着背忙着活计,苟延残喘。"⑥ 济贫院中接受救济者的饮食非常糟糕,许多人惨死其中,例如,1891 年英格兰和威尔士有 7.1% 的人死于济贫院,医院为 3.5%,疯人院仅为 1.1%;1909 年,济贫院死亡人口占死亡人口总数的 18.2%。⑦ 济贫院因此成为社会舆论抨击的中心。

在这种情况下,社会各界开始对社会问题进行思考并寻找解决问题的办法,19 世纪末 20 世纪初,英国自由党的新一代领导人,如阿斯奎斯、劳合·乔治、温斯顿·丘吉尔等人都深受新自由主义的影响,十分关注由

① Janet Roebuck, *The Making of Modern English Society from* 1850, London: Routledge & Kegan Paul, 1982, p. 73.

② John Burnett, *Plenty and Want: A Social History of Food in England from* 1815 *to the Present Day*, London: Routledge, 1988, pp. 174-175.

③ Jose Harris, *Unemployment and Politics*, *A Study in English Social Policy*, 1886-1914, Oxford: Clarendo Press, 1972, p. 374.

④ Pat Thane, *Foundations of Welfare State*, London: Longman, 1982, p. 56.

⑤ 丁建定:《英国现代社会保障制度的建立 (1870—1914)》,《史学月刊》2002 年第 3 期。

⑥ M. A. Crowther, *The Workhouse System*, *the History of an English social institution*, *1834 - 1929*, London: Batsford Academic and Educational, 1981, p. 73.

⑦ M. A. Crowther, *The Workhouse System*, *the History of an English social institution*, *1834 - 1929*, London: Batsford Academic and Educational, 1981, p. 59.

经济因素引起的社会问题。1908年《养老金法案》和1911年《国民保险法》的通过即是"建设性税收"理论在实践上的体现。

再次，美国哲学家和经济学家亨利·乔治的税制思想。1879年，乔治的著作《进步与贫穷》出版。在书中，作者提出了问题，例如：为什么在这块财富能使人人富足，并富足有余的土地上会存在如此不平等的情况呢？为什么堆积如山的财富会与如此严重和可耻的匮乏联系在一起？为什么在如此充分富裕之中，健壮的男人找不到工作？为什么妇女因饥饿而虚弱无力，小孩子消耗青春年华在脚踏纺织机上做苦工呢？① 同时，乔治指出：现在这个世纪以生产财富能力的巨大增加为特征。……这个事实——贫困及其伴随物正是以形成物质进步趋向的条件而出现在社会中的——证明了，已经达到某种进步阶段的任何地方，其存在的社会困难不是出于局部的环境，而是以这种或那种方式，由进步本身造成的。② 同时，乔治还指出：只要现代进步所带来的全部增加的财富只是为个人积累巨大财产，增加奢侈和使富裕之家与贫困之家的差距更加悬殊，进步就不是真正的进步，它也难以持久。这种情形必定会产生反作用。塔楼在基础上倾斜了，每增加一层只能加速它的最终崩坍。对注定必然贫穷的人进行教育，只会使他们骚动不安；把理论上人人平等的政治制度建筑在非常显著的社会不平等状况之上，等于把金字塔尖顶朝下竖立在地上。③ 如何解决这个问题，乔治指出：在所有发达国家中，贫困的根源在于土地所有制。财富分配不平等主要是土地所有权的不平等。乔治认为纠正这种情况最重要的手段是将税收从商品转移到"土地"的所在位置上。因此，地价税在所有税中最为公正和平等。它只落在从社会得到一种特殊和巨大利益的那些人头上，并根据他们所得利益的大小按比例征收。地价税由社会征收，供社会使用，它原是社会的创造物。这是将公共财产供公共使用。当全部地租被征为税收以供社会需要时，那时才实现自然规定的平等。在这里，"土地"的意思等同于自然资源。因此，这里的"地价税"实际上并不同于18世纪以来的土地税，当然，其中的某些遗迹依然保留下来。

乔治的思想在"建设性税收"的思想上对人们的影响很大。"一时间，

① ［美］亨利·乔治：《进步与贫困》，吴良健、王翼龙译，商务印书馆2010年版，第2页。
② 同上书，第15页。
③ 同上书，第17页。

《进步与贫困》像一种新天道约书一样地传布流行。社会组织起来了，为了宣传它的救世学说也筹办了杂志，忠实信徒们为阅读和阐释集结成小组，举行定期集会。"① 越来越多的人开始相信乔治提出的解决问题的建议是有用的，而且无论是对城市还是农村的劳动者问题的解决都有重大的意义。正如一位非常出名的历史学家所写的那样："自乔治后，无论是贝拉米还是格洛伦德都是 1886—1900 年间真正地将社会主义付诸实践的纯理论家。"②

乔治的理论使英国人开始思考如何才能缓解进而解决社会的贫困及贫富分化现象。约瑟夫·张伯伦也深受乔治理论的影响，张伯伦认为："对于这个国家更为贫困的阶层来说，社会是要负一定的责任的，我们必须清楚这一点……我们仅仅只是想给有产者的权利和社会地位的稳固奠定一个牢不可破的社会基础。我相信对于有产者来说，最大的威胁就是来自于社会（贫困者）的诅咒之中。"③ 为了解决社会贫富差距问题，张伯伦主张用税收手段。他提出："肮脏的家，不健康的居所，过分拥挤的环境，这些都是造成大城市死亡率上升、犯罪情况不断的根本原因。这种趋势如果任其发展，其直接后果就是阻碍了个人利益和理想在社会环境中得到实现。这种条件下的有产阶级的财产丝毫不能得到保障，他们的身体健康会恶化，舒适的生活会被搅乱，甚至财富也可能毁于一旦。"④ 张伯伦认为：要保证有产者和整个社会的稳定发展，利用税收调节贫富差距、防止两极分化的方式就一定要坚持下去。为此，他向有产者发出呼吁："我认为，将来我应该会更多地听到有产者承担社会义务和责任的话题，而不是老生常谈的有产者的权利问题。"⑤ 张伯伦认为，有产者应更多地承担社会责任，改变过去传统观念中的一切从权利出发的初衷，全力保障社会公正，配合政府在财政方面"劫富济贫"的政策取向。

劳合·乔治的"人民预算"也受此影响。乔治有关利用税收解决社会问题的建议对英国政府的税收政策产生了一定影响。此后，自由党通过增加直接税来征税，特别是对遗产税和累进所得税的征收，在征税的同时采取重新分配的措施。

---

① ［英］克拉潘：《现代英国经济史》中卷，姚曾广译，商务印书馆 1975 年版，第 610 页。
② Roy Douglas, *Taxation in Britain since 1660*, Macmillan Press Ltd., 1999, p. 76.
③ 郭家宏、王广坤：《论 19 世纪下半期英国的财税政策》，《史学月刊》2011 年第 8 期。
④ 同上。
⑤ 同上。

在上述思想和理论的影响下，有关"建设性税收"的不同思想开始对英国的政治主流施加影响，这样的影响既包括对保守党政府也包括对自由党政府。

由马歇尔、庇古及乔治的财税思想可见，19世纪70年代以后，主张通过税收方式来调节社会财富分配、解决社会不公问题已成为经济学家们所倡导的主导思想。在这种财税思想的影响下，英国的税制以19世纪70年代为分水岭，出现了与19世纪70年代之前不同的特点。这一特点在税制结构和赋税的用途上都得到了明显的体现。

第三节　19世纪英国的税制结构

19世纪英国的税制结构因70年代前后税制理论的不同而有所调整。19世纪70年代前，英国在经济上奉行自由放任主义的经济政策，在税制理论上推崇古典政治经济学的税制理论，由此，英国此阶段的税制结构以间接税为主，且种类繁多；到19世纪70年代，因政府奉行新自由主义经济政策和相应的税制理论，英国的税制结构开始调整，其表现为间接税在国家财政收入中的比重逐渐降低，而直接税的比重则逐渐提高且实行累进税制；到20世纪初直接税所占比重超过间接税。

一　1815年英国的税制结构

1815年拿破仑战争结束后，因与法国长期的战争而导致英国此时的税收达到顶峰。此时英国的税收收入增加到6825万英镑，再加上爱尔兰的625万英镑，1815年英国的税收收入总计7450万英镑。[①] 具体情况如下：

1. 直接税

1815年英国的直接税主要包括：①旧的土地税（以前由小皮特实施的每年的土地税现在实际上成了针对不同区域的帝国的租金，此租金由1798年法案所规定。法案规定纳税者的这些税收可以赎回）。开始时，土地税的收入约200万英镑，而用作抵押尚未赎回的约119.6万英镑。②两种跟房子有关的税收，一是窗户税和诺斯的居住房屋税；二是生活方式税

---

① Stephen Dowell, *A History of Taxation and Taxes in England*, volume II, Frank Cass & Co. Ltd. , 1965, p. 249.

(taxes on establishments),主要包括佩勒姆的四轮马车税、诺斯的男仆税、皮特的马鞍和四轮马车的马、赛马、狗以及发粉、徽章税。这些税收是根据人们的消费额而征收的,这些税收有时还会被征收一定的附加税。总之,以上两种与房屋有关的税收额约 650 万英镑。③所得税。所得税的税率此时是 10%,即每镑纳税 2 先令。所得税的总额是 1460 万英镑。④因死亡而产生的财产税(又称遗嘱认证和遗产税)。此时的这种财产税仅指与土地税相对应的个人财产税,小皮特曾经尝试将此税扩展至土地的继承税收但未果。因死亡而征收的财产税的税额约 129.7 万英镑。⑤已投保的风险纵火财产税和海上财产风险税。有关风险纵火财产税一开始由诺斯在美国独立战争时期征收;而海上财产风险税则是由小皮特在战争将近结束时征收的。此时的税率曾一度被提至很高,风险纵火财产税的征收额约 51.8 万英镑,海上财产风险税超过 40 万英镑,两种税收总计 91.8 万英镑。①⑥财产拍卖税。最初由诺斯征收,税额约 28.4 万英镑。⑦对为大众提供运动手段或工具的人征收的各种税收。比如,大都市里的出租马车,英国的驿站马车。其中,出租马车的税额总计 2.9 万英镑,范西塔特征收的对商用马车的附加税为 22.3608 万英镑,驿站马车约 21.9 万英镑。上述税收总计约 47.1608 万英镑。②对工资和养老金的税率是每英镑 1 先令 6 便士,共计征税 2.5844 万英镑。还有许多贸易、商业和行业也在应纳税之列。例如,当一个医生在成为医学会的会员时要纳税 25 英镑;一个律师在获得许可进入法庭学院时要纳税 25 英镑,当他取得律师资格时要纳税 50 英镑。医学会的会员和律师不需要缴纳任何年度执照税。但一个律师代理人在他还是书记员的时候要纳税 120 英镑;当他被允许实习时要纳税 25 英镑且每年都要出示职业执照,税额价值 12 英镑。同时,银行家也要出示每年的执照,价值 30 英镑。而典当商、叫卖的小贩,他们的执照税数额变化不一。然而,以上这些税收的税额不是很大。同时,大量的出售消费品的贸易者也要缴纳大量的年度执照税,例如,经营和出售消费液体(如啤酒、白酒、甜酒、烈性酒)的经销商和零售商及蜡烛、纸张、肥皂等的制造商都在纳税之列。这在实际上应被看作对消费品的课

---

① Stephen Dowell, *A History of Taxation and Taxes in England*, volume II, Frank Cass & Co. Ltd., 1965, p. 250.

② Ibid., p. 251.

税。⑧吨税。对轮船征收的吨税分两种情况：一是出口，税额约 7.2234 万英镑；二是进口，税额约为 9.9417 万英镑。总计 17.1651 万英镑。①

总之，以上为 1815 年英国主要的直接税。其税额几乎达到 2550 万英镑。与直接税相比，1815 年英国国家收入中来自税收的收入有 3800 万英镑是来自消费税的。

2. 间接税

1815 年战争结束时，英国的税制结构仍以间接税为主，其中间接税主要包括消费税、关税和印花税。其具体征收情况如下：

①消费税。消费税可分为对食物的征税及对饮品的征税。其中对食物征税主要有：盐税、糖税、葡萄干税、黑加仑税、胡椒粉税和醋税。盐税在小皮特执政时曾因战争压力而提高其税率，开始时是每蒲式耳 10 先令，最后每蒲式耳超过 15 先令，税额为 161.6124 万英镑；进口盐税为 547 英镑。总计 161.6671 万英镑。对糖的税率是每英担 1 英镑 10 先令，在一定的扣除和奖励后其税额为 155.2 万英镑和 295.7403 万英镑。对葡萄干布丁和葡萄干税收额为 12.7 万英镑；黑加仑（下层阶级的最爱）税额为 28 万英镑；胡椒粉税额 8.7 万英镑；醋税为 4.7589 万英镑。② 对饮品征收的税收主要有：啤酒税、白酒税、烈性酒税、茶税和咖啡税。1802 年所得税废止时，阿丁顿（Addington）将啤酒税的税率提高，其中高浓度啤酒的税率是每桶 10 先令，佐餐（table beer）啤酒的税率是每桶 2 先令，共计税额 333.0044 万英镑。麦芽酒的税率同时被提高，由每蒲式耳 1 先令 0.25 便士提升至每蒲式耳 2 先令 5 便士，战争发生时提至每蒲式耳 4 先令 5 便士，共计税额 604.4276 万英镑。啤酒花税 22.2026 万英镑。如果再加上啤酒制造者和麦芽制造者的营业执照税，则上述啤酒税的总额为 980 万英镑。对白酒征收的营业执照税税额为 190.0772 万英镑；蒸馏酒的税额为 345.9088 万英镑（包括杜松子酒、威士忌和英国白兰地）；外国酒和殖民地烈性酒（白兰地和朗姆酒）税额为 291.7818 万英镑。以上两项蒸馏酒及外国国酒和殖民地烈性酒的税收总计 637.6906 万英镑，若再加上营业执照税，共计约 670 万英镑。

---

① Stephen Dowell, *A History of Taxation and Taxes in England*, volume II, Frank Cass & Co. Ltd. , 1965, p. 252.

② Ibid. , pp. 252 – 253.

　　总之，国家征收的来自酒精饮料、啤酒、白酒和烈性酒的总体收入约1840 万英镑。一些较少的税收，如苹果酒、梨酒和酸果汁的税额为1.9291 万英镑；甜酒和蜂蜜酒的税收为 1.8154 万英镑；对茶叶的税收自英法战争开始以来即开始逐步提高，其税率从 12.10% 提升至 96%，税额为 359.1350 万英镑；咖啡税为 27.67 万英镑；烟草税和烛花税的税额为202.5663 万英镑。[①] 除对食品、饮品征收一定的税收外，1815 年英国政府还对非食物类、酒类烟草和建筑原材料（房屋建设、造船及其他制造品）征税。据统计，对煤炭、秆茎、石板和石头的税收分别为 87.1165 万英镑和 4.4632 万英镑，总计 91.5797 万英镑。对各种各样木材及不同阶段制造品的税收额是 180.2 万英镑，其中交易和交易完成额是 73.5 万英镑，对冷杉的税收额是 47.2 万英镑；对原棉的税收额是 76 万英镑；对生丝和抛丝的税收额是 45 万英镑；对大麻的税收额是 28.5 万英镑；对苏打灰的税收额是 5.9 万英镑；对靛蓝类染料的税收额是 8.6 万英镑；对珍珠和钾碱的税收额是 5.2 万英镑；对条形铁的税收额是 6.3 万英镑；对皮和皮毛的税收额是 3.7 万英镑。在消费品税中还有对制成品的税收。对制成品的税收主要体现在对皮革的征税上。1813 年范西塔特将皮革的税率提高 1 倍，税额为 69.8342 万英镑。同时，对肥皂的税收是 74.7759 万英镑；砖瓦税税额（战争期间征收了三次附加税）是 26.9121 万英镑；玻璃税税额是 42.4787 万英镑。其他制成品的税收（最初由于西班牙王位继承战争而被征收），如对皮革和肥皂、蜡烛、纸张、印染布料和报纸的税收额如下：蜡烛税 35.435 万英镑；印染布料 38.8076 万英镑；纸张税47.6019 万英镑；报纸税 38.3 万英镑；广告税（宣称税）12.5 万英镑；金银盘子税 8.2151 万英镑；数额较少的几种税收（如，淀粉税、石壶税、电线税、药品税以及牌税和掷骰子税没有那么重要）共计 13.2116 万英镑。以上制成品的税收总额为 408.0721 万英镑。

　　②关税。此时要一一列举关税的具体情况则比较不切实际。关税的征收额随着条件的改变而调整，其税率在英国历史上曾一度较高。其中几种最重要的关税所得已经阐述了。剩余的那些税额较少且重要性日渐减弱：例如，苏格兰药盒的税率是 18 先令 10 便士；硝酸钾的永恒性税率是 2 便

　　① Stephen Dowell, *A History of Taxation and Taxes in England*, volume II, Frank Cass & Co. Ltd., 1965, p. 254.

士；战时税率 1 便士；然而，这些物品的关税总额加起来不少于 118.8 万英镑。① 对一定的出口的外国商品的税收，包括出口的货物、明矾、灰煤、绿矾、铅和锡的税率较低，其税额总计 36.4417 万英镑。②

③印花税。此时英国的印花税收入不大，共计 2734000 英镑。

综上所述，1815 年拿破仑战争结束后英国的赋税种类繁多，国民承担的税负较重。无怪乎悉尼·斯密斯在《爱丁堡评论》中如此描述："现在我们可以告诉乔纳森大哥（乔纳森大哥，18 世纪英国兵对美国民兵的谑称）太过喜欢荣誉的不可避免的后果。所有的那些正面的或者反面的或者脚下的税收，所有那些能够被愉快地看到、觉察、闻到或者品尝的税收，所有那些地上或者地下的税收，所有那些来自国外或者国内的税收，所有那些对原材料征收的税收，所有那些被行业的人所赋予新的价值的税收，所有那些使人类的口味得以满足的酱油税，所有那些能够使人类恢复健康的药品税，所有那些能够装饰法官的白貂皮毛税，所有那些能够绞死犯人的绳子税，所有那些由穷人负担的盐税和富人承担的香料税，所有那些对棺材的铜钉征收的税收，所有那些对新娘的丝带征收的税收，无论是在床上或者是在木板上，蹲着或者逃匿，我们必须纳税。男学生的鞭子税的税率最高，乳臭未干的年轻人管理他的征税马，带着被征税的缰绳在被征税的路上。即将死亡的英国人，将他所有的药品（因为那要付 7% 的税）倒进一个勺子里（那已经付了 15% 的税），然后将自己再抛进铺着印花棉布的床上，那已经付了 22% 的税，最后在药剂师的怀中死去（药剂师已经为获得让他死亡的权利而付了 100 英镑的税了）。这样，他所有的财产要缴纳的税收立即从 2% 提升至 10%。除了遗嘱外，他还要交大量的费用以使自己被安葬在高坛上。他的价值将在被征税的大理石上传给他的子孙后代，他将被归到自己的列祖而不再被征税。"③

拿破仑战争结束后英国如此繁多、沉重的税收引来了国民的抱怨和不满，而且以间接税为主的税制结构亦对英国的对外贸易和国内工业生产造

①　Stephen Dowell, *A History of Taxation and Taxes in England*, volume II, Frank Cass & Co. Ltd., 1965, p. 255.

②　Ibid., p. 256.

③　Stephen Dowell, *A History of Taxation and Taxes in England*, volume Two, Frank Cass & Co. Ltd., 1965, p. 260.

成危害。在这样的背景下，1816 年之后英国历届政府开始对其税制结构作调整，这一调整的分水岭是 1842 年皮尔的财政改革。1842 年之后，英国税制结构的总体走向是间接税的比重日渐下降，直接税的比重逐渐上升。

二   1816—1842 年间英国税制调整

1. 所得税的废除

拿破仑战争结束后，英国国民要求废除战时所得税，然而，战争刚刚结束就废除所得税必然造成国家财政收入的极大损失。在这样的背景下，利物浦内阁的财政大臣范西塔特决定将所得税的税率减少一半，即保持 5% 的税率（以代替所得税的完全取消）。同时，英国政府决定取消战时的麦芽酒税、关税、烈性酒税、爱尔兰的窗户税和一些不是很重要的其他税种。然而，尽管如此，当和平到来时，英国国民的希望是将所得税完全废除，英国人的这种情感非常强烈。正如沃波尔在他提议的"消费税法案"中所观察到的有关"身强力壮的懒丐"及他们对保留一半税率建议的强烈反对一样。此后，有关所得税的废除问题成为英国下院所面临的无数请愿书的主题。在请愿者中，布鲁厄姆是煽动者，他带领伦敦的请愿市民进行请愿。此后，在议会经过了持续很久的争论后，政府非常不情愿地放弃了原先的提议（将所得税的税率削减一半），完全废除了所得税。由此，给国家财政收入带来的损失约 1460 万英镑。同时，再加上其他税收的废除而给政府的财政收入带来 100 多万英镑的损失。

2. 间接税的各种改革

利物浦执政时期，为弥补因所得税废除及其他税种废除所带来的财政收入损失，财政大臣范西塔特努力通过增加港口税和消费税来填补政府的财政收入空白。其中，最重要的是增加了肥皂税。肥皂税是在此前已经实行的消费税中已经被反对的一种税收，因为肥皂税被认为是对生活必需品征收的一种税收，这种税收除了在特别危急情况下是不会被同意征收的。因此，当和平来临时，范西塔特提高了生活必需品的税率，从每镑 2.25 便士提高至每镑 3 便士，结果税额增加了 23 万英镑。范西塔特征收肥皂税并提高税率的做法引起了英国广大妇女的反感。英国的许多报纸等都刊登着《贝蒂，洗衣妇》的文章，在这些文章中不难看出英国人对征收生活必需品税的厌恶。①

　　到 1818 年，英国的财政已经恢复到了正常状态。国家的财政收入普遍提高。1819 年 1 月 5 日的财政年度结束时，英国的总收入第一次超过了自战争开始以来的支出额。同时，国债达到了 84430 万英镑的高峰，为了偿还国债，卡斯尔雷建议征收如下税收（单位：英镑）：①关税（包括 20 万英镑的外国羊毛税）50 万英镑；②麦芽税 140 万英镑；③英国烈性酒税 50 万英镑；④烟草税 50 万英镑；⑤咖啡税和可可饮料税 13 万英镑；⑥茶叶税 13 万英镑；⑦胡椒粉税 13 万英镑。以上税收总计 319 万英镑。②卡斯尔雷的建议获得议会通过，然而，1819 年开征新税并没有成功，其失败已经明显。例如，提高麦芽税不可能持久。由此，1820 年 3 月 22 日，下院通过决议取消麦芽税。1825 年政府决定取消盐税。由此，给政府造成 140 万英镑的损失。此时，政府还废除了吨税，由此给政府的税收收入造成 15 万英镑的损失；废除不受欢迎的和有危害的爱尔兰的壁炉税和窗户税则给政府税收收入造成超过 24 万英镑的损失。这一年所有的税收豁免总额达 350 万英镑。③

　　至罗宾逊（继范西塔特之后任财政大臣）、哈斯基森（贸易部长）和古尔本任财政大臣时（1822—1829），罗宾逊与哈斯基森一起开始在国内实行改革，这次改革最终导致了英国以自由贸易代替了特殊利益的保护主义政策。简言之，哈斯基森任贸易部长标志着英国财政史新时代的到来，英国的商业税改革开始。财政大臣罗宾逊的座右铭是"自助者天助"。英国在经历了痛苦的 1820 年、1821 年和 1822 年后，迎来了繁荣的 1823 年、1824 年和 1825 年。1824 年，英国政府用剩余的统一基金支付政府的年度需要。由此，罗宾逊也能够继续他的减税计划。罗宾逊与哈斯基森一起开始英国商业税的重要改革。财政大臣罗宾逊在他的预算演说中说："我们为什么不解放英国的商业呢？为什么我们不割断把英国拴在地球上的绳索而让它飞向高空以把我们的工业品带到世界的每个角落呢？哪个时期可能是更吉祥的呢？我们身边的每一件事都非常成功……这是我们所期望的最

---

　　① Stephen Dowell, *A History of Taxation and Taxes in England*, *volume Two*, Frank Cass & Co. Ltd., 1965, p. 264.

　　② Stephen Dowell, *A History of Taxation and Taxes in England*, *volume II*, Frank Cass & Co. Ltd., 1965, p. 267.

　　③ Ibid., p. 269.

好的机会来割断古老的束缚英国国家能力的绳索,重新开始追求英国的国家财富的增长。"① 为此,罗宾逊与哈斯基森一起开始了商业税改革,具体情况如下:①丝绸税改革。罗宾逊降低了生丝和抛丝的进口税率;哈斯基森通过了取消限制外国丝织品进口的规定,取消了对出口丝绸制成品的奖励金,废除了授权地方法官有权规定受雇于工厂的工人工资的其他法案。简言之,利物浦政府的改革在实际上是为了对贸易进行革命,将之置于比此前用强力人为安排更为令人满意的基础上。②毛织品的税制改革。政府降低了进口羊毛的关税(此税在 1819 年时曾不幸地被提升至极为过分的税率)。废除存在已久的禁止出口活绵羊、羊毛、野兔和兔毛及兔皮的规定给农业利益带来了很大的好处。然而,政府又对出口羊毛、羊毛制成品征收很小的每磅 1 便士的出口税率。② ③降低煤炭税的税率。④大量削减朗姆酒的税率。⑤废止法律诉讼印花税。

综上,罗宾逊和哈斯基森的商业改革中被废除的税收及其税额如下③:

表 3-3-1　　**罗宾逊和哈斯基森商业改革中被废除的税收及其税额**（单位：英镑）

丝绸	460000
羊毛	350000
煤炭	200000
联合税（工会税）	300000
朗姆酒税	150000
诉讼印花税	200000

上述税收总计 166 万英镑。然而,因废除朗姆酒税导致的损失又通过提高殖民地烈性酒的进口税而得以补偿。另一方面,诉讼印花税的废止所导致的损失在国内税收报告中有所说明,总计 27.5 万英镑。

在直接税和间接税上进行大规模削减的同时,罗宾逊拒绝废除估价税,他给住房条件较为贫穷的家庭(房屋租金在 10 英镑以下)拨款,给住宅房屋免税,给不超过 7 个窗户的房屋免除窗户税。因这些免税而带来

① Stephen Dowell, *A History of Taxation and Taxes in England*, volume II, Frank Cass & Co. Ltd., 1965, p. 275.

② Ibid., p. 276.

③ Ibid., p. 278.

的收入损失由其他不太重要的税收补足，如可纳税的家具、仆人等的税收；如在酒馆工作的临时服务业不再按服务业收费了，之前要纳税的手推车和小型马车现在被免除税收。

在间接税下，对进口大麻的关税削减至一半，咖啡税和可可饮料税以及出售的苹果酒消费税也有所降低（此税曾在 1819 年被征收附加税）。为了增加白酒的消费（它跟不上人口的增长速度），其税率被降低：对法国白酒的税率每加仑降至 6 先令，其他白酒的税率降至每加仑 4 先令。为了抑制违法的酿酒，同时与华莱士勋爵的建议保持一致，政府将蒸馏税的税率降至每加仑 7 先令。此法同样适用于苏格兰。

除了上述情况外，政府的财政收入因新关税的降低而有很大的损失，据估计，其损失情况如下[①]：

表 3 - 3 - 2　　　　　**英国关税降低导致的损失情况**　　　（单位：英镑）

房屋税	220000
仆人税	50000
大麻税	100000
咖啡税	150000
白酒税	230000
港口税	250000

综上，政府财政收入损失超过 100 万英镑。

据估计，烈性酒税和朗姆酒税的减少所带来的财政损失是 75 万英镑。然而，两年后此税的损失又因烈性酒的消费税的巨大提高而得以补偿。

然而，从行政和法律的角度来看，1825 年在英国的财政历史上尤为重要。因为这一年英国的税收因白酒税、外国烈性酒税、咖啡税、可可豆税、胡椒粉税和烟草税（这些税收长时间以来都以消费税而征收，此时，这些税的征收范围发生了变化，被放在关税或是港口税下进行征收）的转移而受到影响，这种转移主要体现在从消费税到关税的征收上。

同时，一种新的烈性酒税法案通过，此法案将执照税和英国的消费

---

① Stephen Dowell, *A History of Taxation and Taxes in England*, *volume II*, Frank Cass & Co. Ltd. , 1965, p. 279.

税法合并起来。但是，1825年最重要的改革则是关税改革，其中《关税法案》是改革的一部分。在改革中，原先很多的法律因已经过时而被废除。其中，有关关税的新法案有11个，分别涉及不同的关税和贸易。

至1826年，英国国家财政状况如下[①]：

表 3 - 3 - 3   **英国国家财政状况**   (单位：英镑)

债务（年度费用）	29250000
军事和海军开支（平均额）	15000000
王室专款和政府开支	3400000
财政收入征收和管理	3438000
来自税收的收入	54428000
来自邮局的收入	1733000

至1827年，利物浦内阁辞职，坎宁组阁，新任财政大臣是帕默斯顿。1828年威灵顿公爵组阁，财政大臣是古尔本。古尔本任财政大臣后继续对税收结构进行调整。1816—1829年间，英国被废止的税收及其税额如下（单位：英镑）[②]：

直接税

所得税	14320000
房屋税和带仆人、马车等的住宅税	2870000
农用马税	450000

消费品税

食物税：盐税	1750000
饮料类：战时麦芽酒税	2790000
制成品类：皮革税	300000
关税改革（1825—1826）	1300000

印花税

法律诉讼印花税	275000

---

① Stephen Dowell, *A History of Taxation and Taxes in England*, volume II, Frank Cass & Co. Ltd. , 1965, p. 281.

② Ibid. , p. 287.

古尔本的上述税收改革由新任财政大臣帕内尔、阿尔索普继续进行，帕内尔和阿尔索普继续降低消费税和关税的措施使英国政府的财政税收收入大大减少。由此，给英国国家税收收入带来 700 多万英镑的损失，具体如下：

表 3－3－4　　帕内尔和阿尔索普降低消费税和关税导致的税收损失 （单位：英镑）

啤酒税	3000000
皮革税	400000
糖税	450000
煤炭税	830000
印染布料税	500000
蜡烛税	470000
肥皂税（一半税率）	300000
房屋税	1200000

为弥补政府的税收收入损失，1835 年墨尔本组阁，新任财政大臣是斯普林·赖斯。此时，1830—1834 年间无节制地废除税收的政策现在已经开始产生作用。1835 年没有税收免除的情况；但 1836 年，财政大臣斯普林·赖斯利用他财政大臣的职位和权力废除和减少了纸张税，给政府税收收入带来 40 万英镑的损失。赖斯又将报纸税的税率降低至 1 便士，由此英国中产阶级第一次可以买得起报纸读，第一次将报纸带给中产阶级。对报纸的征税自安妮女王的托利党政府时期即已征收，因为报纸是国民了解国家的重要途径，因此政府认为应对报纸征税，作为知识的必备工具已经证明是适合征税的物品，尤其在战争年代更是如此。比如，七年战争期间理雅各征收的附加印花税；北美独立战争期间诺斯征收该税；与法国战争期间第三次征收该税。诺斯和小皮特都将报纸作为一种奢侈品对其征税。然而，现在的观点发生了变化。1833 年阿尔索普放弃他在 1831 年预算中提议的重征该税的建议，认为此税应该被废除。现在，在辉格党的税收名单中报纸税被列入废除之列。同时，有关废除肥皂税的努力也正在进行着，为废除肥皂税而打出的旗号是"让人们自由洗澡吧"。然而，这些争论并未普及。1837—1842 年，英国的财政陷入困境，具体表现为：1841 年加拿大的业务费、每年日益增长的陆军和海军费用开支是 1550 万

英镑, 而 1835 年该费用是 1175 万英镑。导致上述情况出现的主要原因是, 继 1833—1836 年的丰年和 1836 年、1837 年的过渡贸易后, 1838 年和 1839 年的粮食歉收。政府财政赤字的出现证明了过渡削减税收所带来的后果。据统计, 1837—1838 年的财政赤字约 150 万英镑; 1839 年将近50 万英镑; 1840 年将近 150 万英镑; 1840—1841 年将近 175 万英镑的财政赤字。[①]

1839 年墨尔本辞职, 维多利亚女王召唤威灵顿公爵组阁。在威灵顿公爵的建议下, 皮尔重新回到内阁任职, 辉格党再次执政, 新任财政大臣是法兰西斯·桑希尔·巴林爵士 (Francis Thornhill Baring)。1840 年, 财政大臣巴林为了应付 273.2 万英镑的财政赤字增加了某些税种的税收, 具体如下 (单位: 英镑):

港口税和消费税 (5%的税率)	1426000
烈性酒税 (附加税率为 4 便士)	485000
估价税 (10%的税率)	426000
总计	2337000

剩余的财政赤字则由国会批准的不规定具体内容的预算来弥补。

1840 年征收的附加税税收额没有达到预期的希望, 然而, 烈性酒的税收因爱尔兰《梅休条约》的相关条款规定而有所减少。1841—1842 年度, 英国的财政赤字几乎达到 250 万英镑。在这种情况下, 财政大臣巴林要如何做呢? 巴林决定降低对木材和糖的保护性关税, 期望通过这种方式能获得 60 万英镑和 70 万英镑的税款, 总计 130 万英镑的收入。同时, 巴林抛出了降低制成品税的诱饵 (制造业者施加压力要求降低税收)。[②]

1841 年对英国的财政史具有非常重要的意义和价值。此时, 辉格党执政将近 10 年 (在格雷和墨尔本的领导下)。他们废除了旧的封建渔猎法, 改革了与渔猎法相关的法律; 他们进行了议会改革; 他们规定了在工厂做工的童工和年纪较小的人的相关法律 (出于保护他们的身心健康考

---

① Stephen Dowell, *A History of Taxation and Taxes in England*, volume II, Frank Cass & Co. Ltd., 1965, pp. 310 – 311.

② Stephen Dowell, *A History of Taxation and Taxes in England*, volume II, Frank Cass & Co. Ltd., 1965, p. 313.

虑）；但是在财政问题上，辉格党是失败的。阿尔索普作为财政大臣没有取得成功，斯普林·赖斯任财政大臣时辉格党的财政状况非常不好。而国家财政赤字则使政府对财政制度进行必要的改革，此时，所有的眼睛都盯着首相皮尔。1841年，皮尔组阁，新任财政大臣是古尔本。皮尔执政后，对关税进行了一系列改革并且重征所得税，由此，我们说1842年是英国财政史上具有划时代意义的一年。自此以后，所得税逐渐成为英国的常税，间接税在税制中所占比重日渐下降。

三　1842—1870年直接税与间接税的变化

1842年，皮尔提出了19世纪英国最重要的一种财政预算。有关1842年皮尔财政预算的重要性，我们有必要通过分析英国进口关税的性质变化加以说明。起初，政府征收进口税的主要目的是为了增加政府收入，然而，随着时间的推移，国内生产者逐渐认识到对进口物品征关税将会对自己有利，在这样的背景下，关税征收的目的又有了"保护性"的特征。然而，这样的保护性特征的关税完全背离了政府起初为增加收入而开征的目的。因为，保护性关税必然意味着要将外国的商品排斥于英国的本国市场之外，由此可以确认的问题是政府的关税收入中来自外来商品的进口关税将减少。

然而，关税，无论是为了增加政府收入的目的还是保护性的目的，必然会对其他生产产生不利的后果。因为关税的征收提高了人们赖以生存的商品的价格，同时亦增加了其他商品的生产成本。这必将损害其他商品生产和国内消费者的利益。而其造成的间接后果是将会对其他的生产产生一定的影响。富裕的制造商和贫穷的工人都开始赞赏自由贸易的理论，认为高关税只能产生有害的影响。

在这样的背景下，皮尔进行了税制改革。主要包括重征所得税和进行关税改革。

1. 重征所得税

皮尔提议征收4年的所得税，其税率是每英镑7便士（将近3%的税率），当然，下列情况例外：

第一，对工业收入在50—150英镑之间的收入免税（此前超过和等于50英镑即可免税）旧的所得税超过50英镑免税的规定）。

第二，该税不适用于爱尔兰。

第三，为了防止泄露个人情况特意任命特殊委员会对 D 表的纳税者征收（此表主要对行业和贸易征税）。

第四，农民缴纳比之前更低的利润税，在英格兰，农民的利润相当于租金的一半；在苏格兰则相当于 1/3；

1842 年每英镑 7 便士的税率的所得税税额是 377 万英镑。①

所得税的恢复意味着英国税制的巨大变化：即，从传统的间接税到直接税的重大转变。这里要说明的是：皮尔此次重征所得税的建议与 26 年前范西塔特的措施有着天壤之别。当时，英国政府更关注的不是对自由贸易做理论上的防范而是考虑如何扭转政府的财政赤字使政府的收入有剩余。鉴于此，皮尔的所得税开征建议几乎没有遇到困难。

有关皮尔重新恢复开征所得税、削减若干间接税受欢迎的程度，可从下面的卡通画中看出②：

图 3 - 3 - 1　皮尔重开所得税

此画是 1842 年皮尔提出降低若干间接税及恢复所得税建议的几个星期后出现的。此画对所得税有所阐述，但对间接税方面却有一些决定性的

---

①　Stephen Dowell, *A History of Taxation and Taxes in England*, *volume Two*, Frank Cass & Co. Ltd., 1965, p. 325.

②　Roy Douglas, *Taxation in Britain since* 1660, Macmillan Press Ltd., 1999, p. 48.

观点：每种具体的间接税都被认为是恶魔们在剥夺诚实的市民。《谷物法》拿走了近乎一半的面包；烈性酒税剥夺了人的精神；烟草税损害了人的健康；糖税拿走了人们所必需的糖；其他恶魔剥夺了人们所需要的肥皂、牛脂、皮革、咖啡、可可和茶；所有这些都暗示着直接税是更理想更适合的税种。由此，英国的赋税观念开始发生变化。

2. 关税改革

为了使负担更加公平，皮尔开始对关税进行改革。此次关税改革涉及约 1200 种物品。其中，降低税率的涉及 750 种：原材料税降低，当然，在一些情况下有些只是名义上的降低。对制成品的所有关税则有大幅缩减。据统计，因关税削减而造成的税收收入损失是 120 万英镑。到 1844年，对醋的消费税被废除，黑加仑、咖啡、特定种类的玻璃、羊毛和海上保险税被豁免，其总额约达 40 万英镑。

经过上述赋税改革后，英国 1843—1844 年度的收入大大增加，到 1845 年贸易稳步提升。英国经济停滞的局面亦因英国全国性的铁路建设而走出困境，此时英国的就业状况良好，同时铁路的修建也给英国的财政带来了很大的益处，无数从事铁路建设和运河修建的工人消费了大量的烈性酒、啤酒及价值数以百万英镑的烟草。

1847 年所得税到期，若此时英国政府不再征收所得税，那么国家的财政收入势必会大大减少。鉴于此，皮尔试图进一步进行财政改革。他要求议会重征三年的所得税（1847 年所得税到期后）。对此，皮尔说："为了能够让我通过税收改革为国家的商业繁荣奠定基础，请允许我进行进一步的财政改革。"议会也认为英国国家的繁荣及财政的提升在很大程度上是由皮尔促成的，议会对皮尔的睿智和能力非常有信心，因此接受了皮尔的建议。由此，英国开始了第二次关税修正案，同时，对其他税收的改革亦同时进行。[①]

第二次关税修正包括不少于 450 种物品的关税的废除，其中主要是制造业原材料税：未染的生丝和抛丝，大麻，亚麻，麻的粗纤维，海狸毛，原棉，兽皮，皮毛，树皮，靛蓝，苏打灰，草碱，棕油，鲸油和橄榄油等。所有纳税的出口物品，包括出口煤炭等的关税都被取消。

---

① Stephen Dowell, *A History of Taxation and Taxes in England*, volume Ⅱ, Frank Cass & Co. Ltd. , 1965, p. 327.

3. 取消玻璃税

在消费税名单中，皮尔取消了玻璃税。在英国历史上，曾有两次征收玻璃税。第一次是在威廉三世统治时期，玻璃税的开征被证明有损于制造业，因此被取消。在那之后，制造业迅速恢复。1746 年，理雅各重征玻璃税，玻璃税的征收再一次摧毁了英国的制造业。现在，皮尔决定废除玻璃税。有关废除此税的原因，在消费问题调查委员们的报告中如此描述："没有税收能像玻璃税一样遭到这么多反对，没有税收能像玻璃税一样与所有合理的税收原则比起来那么不合拍。"玻璃税的征收给政府带来约 60 万英镑的税收收入。[1]

4. 废除拍卖财产税

此税由诺斯在北美独立战争时开征。此税不仅在原则上是错误的且此税亦是不公正的。征收拍卖财产税的税收所得约 30 万英镑。[2]

5. 《谷物法》废除

1846 年，皮尔决定废除《谷物法》。早在皮尔执政早期，他也和其他人一样认为有必要对国内的农业采取保护政策，1841 年皮尔执政时还在坚持 1815 年来《谷物法》的基本原则。然而，1846 年爱尔兰马铃薯危机迫使皮尔重开港口以使饥饿的人们能够得到供应的食物。然而，港口一旦打开就很难再关上。对此，格雷厄姆在 1846 年 10 月份写给皮尔的信中说："现存《谷物法》的暂停将使未来重新坚持《谷物法》变得不切实际。"1846 年《谷物法》废除。同年，财政大臣古尔本提出了预算案，其中包括废除对谷物的征税（自 1849 年 2 月 1 日起），只保留每夸脱 1 先令的登记税。进口奶牛、羊、猪、牛肉、腌肉和猪肉（火腿除外）、其他肉类（无论是腌制的还是新鲜的）、马、抛丝、印染物品全部被免税。对白兰地的税率降到了每加仑 15 先令，其他税收，如木材、种子和其他近 100 种物品的税收都缩减了。[3]

然而，因为废除《谷物法》损害了大土地所有者的利益，在他们的压力下，皮尔被迫辞职。

皮尔辞职后，1846 年 7 月 1 日，罗素组阁，财政大臣初为查尔斯·

---

[1] Stephen Dowell, *A History of Taxation and Taxes in England*, volume II, Frank Cass & Co. Ltd. , 1965, p. 328.

[2] Ibid. , p. 329.

[3] Ibid. , p. 330.

伍德，后为哈里法克斯。由于担心法国入侵及卡菲尔战争（Kaffir War）的继续，有必要增加军费开支。由此，罗素提出了财政预算案。罗素提出继续征收五年的所得税，其税率为每英镑 12 便士，开始两年税率增加 5 便士，后三年税率增加 7 便士。此建议被政府拒绝，最终所得税可开征三年，其税率仍是旧有的每英镑 7 便士。[1]

同时，财政大臣伍德还废除了窗户税、砖税，降低了印花税的税额。

1852 年，斯坦利勋爵组阁，迪斯累利任财政大臣。迪斯累利任财政大臣后提出了改善税制的计划。迪斯累利建议缩减麦芽酒税、啤酒花税及茶叶税。因废除上述消费品等间接税带来的税收收入损失则通过直接税的征收来补偿。例如，住宅税的税基扩大，包括价值 10 英镑及以上的所有房屋都要纳税，如此看来，直接税则如间接税一般普遍了。所得税被允许再征三年，且此税扩及爱尔兰。即，对来源于投资和工薪的所得都要征税。同时，所得税的免税点被降低，工业收入被征较低的税率。

此时，在有关自由贸易问题上，德比政府努力尝试回归贸易保护主义。从当时一幅题首为《庞奇》（传统木偶戏《庞奇和朱迪》中的驼背丑角）的画中可见：德比和迪斯累利作为一个长着两个头的巨人正在攻击自由贸易的城堡。[2] 最终，英国政府接受了自由贸易的政策。1852 年，皮尔党人阿伯丁成为英国的首相，其财政大臣是格拉斯顿。格拉斯顿任财政大臣后，进一步降低或废除间接税，同时继续开征所得税，英国的税制结构进一步发生变化。其具体情况如下：

第一，肥皂税被取消，此税主要由工人阶级承担。同时，还取消了 100 多种其他的税收。

第二，除了制成品外，对工业品征收的多种税收亦被取消。

第三，继续开征所得税。1853 年 4 月 1 日，格拉斯顿提出了财政预算案。预算案中提出：继续征收所得税（期限 7 年），最初的两年，税率为每英镑 7 便士，后两年税率每英镑 6 便士，最后三年税率每英镑 5 便士，该税同时适用于爱尔兰，这样，英国的所有地区就都实现了公平纳税；将所得税的税基下

① Stephen Dowell, *A History of Taxation and Taxes in England*, volume II, Frank Cass & Co. Ltd. , 1965 , p. 332.

② Roy Douglas, *Taxation in Britain since 1660*, Macmillan Press LTD, 1999, p. 56.

降，包括年所得在 100—150 英镑所得都要纳税，对这部分所得的税收收入为
1450 万英镑（税率仅为每英镑 5 便士，限期 7 年）。业务收入和贸易所得同样
征税；对人寿保险征收较低的税率，不超过应纳税入息的 1/6。

第四，革新遗产税。遗产税于 1796 年由皮特开征，然此税并不公正。
因为，那时的遗产税只针对土地和定居的个人财产征税。现在，格拉斯顿
提议废除土地财产税和定居者个人的财产税；而将遗产税扩张到了不动产
方面。此税的税额预计为 200 万英镑，但实际的税额还不超过 50 万英
镑。[①] 这一措施对后来减少土地所有者阶级的权利和利益方面产生了非常
重要的长期影响。

格拉斯顿的税制改革因 1853 年英国卷入了克里米亚战争而中断。战
争的直接费用估计是大约 7000 万英镑，其中大约 3800 万英镑来源于税
收，而其余的 3200 万英镑来自国债。在这样的背景下，格拉斯顿将所得
税的税率提高至每英镑 1 先令 2 便士（其期限从半年延至 1 年）。

这样，对消费品征收的附加税及与上述所得税一起将给政府带来如下
的税收收入[②]：

表 3 - 3 - 5	格拉斯顿开征消费税和所得税收入情况	（单位：英镑）
所得税（增加每英镑 7 便士的附加税）		6614000
麦芽酒税（税率从 2 先令 8.5 便士提至 4 先令）		2450000
烈性酒税（对苏格兰和爱尔兰烈性酒的附加税）		450000
糖税（税率改变）		700000
总计		10214000

格拉斯顿的大多数税收建议都被议会所采纳。唯一的问题在于当财政
大臣建议废除对纸张征收消费税时遇到了议会上院的强烈反对。建议在下
院获得通过，但被上院否决（因为此时英国的上院还拥有相当大的权力，
尤其在财政问题上），有关此点，可从当时的一幅漫画中看到。[③]

画中展示的是当格拉斯顿提出废除纸张税时，英国保守党的领袖德比

---

① Stephen Dowell, *A History of Taxation and Taxes in England*, volume II, Frank Cass &
Co. Ltd. , 1965, p. 339.

② Ibid. , p. 346.

③ Roy Douglas, *Taxation in Britain since* 1660, Macmillan Press Ltd. , 1999, p. 50.

图 3 - 3 - 2　格拉斯顿废除纸张税

伯爵将一顶上面标有 "Paper Duty" 的纸帽子戴在格拉斯顿的头上。纸帽上还写着 "废除已经过时，纸张税正合时宜"。

1861 年，格拉斯顿再次提出了废除纸张税，这次因害怕引发英国的宪政危机，纸张税被废除。

综上，19 世纪 50 年代英国经历了弱势的、短命的政府更迭，但到 50 年代末，政府又归于稳定。帕麦斯顿子爵组成了一个更加持久的政府，其中，格拉斯顿再次任英国的财政大臣。新政府组成后不久，即在自由贸易上有重大举措，其具体表现为 1860 年科布登与法国签订的《英法商约》。《英法商约》可说是英国的第四次关税修正，在与法国签订的《英法商约》中涉及的物品（如，白酒、白兰地和制成品）的关税降低：白酒，其税率从每加仑 5 先令 10 便士降至每加仑 3 先令；白兰地，从每加仑 15 先令降至每加仑 8 先令 6 便士，与国内烈性酒的税率持平；对制成品的税收完全废除，主要有：丝绸制成品、手套、人造花、手表、某种油、音乐器材、皮革、瓷器、玻璃和其他税量较少的物品。

除了上述《科布登条约》中涉及的物品外，木材税（一种有差别的税，仍然保持在关税征收名单中）的税率降低：如，对外国进口木材和殖民地木材的税率从 7 先令 6 便士及 15 先令降至 1 先令和 2 先令；而对所有的家具或者是硬木材的税率则是每吨 1 先令。同时，降低了黑加仑、葡萄干、无花果和啤酒花的税率，使之与国内啤酒花的税率一致。黄油、奶酪、鸡蛋、橘子、柠檬、坚果、肉豆蔻、纸张等与国内的制成品、甘草、海枣及一些税量较少的物品一样，其税收都在被豁免之列。

因《英法商约》的签订而使消费者因此缴纳的税额减少了约 175 万英镑。然而，1860 年英国财政收入的减少额在 120 万英镑以下。下表即是英国税收收入受损的情况[1]：

表 3 - 3 - 6　　1800 年《英法商约》的签订给英国财政带来的损失　（单位：英镑）

白酒税	515000
白兰地税	225000
丝绸制成品	270000
手套	48000
其他物品	114000
总计	1172000
木材	400000
其他豁免	250000
黄油	95000
奶酪	44000
鸡蛋	23000
橘子和柠檬	32000
牛脂	87000
其他	104000
总计	1035000

总之，19 世纪 60—70 年代，英国的总体税收负担没有发生很大的变化。1861 年，政府总收入为 6970 万英镑，人均 2.41 英镑；1881 年，总收入 8190 万英镑，人均 2.34 英镑。然而，在很长的时间内，一个非常确

① Stephen Dowell, *A History of Taxation and Taxes in England*, *volume II*, Frank Cass & Co. Ltd. , 1965, p. 357.

定的发展趋势是：间接税在英国的政府总收入中所占比例日渐降低。如，1841 年，关税和消费税一起占政府税收收入的 74.2%；1851 年占 65.3%；1861 年占 61.4%；1881 年占 54.3%。[1]

为了更好地理解 1842—1870 年英国税制结构的变化情况，我们有必要对 1842 年以来英国税收的变化情况列表分析[2]：

1. 1842—1870 年间英国的税收变化情况概括：

表 3 - 3 - 7　　　　　1842—1870 年间英国废止或缩减税收损失　　　（单位：英镑）

直接税	房屋税（取代窗户税）		1100000
	火险税（1864—1865 年征收，1869 年废止）		1700000
	海上保险税（1867 年缩减）		210000
	拍卖税（1845 年废除）		300000
	马车税（1866—1869 年废除）		380000
消费品税	进口物品	第一次关税改革（1842 年）	1200000
		第二次关税改革（1845 年）	3500000
		豁免（1846 年）	750000
		第三次关税改革（1853 年）	1250000
		第四次关税改革（1860 年）	2250000
		共计	8950000
	特别物品	茶叶税（1857 年、1863 年、1865 年缩减）	1200000
		木材税（1851 年、1860 年、1866 年废止）	1000000
		谷物税（1869 年废止）	900000
		胡椒粉税（1866 年废除）	100000
		共计	3200000
	制成品（废止）	玻璃税（1845 年）	600000
		砖税（1850 年）	450000
		肥皂税（1853 年）	1100000
		报纸税（1855 年）	450000
		广告税（1853 年）	180000
		纸张税（1861 年）	1300000
		共计	4080000

---

[1]　Roy Douglas, *Taxation in Britain since 1660*, Macmillan Press Ltd., 1999, p. 59.

[2]　Stephen Dowell, *A History of Taxation and Taxes in England*, *volume II*, Frank Cass & Co. Ltd., 1965, p. 385.

续表

印花税 （1850 年修正）		500000
总计		20420000

　　因上述税收废止或削减而造成的收入损失则可通过以下税额的增长及新税的征收窥见一斑：

　　2. 税收额的增长情况

表 3 - 3 - 8　　　　　　　1842—1869 年英国税收增长情况　　　（单位：英镑）

税种＼年份	1842 年	1860 年	1869 年	增长额
遗嘱认证和遗产	2200000	2900000	3800000	1600000
麦芽酒	4800000	6000000	6700000	1900000
国内烈性酒	5000000	10000000	10500000	5500000
国外烈性酒	—	2400000	4200000	—
糖	4900000	6100000	5600000	700000
烟草	3700000	5500000	6600000	2900000
印花税	2500000	—	3100000	600000

　　3. 新增税及税额

表 3 - 3 - 9　　　　　　　1842—1869 年英国新增税及税额　　　（单位：英镑）

税种＼年份	1842 年	1860 年	1869 年	增长额
所得税（税率 5 便士，每 1 便士税额 近 150 万英镑）	—	—	—	7500000
继承税	—	564000	732000	732000

　　由上可见，1842 年以来英国的税制结构中间接税的比重逐渐下降，而直接税所占比重则逐渐上升。比如，在所得税方面：1861 年，对年收入 100—150 英镑者，每英镑征收 7 便士（2.9%）；超过 150 英镑者，征

税 10 便士（4.2%）；1871 年、1875 年、1876 年，对所有所得征收每英镑 2 便士（0.8%）的最低税率。此后，所得税税率再次攀升，对所有所得者（1879 年和 1880 年）征收每英镑 5 便士（2.1%）的税率。1882 年，所得税的税率因远征埃及的需要而提高了 1.5 便士。1885 年，又将所得税的税率提升至每英镑 8 便士。此后，所得税的税率因形势需要而多次调整，但所得税作为一种常税基本保持下来并成为英国的主要税种。至 20 世纪初，直接税在国民收入中所占比例超过了间接税。

至 19 世纪末，英国直接税中的累进性质已为政府所接受，英国的财政大臣们现在认为英国的税收应该对那些有能力纳税的人征收，且税制实行累进制。税收不仅要承担为国家敛财的功能，而且还应该在实际上成为矫正社会不公正的有效手段。[①] 对此，凯恩斯肯定了 19 世纪末以来英国的直接税在缓和收入分配不均方面取得的良好效果，他说："自从 19 世纪末叶以来，所得税、超额所得税、遗产税等直接税，在去除财富与所得之绝大差异方面已有长足进步，尤以英国为然。"[②] 至 20 世纪初，直接税在国民收入中所占比重已超过间接税，英国的税制更加现代化和科学化。赋税更多地用于社会公共支出（如惠农、济贫、教育等各个方面）。

第四节　19 世纪英国税制变迁与政府社会政策

一　赋税保护与优惠政策下的政府农业经济政策

19 世纪英国在经济领域经历了重商主义到自由放任的转变，在不同的阶段，英国政府基本上一直坚持对农业的保护政策（当然，中间也曾有过短暂的中断）。到 19 世纪中期，因英国奉行自由放任主义的经济政策，此前实行的保护国内谷物价格的《谷物法》已不能适应形势发展的需要，在这样的背景下，1846 年，《谷物法》被废除。

《谷物法》的废除不仅对英国而且对世界都产生了重要影响。它开启了廉价粮食进口英国市场的大门，也开始了贸易自由主义时代。这意味着

---

① J. F. Rees, *A Short Fiscal and Financial History of England* 1815 – 1918, Methuen & Co. ltd, 1921, p. 170.

② ［英］凯恩斯：《就业利息和货币通论》，徐毓枬译，商务印书馆 1983 年版，第 321 页。

英国政府开始重视工商业发展，而农业则逐渐受到冷落。

19 世纪 60 年代《英法商约》的签订，英国开始了自由贸易，实行"英国工业、他国农业"的策略，农业也因此而出现短时的衰落。

《谷物法》废除后，谷物进口量迅速增长，造成了国内谷物价格的下降和从事农业生产的人数减少。有关 1870 年以后英国谷物价格及谷物种植情况如下表[①]：

表 3－4－1　　　　　1870 年以后小麦价格和小麦耕种面积

年份	每夸脱小麦价格（单位：先令）	年份	每夸脱小麦价格（单位：先令）
1870（平均）	86	1886	57
1871	104	1887	60
1872	105	1888	59
1873	108	1889	55
1874	103	1890	59
1875	83	1891	66
1876	85	1892	56
1877	105	1893	48
1878	85	1894	42
1879	81	1895	42
1880	81	1896	48
1881	83	1897	55
1882	83	1898	62
1883	76	1899	47
1884	66	1900	49
1885	60		

年份	小麦的输入量（单位：一千夸脱）
1871—1874（年平均）	11500
1878—1881	16000
1879—1900	22000

---

① ［日］堀经夫：《英国社会经济史》，许啸天译，商务印书馆 1936 年版，第 268—269 页。

年代	小麦耕作面积（单位：一千英亩）
1870 年初期	3500
1890 年中期	1500

由上表可见：自 1870 年以后，尤其是 1875 年之后，英国的谷物价格大幅度下降。1875 年小麦价格还是每夸脱 83 先令，至 1900 年则降到了每夸脱 49 先令。同时，小麦的耕作面积也有大幅度下降。1870 年代初期小麦的耕作面积还是 3500000 英亩，至 1890 年中期则下降到了 1500000 英亩。

《谷物法》废除前后英国的谷物产量和进口量也有很大变化，具体如下表[①]：

表 3 - 4 - 2　　　　　　　1829—1868 年英国谷物进口量与谷物产量

年份	进口量（一千夸脱）	英格兰、威尔士产量（一千夸脱）	进口占消费比重（%）
1829—1841	1135	14275	7.3
1843—1846	1315	16277	7.6
1847—1848	3403	14056	19.5
1849—1850	4964	13725	26.6
1860—1868	8177	12227	40.1

由上表可看出，1846 年《谷物法》废除后，进口谷物比重日增，而国内谷物产量日减。1875 年之前，国内谷物价格持续下降可由下表得到说明[②]：

表 3 - 4 - 3　　　　　　　1801—1870 年英国谷物价格变化

年　份	先令	便士
1801—1810	83	9
1811—1820	87	5
1821—1830	59	5

①　Susan Fairlie, "The Corn Laws and British Wheat Production, 1829 – 76", *Economic History Review*, Vol. 22, No. 1, 1969, p. 103.

②　Ibid. , p. 105.

续表

年　份	先令	便士
1831—1840	57	10
1841—1850	53	3
1851—1860	54	7
1861—1870	51	1

由上表可知，19 世纪 70 年代之前，英国国内小麦价格呈持续下降趋势。1835—1845 年，90% 以上的人口靠国内小麦维持生活。1855 年是英国粮食种植面积的高峰，之后开始减少。[①] 土地耕种面积从 1870 年的 9.5 亿英亩降为 1900 年的 7.3 亿英亩[②]。造成这一现象的重要原因是此时政府实行"英国工业、他国农业"的国际分工。[③] 农业在国民经济中的重要性迅速下降：1851 年，英国农业占国民收入的 20%，到 1891 年，仅占不到 8%。[④]也正是在这一过程中，农业税在英国税收中的比重进一步下降，并最终归于消失。这可从《谷物法》废除前后英国税收结构的变化中得到证明。《谷物法》废除后，国家财政收入主要来自间接税，而间接税的增长速度远快于直接税。

到 20 世纪初，英国的直接税比例逐渐上升并超过间接税，此时政府因实行"英国工业、他国农业"策略而给农业带来的损失引起了政府的注意，所以，整个 20 世纪英国政府都没有再出现过放任农业自行发展的政策，而是适当地采取国家干预，保护农业和农民利益。这其中的措施包括给农业补贴、废除农业税等。

二　赋税视域下的英国社会救济制度

前述已论及 18 世纪英国的济贫法（以《斯品汉姆兰制度》为例）对

---

①　Susan Fairlie, "The Corn Laws and British Wheat Production, 1829 - 76", *Economic History Review*, Vol. 22, No. 1, 1969, p. 89.

②　John Wibberley, A Brief History of Agriculture in the UK ［EB/OL］, http://www. arthurrankcentre. org. uk/projects/rusource_ briefings/firm04/193. pdf.

③　陈伟超:《英国农业发展对我们的启示》,《广西农学报》2004 年第 2 期。

④　British Agriculture: a History of Decline ［EB/OL］, http://en. internationalism. org/wr/246 _ britag. htm, December 30, 2004.

解决社会贫困问题的作用，然而 18 世纪的济贫法仍有许多不足之处。例如，因济贫而出现的人口大量增长的现象及济贫开支大幅增长的现象等。据统计，18 世纪中叶，英国用于济贫的开支每年约为 70 万英镑；1790 年增加到每年约为 200 万英镑；到 1800 年猛增到近 400 万英镑；1819 年达到最高峰，超过了 700 万英镑。① 在莱斯特郡的辛克利，有 2/3 的人口处于赤贫，济贫税高达每英镑收入抽取 52 先令。② 然从 19 世纪 20 年代中期以后济贫开支又开始增加，1830—1831 年间用于济贫开支的总数达 680 万英镑，其中至少有 300 万英镑是用于救济英格兰东南部地区的农业劳动者。③

济贫开支的大幅增长所带来的负担及此前济贫法的缺陷急需对其进行改革。19 世纪 20 年代以后英国经济快速发展，自由放任思想成为英国经济发展的指导理论。此时的济贫理论在攻击之前济贫法阻碍经济发展的基础上力图修正济贫法，1834 年《济贫法修正案》即是政府力图解决旧济贫法弊端的尝试。然而，新《济贫法》仍然没能解决经济发展的效率与社会分配的公平问题。

亚当·斯密是自由放任思想的奠基人，他对旧《济贫法》展开批判并倡导对其进行改革。斯密认为，济贫法妨碍劳动的自由流动，是英格兰独有的现象。自有济贫法以来，贫民除了在所属教区内就不易找到住所和工作的机会……旧济贫法所体现的原则强调了政府在经济和社会中的管理作用，其有明显的重商主义色彩。④ 斯密认为，每个人最关心的就是为他自己谋取最大利益，但是他是社会的一员，他追求利益的活动必须控制在社会认可的框架之中，一般情况下，他必然把自己的资财用到最有利于社会的用途之上。"在这种场合，像在其他许多场合一样，他们是受着一只看不见的手指导……他们各自追求各自的利益，往往更能有效地促进社会的利益。"⑤ 按照这种思想，富人之所以富裕，是因为他们勤劳、能干；

---

① 　［英］莫尔顿：《人民的英国史》，谢琏造等译，三联书店 1958 年版，第 277 页。
② 　王觉非：《近代英国史》，南京大学出版社 1997 年版，第 398 页。
③ 　［英］J. H. 克拉潘：《现代英国经济史》上卷第 1 分册，姚曾广译，商务印书馆 2009 年版，第 493—494 页。
④ 　王亚南：《政治经济学史大纲》，上海中华书局 1949 年版，第 153 页。
⑤ 　［英］亚当·斯密：《国富论》（下卷），郭大力、王亚南译，上海三联书店 2009 年版，第 23 页。

穷人之所以贫穷，是因为他们懒惰、无能；富人的富裕和穷人的贫穷都是天经地义的，任何人都无法改变；政府不应承担社会救济的责任。然而，工业革命在给国家带来巨大财富的同时亦使英国的失业问题严重。1820年，英国有手工织布工24万人；到1840年，手工织布工减少到12.3万人；1856年，仅剩2.3万人。工业革命还伴随着工资下降。1806年，英国棉纺织工人工资为平均每周200便士；19世纪30年代，下降到每周90便士；1850年，也只有每周106便士。① 工人状况的恶化使统治者认识到对济贫法进行改革已刻不容缓。

1832年成立了以查德威克为首的皇家委员会，对英格兰和威尔士约1.5万个教区和城镇中的3000个教区进行有关济贫法制度实施状况的调查并形成调查报告。调查表中第24个问题是："在你所居住的教区中，有多少有劳动能力的、受雇佣的人接受室外救济？这种室外救济是否是根据家庭人口来决定救济的多少？"② 为了说明这一问题，查德威克随机抽取了7个教区做了比较：贝德福德教区、伯克教区、白金汉教区、剑桥教区、柴教区、康沃尔教区和坎伯兰教区。其中，前四个教区是实行斯品汉姆兰制度的教区，后3个是没有实行斯品汉姆兰制度的教区。在对这7个郡的问卷调查中，关于第24个问题的回答是："在实行斯品汉姆制度的四个教区的92个被调查的教区中，有70个郡承认了有劳动能力的人接受过室外救济，且这种救济是按家庭人口来实行的。在3个未实行该制度的教区的调查中，只有28个教区曾经接受过救济金，而其余的52个教区则没有接受过。在实行斯品汉姆兰制度的地区，每个人得到的救济金是14先令5便士，而未实行该制度的教区，每个人只得到5先令9便士的救济金。"③ 通过调查，该报告指出："我们不得不忍痛报告：在我们所能视察的大部分地区里，济贫资金，原由伊丽莎白第四十三年的法令指定，用以使有劳动能力但无经常职业的儿童及人士从事工作，并对无工作能力的人进行必要的赈济，目前却用于与该法律的条文背道而驰的目的，与该法律的精神实质相违背，并有损于人口

---

① 蒋孟引：《英国史》，中国社会科学出版社1988年版，第430—431页。
② Mark Blaug, "The Poor Law Report Reexamined", *The Journal of Economic History*, Vol. 24, No. 2, June., 1964, p. 232.
③ Ibid., p. 233.

最众多的阶级的品德及全体人民的幸福。室外赈济造成弊端的重要根源，乃系对年富力强者本身或其家庭予以室外赈济。"① 报告认为新济贫法制度"在一切情况下首要的、最根本的、应得到普遍认可的原则是……游手好闲者的整个状况不应明显地好于独立劳动者中最底层收入者的状况。各种证据表明，任何贫困阶层的状况如果超过了独立劳动者，独立劳动者阶层的状况肯定是令人沮丧的；他们的勤奋精神受到损害，他们的就业变得不稳定，他们的工资遭到削减。他们由此将受到极强烈的引诱离开状况不佳的劳动阶层而进入状况反而较佳的贫困阶层。而当贫困阶层被安置于一个合适的、低于独立劳动者的水平上，则会出现相反的情况"，这就是"劣等处置"原则。② 报告提出废除"斯品汉姆兰制度"的院外救济主张实行济贫院内救济，指出，济贫院制度意味着一切救济必须经过济贫院，其目的在于使济贫院成为一个受约束的、令人生厌的地方。住在里面的人没有得到管理人员的批准不得外出，或者接见来访的穷人；不准他们喝酒、抽烟，使他们尽力劳动；使救济金管理人员都成为最严厉的工头，"这样，穷人除了万不得已外，就不会来请求救济了"，这就是"济贫院检验"原则。③

1834 年，英国颁布了新《济贫法》，其主题和基调是通过惩治"懒惰"贫民根治贫穷问题，特点是实行院内救济。贫困者必须进入济贫院中才能得到救济，接受院内救济者不再拥有选举权，以示对济贫者在政治上的一种惩罚，目的是让任何一个贫民都努力通过个人而非政府与社会帮助来摆脱贫困。④ 1842 年通过《劳工检验法》（Labour Test Orders）规定任何人如果想接受救济，必须为教区干活。1844 年颁布《禁止户外救济法》（Out Relief Prohibitory Order）禁止对健壮男子实施救济，除非他进入济贫院。⑤ 新《济贫法》带有明显的"惩贫"色彩，如规定穷人要想接受救助必须付出一定代价，如，丧失个人声誉、失去个人自由、丧失选举

---

① 张芝联：《一八一五——一八七零年的英国》，商务印书馆 1987 年版，第 60 页。

② 丁建定：《英国新济贫法的出现及反新济贫法运动》，《东岳论丛》2011 年第 5 期。

③ 同上。

④ Derek Fraser, *The Evolution of the British Welfare State, A History of Social Policy since the Industrial Revolution*, London: Macmillan Press, 1973, pp. 258–259.

⑤ 郭家宏：《19 世纪上半期英国的贫富差距问题及其化解策略》，《学海》2007 年第 6 期，第 85 页。

权利等。在如此苛刻的条件下，有些人宁愿挨饿也不入院，已入院的人也有因无法忍受济贫院监狱般的生活而离开济贫院，在外流浪或靠亲朋好友的施舍过日子……政府之所以规定了如此苛刻的条件，是因为政府相信，通过严厉的"劣等处置"原则和"济贫院检验"原则有助于穷人的道德完善并使他们勤奋起来。正如诺丁汉郡倡导济贫法制度改革的尼科尔斯所言："我希望看到济贫院让我们的劳动者阶层感到畏惧，从家长到孩子都要认识到一旦沦为济贫院的居民将是一种耻辱，……因为，如果没有这一切，哪里还有对勤奋劳动所必不可少的刺激呢?"[1] 新《济贫法》对接受救济者的严苛规定使其缺失了公平和正义的色彩。例如，威廉钱斯于 19 世纪 90 年代曾对限制院外救济的好处进行了如下概括："第一，减少贫困人口；第二，不会致使接受院内救济的贫民增加；第三，降低济贫费用；第四，鼓励节俭；第五，对穷人要仁慈，倡导真正的慈善和善心。"[2] 然而，新《济贫法》实施后，院内救济的花费每年要比院外救济的费用至少高 50%。有数据统计，19 世纪 60 年代，每人每年接受院外救济约 2.5—5.5 英镑，而院内救济费用则是每年每人 5.5—20英镑。[3] 从这一数字可见，新《济贫法》并没有真正实现减少贫困的目的。对此，当时的新《济贫法》受到不少人的批评，如当时英国著名的文学家狄更斯在其小说《雾都孤儿》中对当时的济贫院和贫民习艺所的状况进行了描述，认为：贫民习艺所就是穷人的监狱和英国繁荣、强盛外表下的一大脓疮。"仅仅由于怕当倒毙街头的饿殍，失业者才不得不走进这人间地狱。"[4]

新《济贫法》实施后工人的生活状况并未得到很大改善。有数据统计，在曼彻斯特的纺织工厂中失业人数占相当比例。如下表[5]:

---

① 丁建定:《英国新济贫法的出现及反新济贫法运动》,《东岳论丛》2011 年第 5 期。

② Mary Mackinnon, "English Poor Law Policy and the Crusade Against Outrelief", *The Journal of Economic History*, Volume XLVII, Number 3, September 1987, pp. 607 – 608.

③ Ibid., p. 608.

④ [英] 狄更斯:《雾都孤儿:奥利弗·退斯特》,荣如德译,上海译文出版社 1991 年版,第 501—506 页。

⑤ H. M. Boot, "Unemployment and poor law relief in Manchester, 1845 – 50", *Social History*, Vol. 15, No. 2, May, 1990, p. 219.

表 3 - 4 - 4　　　　　　　曼彻斯特纺织工厂中工人失业情况

工业部门	工厂（家）				工人（以千计）			
	总数	完全雇工	部分雇工	停产	总数	完全被雇	部分被雇佣	失业
棉花	91	38	34	19	28	13.4	7.2	7.4
丝织品	8	2	6	0	3	0.6	2.1	0.3
带织品	18	11	6	1	2	1.6	0.2	0.1
毛织品	2	2	0	0	0.2	0.2	0	0
染坊	20	5	15	0	2	0.6	0.7	0.4
帽子	2	0	2	0	0.1	0.01	0.04	0.05
机械工	32	5	24	3	6	2.8	1.6	1.6
总计	173	63	87	23	41.3	19.1	12.1	9.8

由表可见：在曼彻斯特的纺织厂中，共 173 家工厂，能够完全雇佣工人的有 63 家，部分雇工的 87 家，停产的 23 家，占到了近 14%；在 4.13 万工人中，能够被完全雇佣的有 1.91 万，部分被雇佣的有 1.21 万，失业者达 0.98 万，占 21%。失业人数如此之多，充分说明了新《济贫法》并没有实现减少贫困的目标。1842 年居住在曼彻斯特上乔治路段的人们已经"贫苦不堪，手织工中感受最深，他们每天干 14 小时活，挣的钱还不够吃两顿饭，所以假如持续失业两三个星期，他们就真的要饿肚子了，而近来这是常事"。据估计，在工业革命时期，有 1/3 左右的工人家庭始终处于贫苦状态。1834 年，英国贫困人数有 126 万，占全国总人口的 8.8%。[1] 不仅如此，济贫费用除了在一个短时期内有所下降外，总的趋势是逐年上涨，例如，1834 年济贫税开支为 6317000 镑；1835 年为 5526000 镑；1836 年为 4718000 镑；1837 年为 4045000 镑;[2] 1840 年为 4577000 镑；1880 年翻了近一倍，为 8015000 镑。[3]

究其原因，新《济贫法》规定的"劣等处置"原则和"济贫院检验"原则使接受救济的贫民的生活状况非常糟糕。当时，保守主义经济

① 郭家宏：《工业革命与英国贫困观念的变化》，《史学月刊》2009 年第 7 期。
② 丛志杰：《对英国"新济贫法"的探讨》，《内蒙古大学学报》（哲学社会科学版）1996 年第 5 期。
③ 赵虹：《英国工业革命期间的社会立法》，《云南师范大学学报》（哲学社会科学版）2002 年第 6 期。

学家 J. R. 麦库奇（J. R. Mculloch）这样写道:"济贫院内的贫民应当感到他的处境要比自食其力的工厂劳工要差一些。"济贫院内供给的食物粗糙,而且院内实行夫妻子女分居的隔离制度,居住条件也很恶劣。在济贫院内,人们必须穿统一的制服,按时作息。院内贫民失去政治自由,选举权被剥夺。这样做带有明显的人格侮辱与政治性惩罚,其目的是希望全体社会成员都依靠自助摆脱社会问题的困扰。正如迪格贝所说:"济贫院内的残暴不在于物质的匮乏,而是心理的折磨。"①

综上所述,无论是院内救济还是院外救济,英国济贫制度的一个突出特点是以救贫为主,而不是以防贫为主,这是一种消极性救济而不是积极性预防。这种消极性措施不可能从根本上缓和或减轻社会问题的影响,甚至会加剧社会问题的影响,这样的救济制度也就不可能有效地解决社会问题。因此,作为一种社会救济制度,新《济贫法》是失败的。正如 1867 年利物浦慈善家威廉·拉斯博（William Rathbone）所言:"（济贫院）确实成功地阻止了贫民向教区申请支出,消灭了贫困,有效地制止了在伊丽莎白旧济贫法之下的道德败坏的趋势,但是作为公共慈善制度,它是失败的。"②

新《济贫法》中对接受救济者的苛刻规定使《济贫法》缺失了本应有的公平和正义内涵,因此从 19 世纪末开始,随着资本主义经济的迅速发展,英国资产阶级国家管理社会生活职能日益加强,国家（或政府）取代教会等慈善机构开始切实地试图解决穷人问题,以此来缓解这一严重社会问题的压力。英国政府陆续出台了一系列有关社会保险和福利资助的政策,以前的济贫政策被纳入规范化、法制化的"福利国家"的建设之中。③

19 世纪末 20 世纪初,英国人关于贫困的观念发生了转变,认为贫困问题的产生,社会有很大一部分责任。其中,费边社会主义和新自由主义两种思潮对政府的济贫观念产生了重要影响,英国政府的济贫观念也随之发生变化。

费边社会主义认为,贫困不是个人的错误,而是由于资本主义政治、经济本身的不合理造成的;主张国家干预社会生活,"保证我们社会的所

---

① 郭家宏:《工业革命与英国贫困观念的变化》,《史学月刊》2009 年第 7 期。
② 郭家宏、唐艳:《19 世纪英国济贫院制度评析》,《史学月刊》2007 年第 2 期。
③ ［英］阿萨·勃里格斯:《英国社会史》,陈叔平等译,中国人民大学出版社 1991 年版,第 347—348 页。

有成员拥有起码的基本生活水平"。① 新自由主义认为，广泛存在的贫困
是财富分配不公正的结果，政府应采取一切必要的措施干预经济生活，按
社会的需要实行某种程度的财富转移，援助患病的人、老年人、寡妇、孤
儿和失业者，以确保每个人获得真正的公平和自由。"当我们谈论自由的
时候，我们必须认真考虑我们使用它的意义，这并不意味着不要任何限制
的自由，也不意味着随心所欲行事的自由，更不意味着把自己的快乐建立
在别人的痛苦和牺牲上的自由。当我们把自由当作是某种值得赞美的东西
时，我们的意思是，自由是一种从事自己愿意并值得去做的事情的力量和
能力，也是一种我们可以和他人共享的东西。"新自由主义者一改传统自
由主义者对国家干预的厌恶和反对，主张"国家为了自由本身的缘故必
须进行干预"，认为"一切关于劳工的教育、卫生及其他各种涉及自由的
现代立法都是政府应该做的事情"。②

在费边社会主义及新自由主义的影响下，政府更倾向于将贫困解释为
社会不公平的结果，而不是懒惰或丧失意志力的结果。因此，社会和穷人
应共同分担"贫困责任"。③ 在这种理论的支持下，从19世纪六七十年代
起，政府开始采取措施对院内济贫进行改革，济贫院的很多苛刻限制被取
消。到19世纪末，济贫院内的条件逐渐得到改善，特别是对老人、体弱
多病者和儿童。院内食物种类增加，一些小的奢侈品如书本、报纸等出
现，甚至短途旅游也可以允许。儿童逐渐从济贫院中分离，被安置到特殊
的学校或位于农村的乡村之家（cottage home）。1870年，15%的贫民是在
济贫院中得到救济的；19世纪80年代以后，英国政府为了降低济贫支
出，严格限制院外救济，院内救济的贫民数急剧增长，从1870年的
156800人增加到了1914年的254644人。④ 1912年，英国济贫院中的贫民
达到了28万人的历史最高峰。

英国通过社会保障和税收制度，较好地解决了贫困与贫富差距问题。
并在此基础上发展出了新型的社会保障制度，国民救济制度取代了传统的
济贫制度为社会提供各种社会救济，救济方式更为合理而公正。1908年

① ［英］柯尔：《费边社会主义》，夏遇南、吴澜译，商务印书馆1984年版，第22—25页。
② 丁建定：《英国现代社会保障制度的建立（1870—1914）》，《史学月刊》2002年第3期。
③ 杨立雄：《从人道到人权：穷人权利的演变——兼论最低生活保障制度实施过程中存在
的问题》，《湖南师范大学社会科学学报》2003年第3期。
④ 郭家宏、唐艳：《19世纪英国济贫院制度评析》，《史学月刊》2007年第2期。

《养老金法案》的通过是英国向现代福利国家迈出的第一步。

三 19 世纪后期的英国教育

19 世纪 70 年代教育领域的重要变化是《1870 年教育法》改革。此教育法由时任枢密院教育委员会副主任威廉·福斯特提出,故又称《福斯特教育法》,该教育法是英国教育史上的第一部立法。此法案颁布之前,英国的学校主要由私人或某些私人集团建立,国家的主要作用是给予这些学校以建校的物质帮助及帮助支付教师的工资。此时,英国尚没有国家或地方政府意义上的学校,这样就给英国学校的发展造成了很大的阻碍。① 再加上工业革命对技工的教育要求日渐增强,使得国家对学校的教育干预变得更为迫切。而工业革命积聚的社会财富的大量增长也为政府投资教育奠定了物质基础,在上述背景下,《1870 年教育法》出台。该法案规定:5—12 岁的儿童必须接受义务教育,若家长无正当理由而不让子女入学,则会被处以 5 先令以下的罚款;在缺少学校地区设立公立学校,每周学费不得超过 9 便士,民办学校学费数额不受限制。此法案虽然没有明文规定要实行义务教育,但却为英国义务教育的发展奠定了基础。至1876 年,议会通过《桑登法》,该法第 4 条明确规定:每个儿童的父母有责任让自己的子女接受足够的读、写和算术方面的初等教育;如果父母没有履行这一职责,那么他们应该服从本法案提出的各种命令,并应受到本法案提出的各种处罚。《桑登法》明确规定了父母对儿童接受初等教育的法律责任。② 1880 年,英国议会通过《芒代拉法》,规定:5—10 岁儿童无条件入学;10—13 岁儿童只有达到一定的成绩要求或已连续 5 年正常入学接受教育,方可免除义务入学要求。《芒代拉法》标志着英国义务初等教育体系的正式确立。1891 年英国政府颁布了《免费初等教育法》,规定:父母有权要求免除其子女初等教育的费用,3—15 岁儿童每年的人均政府拨款为 10 先令,原来学费低于 10 先令标准的学校不再向学生收取任何费用,高于 10 先令标准的学校可收取一定的学费,但其数额加上人均政府拨款的总和不得超过原来的学费标准。该法通过向初等学校提供一定

---

① W. D. Handcock, *English Historical Documents*, 1874 - 1914, London: Eyre & Spottiswoode, 1977, p. 483.

② 夏之莲:《外国教育发展史料选粹》(上),北京师范大学出版社 2001 年版,第 291 页。

数额的人均政府拨款，使英国部分学校的学费大大下降，并使大部分学校实行了义务教育。据统计，19世纪70—80年代中期，英国仅教育一项的开支就达到了325万英镑。[1] 若以1880—1881年度及1884—1885年度英国的教育及科学、艺术开支而言，1880—1881年代的开支是430万英镑，而1884—1885年度则增加到517万英镑。[2] 至20世纪，英国的教育进一步改革，政府对教育的投入亦有大幅增加。

四　1875年《工匠住宅法》和《公共卫生法》

　　1874年迪斯累利第四次组阁后，曾明确提出了保守党的三大目标：维护国家政治体制、巩固英帝国、提高人民生活水平。关于第三点，迪斯累利有其独特的见解。他说，"对于那些认为有必要改善人民生活状况的人来说，除非实际上缩短工人的劳动时间和使他们的工作人道化，否则是不会取得什么成就的。问题在于：一方面要取得这方面的成果，另一方面又不违反使国家繁荣的那些经济原则。……这两个目标是可以达到的，即一方面可以缩短工人劳动时间和减轻劳动强度，另一方面又不致损害国家财富"。迪斯累利认为，人民生活状况的改善与经济的发展并不冲突，并且他把社会改革看得比政治改革更重要。他的名言是，"当茅屋不舒适时，宫殿是不会安全的"。[3] 因此，迪斯累利一上台，便着手进行一系列社会改革。

　　负责社会改革的中心人物是R.克洛斯。在他的推动下，迪斯累利内阁于1875年通过了《工匠住宅法》和《公共卫生法》。城市人口的增加使得住房问题日益突出。建筑合乎卫生标准的住房成了一件紧迫的事。《工匠住宅法》规定地方当局有权拆毁不合卫生条件的住房，并建造新房供工人使用。这项法令固然有很多缺陷，但获得了人民的普遍欢迎。自产业革命以来，由于工业的发展，人口向城市集中，而地方当局对卫生问题又未给予足够的重视，使卫生问题成了严重的社会问题。城市里的污水无法顺利排出，粪便横溢，到处是垃圾，成群的猪甚至在街上乱窜，整个城市臭气熏天。卫生不良使得瘟疫流行，疾病猖獗。1875年的《公共卫生法》基本上改变了这种状况。它规定地方当局必须任命一位负责卫生健康的官员，负责修筑管辖区域内的排

① Stephen Dowell, *A History of Taxation and Taxes in England*, Volume II, Frank Cass & Co. Ltd., 1965, p.389.
② Ibid., p.426.
③ 王觉非：《近代英国史》，南京大学出版社1997年版，第642页。

水沟，检查供水情况，建造合乎标准的厕所，对食物、饮水以及医院的情况进行检查，并对不合标准或违反规定者处以罚款。

通过以上对 19 世纪英国税收主要用途的阐述可见：随着工业革命增长及国家财富的积累，国家开始关注社会贫困、失业、教育等问题并取得了较为明显的成果。例如，19 世纪英国人口的出生率增长而死亡率下降，英国的人口亦同时大为增加。具体情况如下表[①]：

表 3 - 4 - 5　　1831、1841、1851、1861 和 1871 年英国人口统计

（单位：人）

年份	英格兰和威尔士	苏格兰	爱尔兰	联合王国		
				男性	女性	总计
1831	13896797	2264386	7767401	11680532	12348052	24028584
1841	15914148	2620184	8196597	13060497	13670432	26730929
1851	17927609	2888742	6574278	13369227	14021402	27390629
1861	20066224	3062294	5798967	14063477	14864408	28927485
1871	22712266	3360018	5412377	15301830	16182831	31484661

表 3 - 4 - 6　1838—1875 年间英国人口出生率、死亡率和人口增长率　　（单位:‰）

年度	每千人		
	年均出生率	年均死亡率	年均人口增长率
1838	30. 32	22. 41	7. 91
1839	31. 77	21. 86	9. 91
1840	31. 96	22. 89	9. 13
1841—1845	32. 36	21. 4	10. 96
1846—1850	32. 83	23. 34	9. 36
1851—1855	33. 9	22. 7	11. 2
1856—1860	34. 4	21. 8	12. 6
1861—1865	35. 1	22. 6	12. 5
1866—1870	35. 3	22. 4	12. 9
1871—1875	35. 5	22	13. 5

---

① G. M. Young & W. D. Handcock, *English Historical Documents*, *1833 - 1874*, Eyre & Spottiswoode, 1956, p. 203.

19世纪伴随着工业革命给国家带来的财富的极大增长，英国政府开始将一部分税收用于社会公共支出、解决社会贫困及不公正问题，这种利用税收手段解决社会问题的方式是英国税制迈向现代化的重要标志。至20世纪，税收的社会调节功能更加明显。

第五节　小结

19世纪英国的工业革命顺利进行，到19世纪40年代，工业革命基本完成。为适应工业革命及工业资产阶级的要求，英国政府在经济上奉行自由放任主义经济理论及相应税制理论。在这样税制理论的指导下，19世纪70年代之前英国的税制结构以间接税为主，且间接税的种类繁多。然而到了19世纪70年代后，英国政府开始面临社会贫困、失业等社会问题，而且这些问题日益严重，在这样的背景下，英国政府的经济指导思想和赋税理论开始调整，信奉主张国家用税收手段进行强力干预的新古典政治经济学及新自由主义理论。鉴于此，19世纪70年代后，英国的税制结构开始出现了由间接税为主向降低间接税、提高直接税的转变。

19世纪英国税制结构变化的同时，因赋税变化而导致的政府税收收入和税收政策也有所不同。可以说，19世纪70年代之前，政府因奉行自由放任的经济政策而很少利用赋税手段干预经济发展和国民财富的再分配，由此导致英国的失业、贫困问题严重。直到19世纪70年代以后，伴随着工业革命带来的巨大的国家财富的增长，失业、贫困问题越来越引起社会和政府的关注，在这样的背景下，政府有能力也有必要通过税收政策干预经济发展并解决社会上的贫富差距过大问题。1908年的《养老金法案》和1911年的《国民保险法》的通过即是政府干预社会政策的重要体现。

第四章

19 世纪末 20 世纪初的英国税制变迁与政府社会政策

19 世纪末 20 世纪初是英国税制史上的分水岭，在这一阶段，英国的税制理论更加注重税收的社会调节功能，主张政府用税收手段调节社会财富分配不均、社会贫富差距过大的呼声日益高涨。不仅如此，19 世纪末 20 世纪初英国一系列社会问题的日益严重已经危及到了执政党的统治安全，在这样的背景下，英国政府为扩大财源，为维持社会稳定和统治秩序，开始推行"建设性税制"改革。这具体表现在税制结构上对遗产税、所得税、土地税等直接税的变革及调整，并实现累进征收和区分所得的征税原则。19 世纪末 20 世纪初英国的税制调整为政府提供了较为充足的财源，政府可以用取自国民的税收收入的一部分回馈国民，1908 年的《养老金法案》、1911 年的《失业保险法》及其他法案都是政府用税收手段干预社会政策的明证。

第一节　19 世纪末 20 世纪初英国税制变革的背景

19 世纪是英国历史上的黄金时期，到 19 世纪 40 年代英国工业革命已基本完成。机器大生产导致英国国民财富急剧增长的同时也将英国带入了一个矛盾重重的时代。1870 年以后，尤其是 19 世纪末 20 世纪初，英国进入了一个"惶惶然危机四伏的紧张时代"[①]，英国的贫困、失业、健康及财富分配等社会问题日益严重。

---

① ［美］戴维·罗伯兹：《英国史：1688 年至今》，鲁光桓译，中山大学出版社 1990 年版，第 325 页。

一　19 世纪末 20 世纪初英国的贫穷问题

1870 年以后，伴随着工业革命带来的社会财富的大量增长，英国的社会贫困问题不仅没有得到解决，反而出现了更大的问题。传统的济贫院救济已经不能满足社会上贫困问题的需要。据统计，19 世纪 70 年代前后英国接受院内救济者的比例有所上升，而人均济贫开支却下降了。如下表[①]：

表 4 - 1 - 1　　　　　　　　**1868—1874 年的济贫及开支**

	1868—1869	1873—1874
每人的济贫开支额	7 先令 3/4 便士	6 先令 6 便士
济贫率	1 先令 5.9 便士	1 先令 4.4 便士
院内救济者的比例	13.86%	15.48%
接受院内救济的成年男性比例	21.8%	28.64

由上表可见，19 世纪 70 年代前后，英国接受院内救济的人数比例及成年男性比例都有所上升，而济贫开支却减少了。到爱德华七世执政时期，英国有资格接受救济（1834 年的济贫法实行"济贫院检验"原则和"劣等处置"原则）的人数占到了 2%—3%，而英国的贫困人口比例则在 25%—30%。正如阿尔弗雷德·马歇尔对皇家委员会在有关老年贫困者问题上分析的："尽管 1834 年的问题是是否有资格接受济贫的问题，但 1893 年的问题确实是贫困问题。"[②] 1895 年皇家委员会在对老年人的贫困问题进行调查时指出："伦敦 65 岁以后的老人中有 35% 是接受济贫救济的。"[③]

由上可见，社会贫困问题成了 19 世纪末 20 世纪初英国首要的社会问题。有关此时英国社会的贫困问题，著名的社会学家查尔斯·布思和西博姆·朗特里的调查及报告能够说明英国贫困问题的严重程度及应当引起

[①]　Derek Fraser, *The Evolution of the British Welfare State*, second edition, Macmillan Publishers Ltd., 1984, p. 144.

[②]　Ibid., p. 145.

[③]　David Douglas, *English Historical Documents*, 1874 - 1914, London: Eyre & Spottiswoode, 1977, p. 577.

重视。

根据布思的调查,在当时的伦敦城人口中,有将近 1/3 的人生活在 "贫困线"(poverty line)以下。在报告中,布思还对老年人的主要维生来源进行了调查,发现个人积蓄、保险、子女或亲戚供养、慈善救济等是老年人的主要生存来源。① 为此,布思呼吁应当为老年人提供必要的养老金,以确保老年人晚年的生活。按布思的描述,伦敦的穷人生活在一种非常可怕的境况中:饥饿的孩子、痛苦的女人、劳累过度的男人、酗酒、暴力、非人道的恐惧、极大的疾病和绝望。② 穷人如此糟糕的生活状况仅靠此前的慈善救济和济贫已不能解决问题,问题的解决还需要国家的大力干预。

受布思调查的鼓励,西博姆·朗特里对约克教区的贫困状况进行了调查,发表了《贫穷:有关城市生活的研究》的调查报告。报告认为:约克教区有 28% 的人口生活在贫困中,这一数字与布思的调查数字非常接近。③ 报告称,若一个家庭有三个孩子,他们每周至少需要 21 先令 8 便士才能勉强维生。然而在约克教区,约有 6.8% 的工人家庭每周的收入要低于这个水平,他们的总人数约占约克教区总人数的 3.6%。④ 在调查报告中,朗特里指出:"这种贫困状态的生活意味着仅能维持生存。意味着一个家庭完全不可能花钱乘车,不可能买报纸或听音乐会,不可能给在外的孩子写信,不可能对教堂施以捐助,不可能给邻居提供任何金钱方面的帮助,不能存钱,不能参加友谊会、俱乐部和工会,不能给孩子购买玩具,父亲不能喝酒抽烟,母亲不能为自己和孩子购买衣服。除了维持生存必需的东西以外什么都不能买,所买的必需品也一定是最普通最便宜的。如果一个孩子生病,只能请教区医生;如果他死了,也只能由教区来掩埋。最后,家中的主要挣钱者一天也不能没有工作,如果上述任何一项发生变化,额外的支出只能通过限制食品支出的途径来解决,换句话说,通

---

① David Douglas, *English Historical Documents*, 1874–1914, London: Eyre & Spottiswoode, 1977, p. 571.

② Derek Fraser, *The Evolution of the British Welfare State*, second edition, Macmillan Publishers Ltd., 1984, p. 135.

③ Ibid., p. 136.

④ Pat Thane, *Foundations of Welfare State*, London: Longman, 1982, p. 8.

过牺牲全家人的健康来解决。"① 同时，朗特里认为儿童时代、结婚及生育初期、老年时期是特别容易导致贫穷的三个阶段，由此，朗特里特别呼吁关注儿童、妇女及老年人的生活状况。

除伦敦及约克教区外，南安普敦、沃灵顿、斯坦利和雷丁四城市的贫困人口比例为16%，但幼儿及学龄儿童的情况较差，在雷丁，45%的5岁以下幼儿及47%的14岁以下儿童生活在贫困之中。在收入情况较好的米德尔斯伯，900家矿工中的125家处于贫困之中，另外175家是"如此接近贫困线，以至于时常越过此线"。在广泛调查的基础上，有人认为，19世纪末英国城市人口的25%—30%生活贫困。② 农村贫困现象也很严重，贝德福特教区有34.3%的老人无法维生。另有对42个农村家庭的调查报告显示，其中32个家庭无法维持基本生活。③

布思及朗特里对伦敦和约克郡贫困问题的调查及英国其他地区的贫困情况显示了19世纪末20世纪初英国贫困问题的严重性，布思和朗特里都认为贫困更多的是由复杂的经济和社会因素造成的，而对这些问题的解决已经超出了个人所能解决的范畴，必须依靠政治参与及政府干预。布思和朗特里思想对英国政府产生了非常重要的影响。到20世纪初，英国政府任命了专门的皇家委员会调查贫困问题，这开启了政府全力干预社会政策的新时代。

二　19世纪末20世纪初英国的失业问题

与贫困相伴，19世纪70年代后，英国农业进入了大萧条时期。农业萧条再加上美国廉价农产品的竞争，英国的农业状况进一步恶化，失业率急剧增长。据统计，1872年和1873年，英国的失业人口从大约1%增长到1879年的10%还多。《年度登记》描述了一幅骇人听闻的画面："成千个家庭，他们曾经生活得非常富有而舒适，但此时据说已经处于挨饿的边缘……这样的压力对那些与贫穷做斗争的人尤其严重。他们中的很多人被

---

① 丁建定：《从济贫到社会保险：英国现代社会保障制度的建立（1870—1914）》，中国社会科学出版社2000年版，第31页。

② Janet Roebuck, *The Making of Modern English Society from* 1850, London: Routledge & Kegan Paul, 1982, p. 73.

③ John Burnett, *Plenty and Want: A Social History of Food in England from* 1815 *to the Present Day*, London: Routledge, 1988, pp. 174 – 175.

仁慈的游客发现正处于绝对的饥荒中，有的甚至典当了他们所有的值钱的东西，真正是以衣服换取食物。"[1]

在 19 世纪末 20 世纪初英国的失业统计中，尤其严重的是在采矿业、纺织业、造船业、非技术劳工和交通运输业中。如下表[2]：

表 4 - 1 - 2　　　　　　　　1870—1913 年部门失业率　　　　　（单位:%）

部门 ＼ 年份	1870—1913 年	1870—1891 年	1892—1913 年
采矿业	5.9	6.5	5.2
采矿业（包括临时工）	11.3	12.0	10.6
金属业	6.7	6.7	6.8
工程业	4.2	3.7	4.7
造船业	8.7	7.5	9.9
马货车运输业	3.8	4.0	3.6
纺织业	2.8	2.5	3.0
纺织业（包括临时工）	7.0	6.3	7.7
制衣和制鞋业	3.8	4.2	3.4
玻璃业	5.6	4.8	6.4
木器制造业	3.1	2.2	3.9
印刷和装订业	3.7	2.4	5.0
建筑业	4.8	4.0	5.7
交通运输业	6.5	5.9	7.1
非技术劳工	9.5	6.9	12.2

由上表可见，19 世纪 70 年代后期至 20 世纪初，英国的失业率虽因部门不同而有所差异，但传统的纺织业、采矿业等行业所受冲击非常严重，失业率要远远高于其他部门。

---

① Roy Douglas, *Taxation in Britain since* 1660, Macmillan Press LTD, 1999, p.74.

② George R. Boyer and Timothy J. Hatton, "New Estimates of British Unemployment, 1870 - 1913", *The Journal of Economic History*, Vol. 62, No. 3, Sep., 2002, p.661.

三　19世纪末20世纪初英国的健康问题

贫困和失业同时又对人的身体健康带来非常严重的影响。例如，曼彻斯特在1893—1897年间45—65岁的患病者比1866—1870年增加了26%；而65岁以上的老人患病率则增加了42%。[1] 40%的工人沦于贫穷的原因之一是经常失业。以码头工人为例，他们中大多数人都找不到充足的活计，一月赚不到21先令……所有的工人，有2/3在一生中必有一个时期会沦为贫民。他们中间的老年和患病者，唯一的指望就是求救于济贫法监督人和慈善事业组织，而两者都不足以养活他们。在他们中间，患病者多而健康者少，因为贫民窟区域是产生疾病、阻碍发育的所在，牙病、发烧、精神衰弱症、佝偻病等比比皆是。伦敦的新式小学里小孩的平均身高，比贫民窟区域同龄小孩的平均身高要高出5英寸。[2] 布尔战争期间，根据英国军队医疗服务部门提供的体检统计数据，60%的应征参加体检者因不同的身体状况不符合要求，这不仅使英国社会各界感到震惊，政府当局也始料未及，他们惊呼："我们英格兰的国民——这个国家的脊柱——原来长期生活在营养不良和健康不佳状态。"[3]

同时，人口死亡率特别是婴儿死亡率通常是衡量一个国家健康水平以及卫生状况的重要标准，A. N. 霍姆就指出："婴儿死亡率——尤其是在城市条件下——是我们拥有的关于社会福利和卫生条件的最有说服力的指标。"[4] 据统计，这一时期英国人口死亡率在15‰—20‰，婴儿死亡率大都在100‰以上。如下表[5]：

---

[1]　Ronald V. Sires, "The beginnings of british legislation for old-age pensions", *The Journal of Economic History*, Vol. 14, No. 3, Summer, 1954, p. 237.

[2]　[美]戴维·罗伯兹（David Roberts）：《英国史：1688年至今》，鲁光桓译，中山大学出版社1990年版，第334页。

[3]　丁建定：《从济贫到社会保险：英国现代社会保障制度的建立（1870—1914）》，中国社会科学出版社2000年版，第51页。

[4]　R. M. Titmuss, *Birth, Povery and Wealth*, London, 1943, p. 12.

[5]　丁建定、杨凤娟：《英国社会保障制度的发展》，中国劳动社会保障出版社2004年版，第45页。

表 4 - 1 - 3   1870—1910 年英格兰、威尔士和苏格兰的成人、婴儿死亡率（‰）

年份	英格兰和威尔士		苏格兰	
	婴儿死亡率	成人死亡率	婴儿死亡率	成人死亡率
1870	157	22.9	122	22.2
1880	144	20.5	118	20.5
1890	145	19.5	121	19.7
1900	156	18.2	129	18.5
1910	117	13.5	112	15.3

由上表可见：19 世纪末 20 世纪初，英国的婴儿死亡率较高，至 20 世纪 10 年代才有所下降。

四　19 世纪末 20 世纪初英国的社会财富分配不均问题

除了上述的贫困、失业及健康问题之外，19 世纪末 20 世纪初英国日益严重的贫富差距也需要政府以税收手段加以缓解，以寻求社会的公平和正义。据统计，1896 年英国的国民收入分配情况如下：上等阶级，大约 5 万人，年收入在 1000—5000 英镑；中等阶级，大约 200 万人，年收入在 100—1000 英镑；普通工人，大约 777.5 万人，年收入不足 100 英镑。[1] 1901 年英国社会收入的 1/3 为仅有 140 万人的上层阶层所占有，而拥有 3900 万人口的中下层民众所占的份额仅为 1/3。[2] 1905 年，英国自由党议员 L. C. 莫尼出版了一本书名为《富与贫》。他在考察英国当时贫富不均的情况时说："国家全部收入的将近一半是由人口的 1/9 享有的，我们还应该加上另一个更为惊人的事实，即：联合王国全部收入的 1/3 以上是由国民的不到 1/30 享有。"[3] 有关 1905 年的国民收入分配情况，如下表[4]：

---

① 丁建定：《从济贫到社会保险：英国现代社会保障制度的建立（1870—1914）》，中国社会科学出版社 2000 年版，第 35 页。

② 姜南：《英国福利制度的演变及其调控作用》，《世界历史》1999 年第 4 期。

③ 钱乘旦：《寻求社会的"公正"——20 世纪英国贫富问题及福利制度演讲》，《求是学刊》1996 年第 4 期。

④ G. R. Searle, *A New England? Peace and War* 1886 - 1918, Oxford：Clarendon Press, 2004, p. 83.

表4-1-4　　　　　　　　　1905年英国国民收入分配情况

类别	占人口的比例（%）	占国民财富的比例（%）	年收入（英镑）
1	1	55	1000或1000以上
2	2	25	400—1000
3	8	11	160—400
4	56	8	60—160
5	33	1	60以下

　　由上表可见：1905年，英国人口中最富有的1%拥有55%的国民财富，他们的年收入至少是1000英镑；而英国人口中最贫穷的33%却只占有国民财富的1%。

　　此外，鲍利对19世纪末20世纪初的英国工薪阶层收入不平等进行了调查，指出："1886年英国收入最低的10%的人的工资收入是每周16先令7便士，1906年是每周19先令6便士。1886年收入最高的10%每周的工资是34先令7便士，1906年是46先令。"[1] 由鲍利的统计可见，19世纪末20世纪初英国不仅在高收入者与低收入者之间存在巨大的贫富差距，即使在同一阶层收入也不平衡。不仅如此，根据鲍利的统计，英国19世纪末20世纪初不同行业间的收入也有很大的差距。例如，1901年，收入最高的5%的农业工人的收入所占比重为5.81%，专业人士则占25.43%，政府雇员占21.14%，矿工仅占6.67%，手工业工人占9.23%。[2] 由此可见，20世纪初英国不同行业间的收入也存在很大差距。

　　英国的贫富差距过大引起了社会的不满及政府的注意，20世纪初政府利用一系列税收手段（主要是直接税）向富有者征税，同时给予社会的低收入者以豁免或降低税收的优惠政策。

　　此外，政府的财政开支的大大增长也需要开辟新的税源以满足需要。有关政府开支情况如下表[3]：

---

① Jeffery G. Williamson, "Earnings inequality in nineteenth-century Britain", *The Journal of Economic History*, Vol. xl, No. 3, 1980, p. 401.

② Ibid. , p. 404.

③ Stephen Dowell, *A History of Taxation and Taxes in England*, *Vol II*, Frank Cass & Co. Ltd. , 1965, p. 512.

表 4 - 1 - 5　　　　　　1868—1885 年间英国政府行政开支情况　　　（单位：百万英镑）

部门 ＼ 年份	1868—1869	1880—1881	1884—1885
1. 司法、警察和监狱	4.650	6.600	7.006
2. 教育	1.380	4.300	5.170
3. 其他部门（工资和消费）	1.587	2.250	2.500
4. 建筑、公园和工厂	0.953	1.470	1.869
5. 非盈利性和慈善	0.402	1.230	1.200
总计（包括上述部门及表中未列部门开支）	9.675	16.479	18.441

　　由上表可见：19 世纪 70 年代后，英国的政府行政开支增长迅速。不仅如此，英国的总公共开支增长也很迅速。据统计，1853 年英国的公共总支出是 5550 万英镑；至 1882 年，公共总支出增长至 8500 万英镑。[①]

　　到 19 世纪末 20 世纪初，伴随着英国卷入布尔战争及教育等开支的增长，政府需要寻找新的财源以满足社会的开支需求。再加上上述的贫困、失业及健康问题日益严重，英国政府开始意识到必须寻找一种有效的方式解决上述问题，而这又需要大量的资金支持。在这样的背景下，社会各阶层包括政府都认为只有税收才是唯一的重要武器，才有可能使上述贫困、失业等问题得到理想的改变。鉴于此，19 世纪末 20 世纪初，英国迎来了"建设性税制改革"新时期，并为 20 世纪初英国政府利用税收政策调节社会政策奠定了基础。

第二节　19 世纪末 20 世纪初英国"建设性税制"改革

一　"建设性税制"理论

　　所谓"建设性税制改革"是指税收除了有为国家增加财政收入的功能外，还是调节社会财富分配、缓解社会不公正的重要手段。具体而言，"建设性税制"主要是指 19 世纪末英国税制中更多地要求通过税制结构改革调

---

　　① J. F. Rees, *A short fiscal and financial history of England* 1815 - 1918, London：Methuen & Co. ltd, 1921. p. 159.

整社会财富分配的一种思想。其主要表现在于19世纪末直接税中的所得税及遗产税基本确立。直接税中的累进性质更符合时代的发展及税制现代化的要求。同时，对超过一定数额的所得还要征收超额所得税，这也体现了英国税制更加趋向现代化的特点，其税制更加公平。19世纪末20世纪初，英国的税制经历了从理论到实践的变革。这些变革为政府开辟了财源，为政府一系列利民社会政策的实施奠定了理论基础和物质基础。

19世纪末20世纪初，伴随着工业革命带来的社会财富分配不均及失业、贫困等社会问题的加剧，英国的统治阶级开始认识到不能仅仅依靠市场的自动调节解决这些问题，还必须发挥政府的干预作用。而其中最有效的手段就是利用税收调节社会财富再分配并解决贫富差距及失业问题。在这样的背景下，"建设性税制"的理论产生并付诸实践。

从理论上来讲，19世纪末20世纪初，英国在税制理论上经历了由古典政治经济学到新古典政治经济学的转变（有的学者认为是从自由主义到新自由主义的转变）。19世纪70年代之前，英国在经济上奉行自由放任主义经济政策。由此，政府在税制及社会政策上的观念是尽量少的征税和最小的政府干预。那时英国很少用税制调节社会财富再分配及解决社会问题，税收的主要作用是为政府提供收入。而19世纪70年代后，尤其是19世纪末20世纪初，伴随着失业、贫困及贫富差距等社会问题的日益严重，英国的有识之士及政府认识到必须要发挥政府的强力干预作用，而且要用税收的杠杆作用缓解上述问题。由此，政府对税收作用的认识也经历了从主要是为政府提供财政收入到调节社会财富分配、解决社会问题的转变。

英国政府社会政策观念的变化对"建设性税制"起到了非常重要的导向作用。持有这种思想的学者被称为新古典政治经济学家，其所提出的理论被称为新古典政治经济学。主要代表有阿尔弗雷德·马歇尔、庇古和美国学者亨利·乔治等，他们的税制思想前文已有论述。马歇尔、庇古及乔治的税制理论及思想对英国政府起了很重要的影响。威廉·哈考特的遗产税改革（前文已详细论述）、阿斯奎斯区分了劳动所得和非劳动所得、劳合·乔治的"人民预算"税制改革思想及实践可以说是在这些新古典政治经济学家的税制理论影响下形成的。

二 "建设性税制"改革实践

遗产税是一种针对当事人死亡时转移的或死亡前赠予的财产所征收的

税。遗产税在英国的历史比较久远①，但长期以来，英国政府认为遗产税和所得税是不应该累进征收的，那时，英国政府的主要税收来源于关税、消费税等间接税，直接税所占比重很小（有些还是只为应付战争而开征的临时税，一旦战争结束，该税即被取消）。然而，间接税最大的弊端就是税收的最重负担落在贫穷者身上的要远远多于富有者，这违背了税制原则中本应有的公平内涵。到 19 世纪 50 年代，为了体现社会公平，防止国内出现更大的贫富悬殊而危及社会稳定，政府要求富人缴纳更多的税费。1853 年英国对遗产不再区分动产和不动产，不单单对动产征收遗产税，对于不动产部分的继承也同样要缴纳一定的税费，同时在遗产税中推行累进税率制。在 1888 年保守党执政后，财政大臣乔治·戈申提出一项新的遗产税方案，对个人继承的价值超过 1 万英镑的动产和不动产加征 1% 的税收。② 戈申的遗产税税额不大，但它代表了英国在税制中向累进税制迈出了实际性的步伐，并为此后其他直接税的征收奠定了基本原则。③ 英国政府开始用累进的方式将富人作为征税对象。

在戈申改革的基础上，威廉·哈考特爵士于 1894 年提出了修正遗产税案。在向下院提交的建议报告中，哈考特说道："每年日益增长的开支实际上是此时征税的驱动力。"④ 此时英国国家支出主要用于海军费用、教育和地方开支，为此，哈考特作为财政大臣需要为国家筹集超过 1 亿英镑的资金。⑤ 在这种情况下，哈考特建议取消旧的、人为地将财产分为不同种类的做法——尤其在不动产和动产方面。在 1894 年之前，许多财政大臣都曾对遗产税作过部分调整，但都没有产生整体的影响……之前，英国对去世的人遗留的财产征收的税不下 5 种，例如，遗嘱认证、账户和只针对动产的遗产税；对动产和不动产征收的遗产税和继承税。不动产只对来源于动产的不同基础征税，因为它的估价与年所得挂钩，而非与死后的资产价值挂钩。哈考特建议应对所有的死后财产实行统一的标准，这不动

---

①　早在 1694 年就征收了"遗嘱税"，现代遗产税征收始于 1894 年。当时通过的税法一直沿用到 20 世纪 70 年代中期，1975 年改名为"资产转移税"（capital transfer tax）。1986 年英国保守党执政后，通过新法案，用"遗产继承税"取代了"资产转移税"。

②　郭家宏、王广坤：《论 19 世纪下半期英国的财税政策》，《史学月刊》2011 年第 8 期。

③　Roy Douglas, *Taxation in Britian since* 1660, London, 1999, p. 78.

④　J. F. Rees, *A Short Fiscal and Financial History of England* 1815－1918, Methuen & Co. ltd, 1921, p. 169.

⑤　Ibid. .

产和动产的区别应当废除，对遗产税实行累进税率，其税率设定不低于11 级，这不仅提高了遗产税的税率，而且在遗产税中采用了累进的方法，累进税制是按财产的多少来划分不同的税率，基数越高，所缴税率也要求越多。其税率如下表①：

表 4 - 2 - 1　　　　哈考特遗产税改革后遗产税税率变化

遗产价值（英镑）		税率（%）		
超过	低于	1894.8.1— 1907.4.18	1907.4.19— 1909.4.29	1909.4.30 后
100	500	1	1	1
500	1000	2	2	2
1000	5000	3	3	3
5000	10000	3	3	4
10000	20000	4	4	5
20000	25000	4	4	6
25000	40000	4.5	4.5	6
40000	50000	4.5	4.5	7
50000	70000	5	5	7
70000	75000	5	5	8
75000	100000	5.5	5.5	8
100000	150000	6	6	9
150000	200000	6.5	7	10
200000	250000	6.5	7	11
250000	400000	7	8	11
400000	500000	7	8	12
500000	600000	7.5	9	12
600000	750000	7.5	9	13
750000	800000	7.5	10	13
800000	1000000	7.5	10	14
1000000	1500000	8	10（100 万镑）；11 （超过 100 万镑）	15

---

① J. W. Grice, "Recent Developments in Taxation in England", *The American Economic Review*, vol. 1, No. 3, Sep., 1911, p. 492.

续表

	遗产价值（英镑）		税率（%）	
1500000	2000000	8	10（100 万镑）；12（超过 100 万镑）	15
2000000	2500000	8	10（100 万镑）；13（超过 100 万镑）	15
2500000	3000000	8	10（100 万镑）；14（超过 100 万镑）	15
3000000		8	10（100 万镑）；15（超过 100 万镑）	15

由上表可见，自 1894 年遗产税改革后经 1907 年、1909 年的改革，遗产税的税率历经提高，遗产越多，其纳税越多。实行累进的遗产税更有利于国家用税收手段分配社会财富，增加国家财政收入。这样的做法不仅意味着征税程序的简化，还意味着税收应根据纳税者的财产价值累进征收，这是一个巨大的进步。哈考特的遗产税改革实施后取得了良好的效果。此前的财政不仅赤字消失，而且还有节余。据统计，1893 年英国的财政赤字是 157.4 万英镑，遗产税改革后，财政节余是 76.5 万英镑。[①] 改革后的遗产税收入大大增加，据统计，1887—1888 年遗产税是 8284204 英镑，1892—1893 年遗产税是 1078588 英镑，1898—1899 年遗产税是 15632600 英镑，1905—1906 年遗产税是 17328000 英镑，1912—1913 年遗产税是 25248000 英镑。[②] 由以上数据可知，"一战"前英国的遗产税成增长趋势。由遗产税的层次划分及税率可见，实行累进制后的遗产税很明显将大部分税负落到富裕者身上，就同间接税一般而言是落在穷人身上一样。当时人评论说："多少年来，这些预算或多或少是富人的预算，现在

[①]　J. F. Rees, *A Short Fiscal and Financial History of England* 1815 – 1918, Methuen & Co. ltd, 1921, p. 177.

[②]　杨懿:《一战时英国财政状况研究》，硕士学位论文，湖南师范大学，2010 年 5 月，第 13 页。

我们有了穷人的预算。"①

哈考特的遗产税改革意义重大。对此，哈考特的传记作家曾这样描述："这是历史上的里程碑——也许对19世纪英国国家公共财政问题作出了重量级的贡献。遗产税的实行建立了新的税制原则，而哈考特自己也许未能认识到这一点。"② 哈考特的遗产税改革将"建设性税收"的思想向前推进了一大步。到19世纪末，几乎所有党派都接受了累进税制这一重要原则，并且逐渐提高累进税制的税率。1907年阿斯奎斯政府将遗产税税率提高到11%，而劳合·乔治政府更是把遗产税税率提高到15%。③ 1894年改革后的遗产税为政府用税收手段缓解和解决社会问题提供了可资利用的财源。

与遗产税改革实行累进税率征收同步，20世纪初，英国政府在所得税方面亦开始实行累进征收并区分劳动所得和非劳动所得。英国个人所得税最早征收是在1799年，因与法国战争的需要，小皮特首次开征所得税。此税因战争而开征，故而是一种战时所得税。1802年因《亚眠合约》的签订，该税被取消。此后因战争重开复又征收，直至战争结束于1816年废止。1842年，皮尔重开所得税，此后直至19世纪70年代，所得税一直作为一种临时税征收，并没有成为英国的常税。期间历届政府曾多次想要废除所得税，但因战争、政府开支扩大的需要而没有成功。英国的所得税直到阿斯奎斯时期才真正成为一种长久的税制在英国存在，所得税从"临时税"变成了"经常税"（其税率因战争等需要而不断调整，但并没有实行区分所得及累进税制）。直到1907年所得税才开始区分劳动收入所得和非劳动收入所得，其中对年收入低于2000英镑的劳动所得征收每英镑9便士的税（税率3.75%），对纳税人低于2000英镑的非劳动所得征收固有的每英镑1先令的税（税率5%）。④ 有关劳动所得和非劳动所得在税制中所占的比例情况，如下表⑤：

---

① 郭家宏、王广坤：《论19世纪下半期英国的财税政策》，《史学月刊》2011年第8期。

② Roy Douglas, *Taxation in Britian since* 1660, London：Macmillan Press Ltd, 1999, p. 79.

③ 郭家宏、王广坤：《论19世纪下半期英国的财税政策》，《史学月刊》2011年第8期。

④ Roy Douglas, *Taxation in Britian since* 1660, London：Macmillan Press Ltd, 1999, p. 92.

⑤ Bruce Murray, *The People's Budget* 1909—1910：*Lloyd George and Liberal Politics*, Oxford：Clarendon Press, 1980, p. 294.

表 4 - 2 - 2   20 世纪初英国劳动所得和非劳动所得收入情况

所得收入（英镑）	各类所得在总税收中的比例（%）			
	1903—1904 年		1913—1914 年	
	劳动所得	非劳动所得	劳动所得	非劳动所得
50	9.1	9.1	8.7	8.7
100	6.2	6.2	6.0	6.0
150	5.0	5.0	4.9	4.9
200	5.6	7.8	4.8	7.0
500	6.6	8.8	5.8	9.9
1000	7.4	10.3	6.6	12.2
2000	6.6	9.8	5.8	12.0
5000	5.6	9.6	6.8	12.4
10000	5.1	9.5	8.1	15.1
20000	4.9	10.0	8.3	16.0
50000	4.8	10.2	8.4	18.1

由上表可见：20 世纪初，所得税中的非劳动所得比劳动所得纳税额要大，尤其是 1907 年实行将劳动所得与非劳动所得区分后，非劳动所得的纳税额要比没有区分前高得多，几乎是劳动所得的一倍。同时，阿斯奎斯建立了个人扣除制度，即让部分个人劳动所得免税；1909 年，财政大臣乔治在其"人民预算"中首次使用累进所得税，这是指根据本人所得收入越多，所纳税率越高（直至达到某一点为止）的所得税制度。这种收入越高税率越高的所得税法非常合理，所得越多纳税越多，这种税率一直沿用至今。同时，从 1909 年起，对 5000 英镑以上的所得者，其中超过 3000 英镑的部分，征收 6 便士的附加所得税（Super Tax）。有关附加所得税的征收情况如下表[①]。

表 4 - 2 - 3   英国附加所得税人口及所得的分类（1911—1912 年）

所得阶级	赋课所得（英镑）	人口（人）
10000 及以上	50850830	7411

---

①   财政金融研究所编：《英国战时财政金融》，中华书局 1940 年版，第 61—62 页。

续表

所得阶级	赋课所得（英镑）	人口（人）
10001—15000	24383880	2029
15001—20000	13550046	787
20001—25000	9697248	438
25001—35000	11099384	382
35001—45000	7303011	186
45001—55000	5269881	107
55001—65000	3353446	56
65001—75000	2575501	37
75001—100000	4733982	55
100001 及以上	12176753	66
总计	144993944	11555

表4-2-4　　　　　　附加所得税收入、人口及总所得

年度	课税人口（人）	所得税额（英镑）	附加所得税的纯收入（英镑）
1909—1910	11380	140120492	
1910—1911	11500	141300000	2891345
1911—1912	11650	145950000	3018388
1912—1913	11800	149400000	3599706

　　由上表可见，20世纪初的所得税开征对象主要指向高所得者，政府企图通过对富有者的所得征税而为国家获取更多的财源，用之解决社会上的贫困、失业等社会问题，使社会朝更加公平的方向发展。

　　所得税在19世纪末20世纪初成为英国的常税后，随着英国人口的增加而收入日益增长且稳定。据统计，1891年英国的人口是37732922人，1901年达到41458721人，1911年达到45221615人。[1]　其所得税收入如下表[2]：

---

　　①　David C. Gouglas. English Historical Documents, Eyre & Spottiswoode Ltd., 1977, p. 171.
　　②　杨懿：《一战时英国财政状况研究》，硕士学位论文，湖南师范大学，2010年5月，第11页。

表 4 - 2 - 5　　　　　　　　英国战前所得税收入　　　　　　（单位：英镑）

年度	1887—1888	1892—1893	1898—1899	1905—1906	1912—1913
所得税	14440000	13470000	18000000	31350000	44806000

　　由上表可见：随着英国战前人口的稳定增长，英国的所得税收入亦同步增长。其中 1898—1899 年所得税比 1892—1893 年增加了 33.63%，1905—1906 年所得税比 1898—1899 年增加了 74.17%，1912—1913 年所得税比 1905—1906 年增加了 42.92%。若以 1912—1913 年所得税与 1887—1888 年所得税做比较，前者更是比后者增加了 210.29%。由此可见，所得税经常化后为英国政府的财政收入作出了很大贡献。

　　因为 19 世纪末 20 世纪初英国遗产税和个人所得税的开征及变革，英国的直接税收入大大增长，且超过了间接税。如下表[①]：

表 4 - 2 - 6　　　　　1894—1913 年英国直接税与间接税的比重

年度	间接税（%）	直接税（%）
1894—1895	54.6	45.4
1899—1900	51.6	48.4
1900—1901	50.6	49.4
1901—1902	47.5	52.5
1902—1903	47.6	52.4
1903—1904	50.7	49.3
1904—1905	50.5	49.5
1905—1906	49.7	50.3
1906—1907	48.6	51.4
1907—1908	48.9	51.1
1908—1909	47.4	52.6
1901—1910	43.6	56.4
1910—1911	43.6	56.4
1911—1912	42.7	57.3
1912—1913	42.4	57.6

---

　　①　财政金融研究所编：《英国战时财政金融》，中华书局 1940 年版，第 58 页。

由上表可见，从直接税收入与间接税收入的比例来看，直接税所占的比例逐渐增大，至1900年，间接税收入方面的比例开始下降，除去几年的例外；而直接税的比例则从1900年逐渐增加乃至超过间接税。

尽管19世纪末20世纪初遗产税及所得税的改革使政府的财政收入大大增加，但是因1908年《养老金法案》的推行超出了预算的支出额及军备开支扩大、政府其他支出增长的影响，英国的财政收入仍然不足以满足财政开支的需求。[①] 在1909年4月的内阁会议上，乔治预计英国的财政赤字将达到1600万英镑。具体见下表[②]：

表4-2-7　　　　　　　　1909年乔治财政预算情况　　　　　（单位：英镑）

政府开支	164552000
政府收入	148900000
实际赤字	15652000

在这样的背景下，1909年，劳合·乔治推出"人民预算"案，旨在为国家增加财政收入，推行社会政策改革。

所谓"人民预算"案是指通过对富有者开征所得税、遗产税及土地价值税等直接税而使社会的中低收入者受益的预算。因其主要对富有者征税，故得美名"人民预算"案。对此，乔治在演讲中说，"人民预算不仅仅是为养老金和其他社会福利计划提供资金，而且这也是筹集国家财源的一种新的更民主的手段。为了国家的安全，必须要筹集足够的钱"。[③]根据该项预算，乔治主要采取三种方式增加税收收入。其一，对年收入5000英镑以上的人征收超额所得税，其中超过3000英镑的部分征收每英镑6便士的附加税。其二，遗产税的税率比此前大为提高，其中超过5000英镑的遗产，其税率由此前的3%—10%提升至4%—14%。[④] 其三，征收土

---

① 1909年养老金开支700万英镑，海军军费超过300万英镑。参见：Roy Douglas. *Taxation in Britian since* 1660, London：Macmillan Press Ltd，1999，p. 93.

② Bruce K. Murray，"The Politics of the People's Budget"，*The Historical Journal*，XVI，No. 3，1973，p. 562.

③ Ibid. ，p. 558.

④ J. F. Rees，*A short fiscal and financial history of England*，1815 – 1918，London：Methuen & Co. Ltd. ，1921，p. 197.

地价值税,对非劳动所得的土地价值(当其易手时)的增长征收 20% 的税收;对未开发的土地征收每英镑 0.5 便士(比 0.2% 多一点的税率)的资本税;同时,当租约到期时还给予出租人 10% 的返还税(reversion duty)。乔治提出的另一种新的税收,即矿产资源开采权税,其税率是每英镑征税 1 先令(5% 的税率),此税主要用于负担矿工的福利基金。[①] 根据预算,征收超额所得税将会使税收收入增加 230 万英镑,提高遗产税税率会增加税收 285 万英镑。征收土地价值税会给国库增加 50 万英镑的收入。[②] 尽管土地税的税收收入不大,但却是向传统的统治阶级(大土地所有者)开刀,因此意义重大。而征收超额所得税和提高遗产税税率则主要是针对富有者征税,据统计,需要缴纳超额所得税者在全国只有 12000人,但这种征富人税用来补贴穷人的做法却带有革命性。[③] 在对富有者征税的同时,政府还对低收入家庭发放儿童补助金,从而在实际上减轻了穷人的负担。

乔治的"人民预算"案中征收土地价值税主要是针对英国的大土地所有者,大土地所有者(地主阶级)在 20 世纪以前在英国占有很大的比例,其所拥有的财富远远超过了其为国家作出的贡献。正如乔治所言:"英国的土地所有者享受了土地价值增加带来的好处,然而财政开支的负担却由地方纳税人承担。"[④] 的确,20 世纪初,土地仍然是最坚实的财产,英国的上层阶级都将土地看作是身份和财富的象征。1873—1876 年的《新末日审判书》(New Domesdy Book)显示,英国 2500 个地主平均每个拥有 3000 英亩土地,除了伦敦的地产,每个地主每年收益为 3000 英镑,其中 826 个地主年租金收益超过 5 万英镑,15 个地主年租金收益超过 10万英镑。[⑤] 据统计,20 世纪初,第十七代德比伯爵拥有几处大庄园,7 万英亩土地,从矿井、房租和地租中每年收入 30 万英镑。军火商威廉·阿姆斯特朗爵士靠军火生意发财,1900 年殁世时已经有两个大庄园,1.6 万

---

① Roy Douglas, *Taxation in Britain since* 1660, Macmillan Press LTD, 1999, p. 98.

② Ibid. , pp. 96 – 97.

③ 钱乘旦:《寻求社会的"公正"——20 世纪英国贫富问题及福利制度演讲》,《求是学刊》1996 年第 4 期。

④ E. R. A. Seligman, "Recent tax reforms abroad", *Political Science Quarterly*, Vol. 27, No. 3, Sep. , 1912, p. 461.

⑤ 郭家宏、王广坤:《论 19 世纪下半期英国的财税政策》,《史学月刊》2011 年第 8 期。

英亩土地，曾经花125万英镑改造他的第二个庄园。第一代威斯敏斯特公爵在1899年去世时，留下了1400万英镑财产，他的金融帝国分布在四大洲，而伦敦市中心则拥有300英亩土地，这是一笔巨大的财富。① 与有产者相反的社会的另一极，20世纪初的工人阶级的平均工资是每周27先令，亦即年薪70英镑出头。技术工人与非技术工人的差别很大，技术工人是每周40先令；非技术工人则只有这个数字的一半多一点。依靠这笔收入，一个四口之家很难维持像样的生活。1904年对2000个工人家庭所作的调查表明：每周收入在25先令以下的家庭要将收入的67%用于伙食，而且只能以面包、土豆、茶和罐装牛奶为主。工人们的住房肮脏、狭小，卫生条件很差，每个城市都有大片大片的工人住宅区。这种住宅低矮、阴暗，狭窄的街道满是污泥浊水。根据1911年的统计，全国有1/10的人口居住在过度拥挤的房屋里（即每间房超过2人）。在伦敦，这个数字是16.7%，在桑德兰则是32.6%。许多偏远乡村似乎没有受到工业化的影响，生活方式还是传统的，一切生活品都在农场上自行生产，许多人从来没有离开过出生地。据估计，农业劳动者平均每星期收入只有17.5先令，其中包括以货币形式支付的工资，也包括一切实物形式的收入如免费的住房、牛奶、土豆等。②

由以上大土地所有者与工人阶级财富及生活状况的鲜明对比可见，20世纪初英国的社会财富分配不均的情况已经非常严重，需要引起政府的重视。乔治的"人民预算"案出台的目的之一就是用征收土地价值税等直接税的方式向社会上的富有者开刀，"让富人付钱"成为乔治预算的口号。因此，当"人民预算"在议会讨论时遭到了大地主及议会上院的反对。例如，奥斯丁·张伯伦致信其父约瑟夫·张伯伦说："这是一种什么样的预算，除了无数的修改和增加外，还有超额所得税、土地税及非劳动收入所得税。……劳合·乔治正在制造一种普遍的持久的不安情绪，这种情绪在很长时期都将对我们国家的命运产生影响。"③ "人民预算"案在英

---

① 钱乘旦：《寻求社会的"公正"——20世纪英国贫富问题及福利制度演讲》，《求是学刊》1996年第4期。

② 同上。

③ 丁建定：《从济贫到社会保险：英国现代社会保障制度的建立（1870—1914）》，中国社会科学出版社2000年版，第118页。

国上下院间引起了激烈争论并引发了英国的宪政危机,最终促成了1911年《国会法》的通过,规定:凡下院通过的议案,于闭会一个月前提交上院,而上院于一个月内未加修正和通过者,该法案就可直呈国王批准而成为法令。其他任何公议案,经过下院连续三次通过,交上院被3次否决后,可直呈国王批准而成为法律。这些法令,使上院权力大减。"人民预算"案历经曲折,最终于1910年4月在下院通过。

"人民预算"案实行后,英国的财政收入有了较大的增长。据统计,至1910—1911年超出了预计346.9万英镑。1911—1912年盈余654.5万英镑。[1] 乔治的"人民预算"案意义重大,它提出了一个革命性的原则,那就是,认识而且自觉地运用政府的征税和开支权力,使国民收入能达到较平均的分配。富者必须纳税以扶助贫者。[2] 对此,《经济学家》杂志给予了很高评价:"从财政收入的角度来说,乔治的人民预算或许是一项很成功的预算。这一记录也许是和平时期英国或其他国家所从来没有过的,这一预算将在历史上记录下来并为世人 所怀念。"[3] 穆雷在其著作中如此评价"人民预算":"人民预算是英国税制现代化的标志,它为政府提供社会服务奠定了基础,人民预算的通过是上院财政权力丧失的标志。它的影响直接或间接地几乎涉及每一件事情。"[4] 劳合·乔治的"人民预算"为国家的社会政策改革奠定了财政基础。

综上,19世纪末20世纪初以遗产税、所得税及"人民预算"为核心的税制改革为政府推行养老、社会保险,缓解社会贫困、失业及贫乏不均等问题提供了财政支持。19世纪末20世纪初英国以遗产税、所得税及土地税为主要内容的直接税改革为国家增加了收入,为政府一系列社会政策的实行奠定了基础(见表4-2-8)。

---

① J. F. Rees, *A Short Fiscal and Financial History of England*, 1815 - 1918, London: Methuen & Co. ltd., 1921, p. 200.

② [美]戴维·罗伯兹:《英国史:1688年至今》,鲁光桓译,中山大学出版社1990年版,第352页。

③ Bruce K. Murray, "The Politics of the People's Budget", *The Historical Journal*, XVI, No. 3, 1973, p. 570.

④ Bruce Murray, *The People's Budget* 1909/10: *Lloyd George and Liberal Politics*, Oxford: Clarendon Press, 1980, p. 290.

表 4 - 2 - 8　　　　　19 世纪末 20 世纪初英国国库收入情况①　　（单位：千英镑）

年度	收入	盈余或赤字
1894	91133	- 169
1895	94684	+ 765
1896	101974	+ 4210
1897	103950	+ 2473
1898	106614	+ 3678
1899	108336	+ 186
1900	119840	- 13883
1901	130385	- 53207
1902	142998	- 52524
1903	151552	- 32932
1904	141546	- 5415
1905	143370	+ 1414
1906	143978	+ 3466
1907	144814	+ 5399
1908	156538	+ 4726
1909	151578	- 714
1910	131696	两者合计盈余 5607
1911	203851	
1912	185090	+ 6545
1913	188802	+ 180
1914	198243	+ 750

　　有了上述财政保障，英国政府有能力推行一系列社会政策。对此，凯恩斯说："自从 19 世纪末叶以来，所得税、超额所得税、遗产税等直接税，在去除财富与所得之绝大差异方面已有长足进步，尤以英国为然。"②至 20 世纪初，直接税在国民收入中所占比重已超过间接税，英国的税制更加现代化和科学化。赋税更多地用于社会公共支出。对此，霍布森说

---

① J. F. Rees, *A Short Fiscal and Financial History of England*, 1815 - 1918, London: Methuen & Co. ltd., 1921, pp. 166 - 168.

② ［英］凯恩斯：《就业、利息和货币通论》，徐毓枏译，商务印书馆 1983 年版，第 321 页。

道："假如让国民选择，他们将会怎样利用他们手中的权力以满足自己的需要？答案是社会立法。"[①] 1908 年的《养老金法案》、1911 年的《国民保险法案》及其他相关社会政策就是在这样的条件下出台的。

第三节 19 世纪末 20 世纪初英国税制变迁对政府社会政策的影响

一 1908 年《养老金法案》

1908 年，阿斯奎斯任首相，劳合·乔治任财政大臣。此时英国的财政收入不足。再加上此前论及的英国贫困、失业等社会问题的严重使政府有必要推行一定的社会政策以缓解这些问题。在这样的情况下，阿斯奎斯指出："实行养老金计划不仅在实际上是可行的，而且在操作上也是顺畅的和容易的。"[②] "在新的背景下，议会没有任何捷径可走。我们不能因为这项任务的困难和复杂而就此止步。我们应该首先迈出完成这项伟大而仁慈的任务的第一步。"[③] 就此，1908 年《养老金法案》出台。规定：在英国凡年满 70 岁的老人，只要满足该法案的相关条例，就可以拿到免费的养老金。该笔财政支出都是由当时的议会拨款支付。支付的方案是根据年龄确定数额，同时确定了所领养老金的最高值。下表是有关养老金领取的不同等级及数额[④]：

表 4 - 3 - 1　　　1908 年《养老金法案》规定的养老金税收标准

领取养老金的年收入分类	每周领取养老金的数额
不超过 21 英镑	5 先令
超过 21 英镑，低于 23 英镑 12 先令 6 便士	4 先令
超过 23 英镑 12 先令 6 便士，低于 26 英镑 5 先令	3 先令

---

① Francis H. Herrick, "Britsh Liberalism and the Idea of Social Justice", *The American Journal of Economics and Sociology*, Vol. 4, No. 1, Oct., 1944, p. 70.

② J. F. Rees, *A Short Fiscal and Financial History of England*, 1815 - 1918, London：Methuen & Co. ltd., 1921, p. 194.

③ Ronald V. Sires, "The Beginnings of British Legislation for Old-age Pensions", *The Journal of Economic History*, Vol. 14, No. 3, Summer, 1954, p. 249.

④ David C. Gouglas, *English Historical Documents*, Eyre & Spottiswoode Ltd., 1977, pp. 582 - 585.

续表

领取养老金的年收入分类	每周领取养老金的数额
超过 26 英镑 5 先令，低于 28 英镑 17 先令 6 便士	2 先令
超过 28 英镑 17 先令 6 便士，低于 31 英镑 10 先令	1 先令
超过 31 英镑 10 先令	没有资格领取养老金

在 1908 年《养老金法案》实施后，领取国家养老金的人数及养老金支出不断上升。如下表①：

表 4 - 3 - 2　　1909—1914 年英国养老金领取人数及养老金开支

时间	领取养老金的人数	养老金开支（百万英镑）
1909—1910	647497	8.6
1910—1911	699352	9.67
1911—1912	907461	11.3
1912—1913	942160	12.41
1913—1914	967921	12.53

由上表可见，《养老金法案》实施后，英国领取养老金的人数及养老金开支迅速增长。《养老金法案》实施后受到了普遍称赞，人们将 1909 年的 1 月 1 日称为"养老金日"，在那天的若干条幅上写着："养老金日、幸福的退伍老兵、国家荣誉的恢复、伟大的新年"等标语。等着领取养老金的人们老早就等在邮局门口，当他们数着手中领到的养老金时，他们简直不相信这是真的。在布里格豪斯（Brighouse），领到养老金的人看起来非常吃惊，他们慢慢数着手里的养老金看数额是否正确，然后慢慢地离开了邮局，他们的脸上挂着微笑。②

1908 年的《养老金法案》是 20 世纪英国一系列伟大改革的第一步，它不仅规定 70 周岁以上的老人可以免费领取养老金，而且还规定不得因领取养老金而剥夺其应享有的选举权等任何一切权利。③ 同时，法案还规

---

① Martin Pugh, "Working-class Experience and State Social Welfare, 1908 - 1914: Old-age Pensions Reconsidered", *The Historical Journal*, 45, 4 (2002), p. 784.

② Ibid., pp. 788 - 789.

③ Doreen Collins, "The Introduction of Old Age Pensions in Great Britain", The Historical Journal, viii, No. 2, 1965, p. 259.

定所有的养老金一律由议会拨款支付。这是 20 世纪英国政府颁布和实施的第一部社会改革法令,英国第一次建立起了国家养老金制度,尽管它的实施范围还不太广泛,但这是国家明确承担社会责任的重要表现。1908年的《养老金法案》、1911 年的《国民保险法》及其他各种社会立法结合起来,在英国建立起以社会保险制度为核心内容的现代社会保障制度。

二　1911 年《国民保险法》

1908 年的《养老金法案》通过后,财政大臣劳合·乔治立刻着手建立国民健康保险制度。1899—1902 年英布战争后,英国国民身体素质的低劣已到了令人担忧的程度。"1899 年至 1900 年 7 月间,在曼彻斯特报名当兵的 11000 人中有 8000 人身体不适合扛枪和不能忍受艰苦的训练。据当时的另一项调查,每五个应征者经过两年的服役后只有两人仍能成为合格的士兵。"[①] 国民健康状况的恶化使乔治认为,因疾病而引起的贫困问题比老年问题更应该引起政府重视,因为因疾病而引起的贫穷的痛苦将祸及整个家庭。而"国民健康保险制度不仅将使国家而且将使雇主一道来帮助工人克服这些困难,并给工人提供有效的保障措施"。[②] 由于政府的重视加之 20 世纪初的一系列直接税改革给政府推行社会政策提供的资金保障,1911 年 12 月 16 日,《国民健康保险法》作为国民保险法的第一部分获得议会的批准,英国正式建立起了国民健康保险制度。

1911 年的《国民健康保险法》规定:所有 16 岁以上被雇佣以及那些未被雇佣却具有被保险人资格者,可以依该法规定的方式投保,所有被保险人有权依该法规定得到健康保险津贴。[③]《国民健康保险法》力图让政府、雇主[④]和雇员都有所贡献,其缴费标准是,工人供款:男工每周 4 便士 (1.7%)、女工每周 3 便士;雇主供款每周 3 便士 (1.25%);国家供款每周 2 便士 (0.8%)。正因为如此,劳合·乔治才宣称此方案是有代

---

　　① 　高岱:《20 世纪初英国的社会改革及其影响》,《史学集刊》2008 年第 3 期。

　　② 　丁建定、杨凤娟:《英国社会保障制度的发展》,中国劳动社会保障出版社 2004 年版,第 48 页。

　　③ 　Roy Douglas, *English historical documents*, Eyre & Spottiswoode Ltd. , 1977, p.640.

　　④ 　20 世纪初雇主已经认识到随着工业革命的进展,实行社会福利方面的立法有助于工人生产率的提高,由此,他们认为社会保险已经成为一种投资人力资本的有效方式。参见 Roy Hay, "Employers and Social Policy in Britain: the Evolution of Welfare Legislation, 1905 – 1914", *Social History*, vol. 2, No. 4, Jan. , 1977, p. 435.

表性的"9 便士对 4 便士"(Ninepence for Fourpence)。① 虽然这项计划最初实施时只适用于年收入低于 150 英镑者,但其中包括了大多数体力劳动者。当被保险人年龄达到 70 岁即不再缴纳保险费,而是开始领取一定数额的养老金。

健康保险津贴包括医疗、疗养、疾病、伤残、生育等方面。被保险人从患病的第四天起可领取一定数额的疾病津贴(不超过 26 周),每名男工每周可领取 10 先令,女工每周可领取 7 先令 6 便士;若工人患病或伤残的时间超过 26 周还未恢复健康、不能工作,则不论男女每周都可领取 5 先令的津贴;女工在产期每周可领取 30 先令。被保险人达到 70 岁时,即无权领取疾病津贴与伤残津贴。② 任何暂时或永久居住在英国以外的居民均无资格领取英国的健康保险津贴。

1911 年《国民保险法》的第二部分是《失业保险法》。有关 19 世纪末 20 世纪初英国的失业情况前此已有叙述,失业问题的日益严重使得政府不得不考虑如何应对工人的失业问题,因为这事关执政者的统治安全。20 世纪初伴随着政府社会政策理念的变化,英国政府认识到要加强国家在社会政策上的干预力度,承担解决社会不公正的责任并履行相应的义务。加之 20 世纪初税制变迁给政府带来了可供社会改革利用的财源,《失业保险法》得以付诸实践。法令规定:任何未被雇佣的并符合法令规定条件的失业者都可领取一定数额的失业保险津贴③。失业保险暂时只包括 7 个行业,这些都是处于衰退之中或动荡不安的行业,如建筑、土木工程、造船、铸铁、车辆装配等,大约有 500 万工人在这些行业就业。雇主每周为每个投保雇员交纳 2.5 便士,雇员本人交纳 2.5 便士,政府则补贴

---

① Roy Douglas, *Taxation in Britain since* 1660, Macmillan Press LTD, 1999, p. 100.

② Robert F. Foerster, "The British National Insurance Act", *The Quarterly Journal of Economics*, vol. 26, No. 2, Feb., 1912, pp. 288 – 289.

③ 规定的条件是指:申请人在过去的 5 年中曾在该法所规定的上述行业中工作 26 周以上;申请人以规定的方式提出申请并且自申请之日起一直失业;申请人能够工作但未能得到合适的就业机会;申请人有资格领取失业津贴。有下列情况之一的被保险人,不得领取失业保险津贴:工人因为发生在工厂、车间及其他类似地方的纠纷而停止工作造成失业,只要这种停工状态处于继续之中,即无资格领取失业保险津贴;工人由于不良行为或毫无正当理由而自愿放弃工作,从其放弃工作之日起 6 周内没有资格领取失业保险津贴;被拘禁于监狱或住在由公共基金维持的济贫院及其他同类地方的人没有资格领取失业保险津贴;居住在英国以外者也没有资格领取失业保险津贴;领取任何健康保险津贴者无资格领取失业保险津贴。

上述两项款项总数的 1/3,大约每周 1.67 便士。[①] 年龄不满 18 岁者,每周缴纳 1 便士。国家垫付工人及雇主缴款总和的 1/3。具备领取失业保险津贴资格者,从失业后的第 2 周开始,每周可领取 7 先令。年龄不满 17 岁者不能领取失业保险津贴;年龄在 17—18 岁之间者,只能领取半额的失业保险津贴。被保险人每缴纳 5 次失业保险费,才能享受 1 周的失业保险津贴,在 1 年中领取失业保险津贴的时间最多不能超过 15 周。失业保险津贴的申请、发放、仲裁调解等事务均由依该法指定的失业保险官员处理。[②]

《失业保险法》通过后,1912 年 7 月 1 日,工人和雇主开始缴纳第一笔失业保险金;1913 年 1 月 1 日,工人开始领取第一笔失业津贴。到 1914 年 7 月,参加失业保险的人数已超过 230 万人,其中 63% 是技术工人,大多数受保工人之前都没有参加过工会的失业保险。[③] 从 1912 年 7 月到 1913 年 7 月,筹集的失业保险基金为 2000038 英镑,发放失业津贴 208317 英镑;而从 1913 年 7 月到 1914 年 7 月,两者分别增加到 2404940 英镑和 530593 英镑。如下表[④]:

表 4 - 3 - 3 　　　　1912—1921 年失业保险金收支情况　　　　(单位:英镑)

起止年月	工人和雇主缴纳的保险金	国家的财政补贴	直接支付给工人的失业津贴
1912. 7—1913. 7	1622038	378000	183193
1913. 7—1914. 7	1802940	602000	364555
1914. 7—1915. 7	1649641	546666	249533
1915. 7—1916. 7	1694115	538863	39973
1916. 7—1917. 7	2699932	746372	24133
1917. 7—1918. 7	3277123	1007541	75128
1918. 7—1919. 7	2871640	994402	148882
1919. 7—1920. 7	3043252	912701	869424
1920. 7—1921. 7	11303175	2168239	30111070

①　Derek Fraser, *The Evolution of the British Welfare State*, 1978, pp. 160 - 161.

②　Roy Douglas, *English Historical Documents*, Eyre & Spottiswoode Ltd. , 1977, pp. 597 - 602.

③　Pat Thane, *Foundations of the Welfare State*, London and New York : Longman, 1996, p. 88.

④　Jose Harris, *Unemployment and Politics: A Study in English Social Policy*, 1886 - 1914, Oxford: Oxford University Press, 1972, p. 379.

　　由上表可见：自《失业保险法》实施后，雇主、国家在失业保险津贴上的贡献额基本上呈增加趋势。国家的津贴数额由1912年的378000英镑增加到1921年的2168239英镑，是1912年津贴额的574%。

　　综上，无论是1908年的《养老金法案》还是1911年的《国民保险法》，其在理论和实践上都与英国的税收有着密切的联系。因为其中国家财政贡献的部分基本上都来自于税收，尤其是遗产税、所得税等直接税（此时间接税在英国税制中的比重已大大降低，低于直接税）。这一时期英国的其他福利规定的资金来源主要是税收，但税收的来源有所变化。1906年，地方当局被授权给予一定年龄的儿童提供免费的膳食（school meals）。1914年，免费的膳食支出不再由地方政府全部承担，而是由中央政府承担一半费用。此项国民保险法案，是自由党执政以来替英国建立福利国家的一块顶石。对此，劳合·乔治说："我们希望在福利问题上能够包括最大多数的英国国民，我们需要整合国家资源。《国民保险法》是盎格鲁—撒克逊历史上所实行过的最大胆的、范围最广的社会立法改革。"[1]《国民保险法》实施后，英国享受国民保险的人数大大增加。据统计，1911年，英国的人口是45368675人，其中1912—1913年享受保险津贴的人数就达到了13089000人。[2]

三　19世纪末20世纪初英国的教育政策

　　除《养老金法案》和《国民保险法》外，19世纪末20世纪初英国政府还加强了对教育的重视。自由党人阿斯奎斯曾焦虑地指出："假若我们眼皮下的帝国中心，总可以发现大批的人不能接受教育，根本没有可能过上任何真正意义上的社会生活，空谈帝国又有什么用呢？"[3] 19世纪末20世纪初英国政府出台了一系列的教育法案，加大了对教育的投资。1870年福斯特《初等教育法》改革。此教育法由时任枢密院教育委员会副主任威廉·福斯特提出，故又称《福斯特教育法》，这是英国教育史上的第一部立法。此法案颁布之前，英国的学校主要由私人或某些私人集团

　　[1]　Edward Porritt, "The British National Insurance Act", *Political Science Quarterly*, vol. 27, No. 2, Jun., 1912, p. 260.

　　[2]　Ibid., p. 272.

　　[3]　钱乘旦、陈晓律：《英国文化模式溯源》，四川人民出版社2004年版，第117页。

建立, 国家的主要作用是给予这些学校以建校的物质帮助, 以及帮助支付教师的工资。此时, 英国尚没有国家或地方政府意义上的学校, 这样就给英国学校的发展造成了很大的阻碍。再加上工业革命对技工的教育要求日渐增强, 使得国家对学校的教育干预变得更为迫切。而工业革命积聚的社会财富的大量增长也为政府投资教育奠定了物质基础, 在上述背景下,《1870 年教育法》出台。法案规定: 5—12 岁儿童必须接受义务教育, 若家长无正当理由而不让子女入学, 则会被处以 5 先令以下的罚款; 在缺少学校地区设立公立学校, 每周学费不得超过 9 便士, 民办学校学费数额不受限制。此法案虽然没有明文规定要实行义务教育, 但却为英国义务教育的发展奠定了基础。至 1876 年议会通过《桑登法》, 该法第 4 条明确规定: 每个儿童的父母有责任让自己的子女接受足够的读、写和算术方面的初等教育, 如果父母没有履行这一职责, 那么他们应该服从本法案提出的各种命令, 并应受到本法案提出的各种处罚。《桑登法》明确规定了父母对儿童接受初等教育的法律责任。1880 年, 英国议会通过《芒代拉法》, 规定: 5—10 岁儿童无条件入学; 10—13 岁儿童只有达到一定的成绩要求或已连续 5 年正常入学接受教育, 方可免除义务入学要求。《芒代拉法》标志着英国义务初等教育体系的正式确立。1891 年英国政府颁布了《免费初等教育法》, 规定: 父母有权要求免除其子女初等教育的费用, 3—15 岁儿童每年的人均政府拨款为 10 先令, 原来学费低于 10 先令标准的学校不再向学生收取任何费用, 高于 10 先令标准的学校可收取一定的学费, 但其数额加上人均政府拨款的总和不得超过原来的学费标准。该法通过向初等学校提供一定数额的人均政府拨款, 使英国部分学校的学费大大下降, 并使大部分学校实施了义务教育。据统计, 19 世纪 70—80 年代中期, 英国仅教育一项的开支就达到 325 万英镑。[①] 若以 1880—1881 年度及 1884—1885 年度英国的教育及科学、艺术开支而言, 1880—1881 年度的开支是 430 万英镑; 而 1884—1885 年度则增加到 517 万英镑。[②] 以后政府又修改了 1891 年《免费初等教育法》, 要求 10 岁以上的儿童必须接受教育。1906 年教育法规定, 学校必须向小学生提供饭食, 不过可以向家长

① Stephen Dowell, *A History of Taxation and Taxes in England*, Volume II, Frank Cass & Co. Ltd., 1965, p. 389.

② Ibid., p. 426.

收取少量的餐费。1907 年教育法规定，学校必须建有自己独立的医疗室，给孩子提供完善的医疗服务，保证孩子的健康。其后学校开始对家庭不富裕者提供午餐。在 1912—1913 年间，学校开始为学生提供免费的食品，有 28.5 万儿童得到福利。[①]

　　19 世纪末 20 世纪初英国政府通过的一系列教育改革大大提高了英国国民的文化素养，国民的入学率及平均在校时间都有所增长。据统计，1870—1911 年英国 20 岁以下每 1000 人的入学率大大提高，1871 年为119.8%，1881 年为 287.9%，1891 年为 286.4%，1901 年为 342.2%，1911 年为 373.1%。其中，英格兰和威尔士男性劳动力的平均上学年限也有所提高，1871 年是 4.21 年，1881 年是 4.65 年，1891 年是 5.32 年，1901 年是 6.02 年，1911 年是 6.75 年。[②] 政府用于教育的开支亦明显增长，据统计，1891—1895 年用于教育的开支是 19800 英镑；1896—1900年是 29200 英镑；1901—1903 年是 41100 英镑；1904—1905 年是 97200英镑；1906—1910 年是 129200 英镑；1911—1913 年是 142200 英镑。[③]

　　综上，19 世纪末 20 世纪初英国的税制变迁及政府社会政策观念的变化推动了 1908 年《养老金法案》、1911 年《国民保险法案》及一系列教育法案等社会政策的实行。据统计，1914 年第一次世界大战爆发前后，英国政府的公共开支迅速增长。1853—1854 年，政府支出 5580 万英镑；1873—1874 年为 7460 万英镑；1893—1894 年为 9850 万英镑；1914—1915 年，英国政府的支出第一次超过了 20000 万英镑。[④] 20 世纪一系列社会政策的实行若没有强有力的财源加以支撑是不可能实现的；同时，随着政府更广泛的社会政策参与，又需要开辟新的税源以满足其需要。所以说税制与社会政策之间是一种互相推动、交叉发展的关系。19 世纪末 20世纪初英国税制的一系列变迁及相应的政府社会政策变化即说明了这一点。

---

　　① 杨懿：《一战时英国财政状况研究》，硕士学位论文，湖南师范大学，2010 年 5 月，第18 页。

　　② 江姗：《试析十九世纪末二十世纪初英国国民效率思潮》，硕士学位论文，南京大学，2012 年 5 月，第 28 页。

　　③ Robert Millward & Sally Sheard, "The Urban Fiscal Problem, 1870 – 1914: Government Expenditure and Finance in England and Wales", *Economic History Review*, New Series, vol. 48, No. 3, Aug., 1995, p. 506.

　　④ Roy Douglas, *Taxation in Britain since* 1660, Macmillan Press Ltd., 1999, p. 102.

第四节　小结

19 世纪末 20 世纪初，伴随着工业革命的深入展开，其为国家带来极大社会财富的同时却产生了诸如失业、贫穷及社会财富分配不均等日益严重的社会问题。在这样的背景下，英国社会的各阶层都开始关注如何解决上述问题并提出了相应的建议。布思、朗特里对社会贫困问题的调查、美国学者亨利·乔治的《进步与贫穷》等从不同的视角说明了贫困问题在英国的严重并提出解决的办法。同时，在 1870 年后，受美国廉价农产品的竞争，英国的农业进一步萧条，农业萧条导致工人失业日益严重。贫困、失业又使英国国民的健康状况进一步恶化。布尔战争期间应征者的体检检查中竟有一半以上不合格，这引起了政府的高度重视，其社会政策观念亦由此前的自由放任主义向加大国家干预的新自由主义转变。新自由主义的代表人物霍布豪斯认为："国家的职责是为公民创造条件，使他们能够依靠本身的努力获得充分的公民效率所需的一切。""在一个社会里，一个能力正常的老实人无法靠有用的劳动来养活自己，这个人就是受组织不良之害，社会制度肯定出了毛病，经济机器有了故障。"[①]

在这种情况下，社会各界开始对社会问题进行思考并寻找解决问题的办法，19 世纪末 20 世纪初，英国自由党的新一代领导人，如阿斯奎斯、劳合·乔治、温斯顿·丘吉尔等人都深受新自由主义的影响，十分关注由经济因素引起的社会问题。然而，任何社会政策的推行都要有坚实的财源做后盾。政府财政收入的主要来源又仰赖于税收。19 世纪末20 世纪初英国出现的一系列社会问题使英国的有识之士和政府认识到必须实行税制改革，广开税源。在这样的背景下，新古典政治经济学家马歇尔、庇古及美国学者乔治纷纷提出了自己的税制理论，为 19 世纪末 20 世纪初英国的税制变迁奠定了理论基础。19 世纪末以前，英国的税收主要是为国家提供财政收入，税收很少用于调整社会上的贫富差距等社会问题。19 世纪末前的英国税收以间接税为主，直接税所占比重不大。而间接税的税收负担则主要落在了社会的中低收入者身上，这更加重了穷人的负担。然而，19 世纪末 20 世纪初英国的贫困、失业等社

---

① ［英］霍布豪斯：《自由主义》，朱增文译，商务印书馆 1996 年版，第 89 页。

会问题日益严重，此前的税制无论是在理论上还是在实践上都不能适应新的时代需要。鉴于此，19世纪末20世纪初英国的税制历经一系列变迁，社会上的大多数人都认为税收是解决贫困、失业等社会问题的一种非常重要的武器，政府理当用税收缓解上述问题，更多地体现社会的公平和正义。由此，以1894年哈考特的遗产税改革为开端，英国开始以累进税率征收遗产税，遗产税的税率在此后有所调整，到劳合·乔治任财政大臣时期，将价值100万英镑以上的遗产的税率提高至15%。遗产越多，纳税额越大。这是英国利用税收方式向富有者开刀的第一步，具有革命性的意义。同时，在所得税上，1907年英国开始将所得税区分征税，其中，劳动所得纳税较低，非劳动所得纳税额高于劳动所得。1909年，政府又对超过年收入5000英镑的所得征收超额所得税。至此，英国的所得税最终成为英国的常税（此前主要是临时税）。除遗产税和所得税外，20世纪初劳合·乔治提出的"人民预算"也是政府用税收方式让富人纳税的表现，其中最猛烈的当属征收土地价值税。"人民预算"提出后遭到了上院的坚决反对，引发了20世纪英国历史上严重的宪政危机，并促成了1911年《议会法》的通过。1911年《议会法》再次明确了下院的财税大权，上院的财税权受到极大限制。"人民预算"最终在下院通过，虽然其征收的土地价值税只有50万英镑，但其意义重大，它提出了一个革命性的原则，那就是，认识而且自觉地运用政府的征税和开支权力，使国民收入能达到较平均的分配。经过上述遗产税、所得税及土地价值税等直接的变革，到20世纪初英国的直接税所占比重已经超过间接税。如1912—1913年，英国的直接税占57.6%，而间接税占42.4%。[1] 有了税制改革所带来的收入作基础，英国政府能够将社会政策付诸实践了。1908年的《养老金法案》、1911年的《国民保险法》及一系列教育法案等的实施即是"建设性税收"理论在实践上的体现。

　　总之，20世纪英国的税制无论是在税制理论、税制结构还是税收用途上都更多地具有调节社会财富再分配、缓解社会不公正的作用，英国的税制在20世纪朝着更加科学、公正的方向发展。与英国相比，中国的税

① Bruce Murray, *The People's Budget* 1909—1910: *Lloyd George and Liberal Politics*, Oxford: Clarendon Press, 1980, p. 293.

制改革起步较晚且尚不健全，今日的中国正处于税制改革的关键时期。面对中国目前的贫富差距和社会财富分配不均问题，我们有必要借鉴英国税制改革的经验，在我国建立起符合中国国情的现代化的税收体制，用税收的方式解决社会贫富差距扩大和国民财富分配不均问题，真正体现社会的公平与正义。

第五章

结　论

在 1688 年"光荣革命"后，英国确立了"无议会同意，国王不得征税"的原则。至此，议会的赋税大权得到了法律上的确认。中世纪时期国王的"家计财政"逐渐消亡，国家财政（或公共财政）得以确立，英国近代财政体制形成。

至 18 世纪，随着工业革命的进行、政府职能的扩大及对外战争的多发，英国需要征收更多的税收以满足上述需要。鉴于此，18 世纪英国议会又通过一系列改革对国王的财政进行了限制，直至最终将国王财政纳入议会财政。其主要的标志则是 1782 年伯克《经济改革法案》的通过，《经济改革法案》使王室专款中国王的财政独立权分崩离析，改革破坏了国王对王室专款的财政独立权，议会财政大权至高无上地位得以确立。由此，18 世纪议会和国王之间围绕财政权问题而产生的矛盾得以解决，议会享有至高无上财政权的地位得以确立。可以说："伯克法案结束了国王与议会之间为了控制财政而进行的长期斗争，它是国王与政府财政相分离的最后一步。"①

18 世纪的英国税制不仅将国王独立的王室专款置于议会监管之下。而且，至 19 世纪中叶以后，有关赋税权力的争夺开始由国王与议会之间的博弈向议会上下两院间的争斗转变。最终结果是下院取得了绝对的赋税大权。1911 年的《议会法》与 1949 年的《议会法》则是议会赋税大权最终确立的两大标志。1911 年的《议会法》规定：凡经下院通过的财政议案，于闭会前一个月提交上院，而上院于一个月内未加修改就否决的，该

---

① E. A. Reitan, "From Revenue to Civil List, 1689 - 1702: The Revolution Settlement and the 'Mixed and Balanced' Constitution", *The Historical Journal*, XIII, 4, (1970) . p. 337.

法就可以直接呈请国王签订成为法律;其他公共议案,如果在两年内连续三次在下院通过,即使被上院否决,下院也可呈国王批准而成为法律,而无须贵族院同意。① 1911 年议会法是上院权力衰落的转折点,此后,上院在财政拨款和财政监督方面的权力几乎被剥夺殆尽,作用大大降低。该法案第一次用成文法的形式确认了两院的关系,贵族院成为第二院,下院成为第一院。1949 年,在工党政府的支持下,下院又制定了新的《议会法》,再次削弱了贵族院的权力。此后,财政法案只能由下院提出,上院不得随意修改,这标志着上院在议会立法问题上已无实际权力。

在税制理论上,自 18 世纪至 20 世纪初,英国的税制理论经历了由重商主义税制理论到古典政治经济学税制理论、再到新古典政治经济学税制理论的转变。在重商主义赋税思想的影响下,18 世纪前期英国的赋税更多鼓励出口、减少进口。这种思想体现在赋税征收上主要是对外国进口的商品征收重税。18 世纪后期,随着工业革命对自由贸易的需要,英国的古典政治经济学应运而生。古典政治经济学税制理论的主要代表人物有配第、亚当·斯密等。他们提出了简便、节约、确定、按能力纳税的税制原则,并主张自由放任的税制思想,认为政府的主要任务是尽量少征税。自18 世纪中后期至 19 世纪 70 年代之前,古典政治经济学的税制思想在英国税制思想中占主导地位。然而自 19 世纪 70 年代后,随着工业革命带来国民财富的大量增长及大量失业、贫困、社会财富分配不均等社会现象的日益严重,此前主张自由放任的古典政治经济学税制理论已经不能适应新的形势需要。在这样的背景下,新古典政治经济学税制理论产生,其主要代表人物是马歇尔、庇古以及美国学者亨利·乔治。他们都主张采取直接税(主要是遗产税和所得税)作为解决社会问题的重要武器。在新古典政治经济学税制理论的影响下,英国政府也开始认识到税收不能仅仅用于为政府提供财政收入,而且还应该更多地用于缓解社会不公正等问题。政府要在解决社会问题上承担更多的责任和义务。随着政府思想的转变,19世纪末 20 世纪初"建设性税制改革"理论产生并付诸实践。

在税制结构上,18—19 世纪末,英国的税制结构以间接税为主,其中又以消费税和关税为主要收入来源。尽管如此,18—19 世纪末,英国

① David C. Douglas, *English Historical Documents*, 1874 - 1914, London: Eyre & Spottiswoode, 1977, pp. 157 - 158.

的间接税还是有所变化。19 世纪 60 年代之前，英国的间接税所占比重很高，直接税比例很小。19 世纪 60 年代以后，因英国政府在经济领域上奉行自由放任经济思想，英国政府在关税上进行了大量改革，削减甚或取消了大量关税；同时，还废除了一些不受欢迎或对国家经济发展造成阻碍的税收。由此，19 世纪 60 年代之后，英国的间接税所占比重逐渐下降。直到 19 世纪末 20 世纪初，伴随着遗产税、所得税、土地税等直接税的改革，直接税在国民收入中的比重首次超过间接税，并成为英国的常税。

在税收用途上，18—19 世纪 70 年代之前，英国的赋税多用于战争，那时的税收几乎没有缓解社会不公、调控社会财富再分配的功能。然而自 1970 年以后，英国的赋税在功能上更倾向于解决贫困、失业及缓解财富分配不均。1909 年的《养老金法案》、1911 年的《国民保险法案》及其他有关教育等社会政策的出台即是政府利用税收造福国民的重要表现。由此，我们说 20 世纪是英国福利国家的起点，亦是英国现代化税制确立的标志。因为它确立了以累进制及区分制为主要征税标准的直接税占主导地位的税制体系，为今天英国税制的发展奠定了基础。

综上，税制现代化对国家现代化有着非常重要的影响，税制现代化直接影响着国民经济发展、国家秩序稳定及国家现代化建设的进行。中国目前正处于税制改革和现代化建设的关键时期，我们有必要通过研究英国的税制从中汲取可借鉴的经验。尤其是党的十八届三中全会以后，我国政府明确提出了经济、政治、文化等各个领域的改革目标和要求。其中，财税改革事关国家经济和政治改革的成效与否。全会提出，财税改革是国家治理的基础和重要支柱，科学的财税体制是优化资源配置、促进社会公平、实现国家长治久安的制度保障。为此，我们要建立现代化的税制体系，通过税收的方式实现全会提出的将发展成果更多更公平地惠及全体人民，解决好人民最关心最直接最现实的利益问题，更好地满足人民需要，将改善和保障民生作为税制改革的最终目标。

18—20 世纪英国税制改革历程可为我国的税制改革和国家建设提供如下借鉴：

第一，财税立法是建立现代化税制的基本保障。国家的治理不是靠政府的行政干预而是靠立法才能得以切实保障的。英国现代化税制确立的过程中无一不是通过一系列法案保障才得以稳定而顺利运行的。因此，要建立现代化的税制必须要立法先行，通过法律的方式保障税收功能的实现。

第二，建立累进征收的以直接税为主的税制体系。直接税的最大特点是使税负直接落在纳税者个人身上，根据所得收入的高低累进征收，这样做的结果是能更好地对社会上的富有者征税，使社会财富向社会上的中低收入者阶层倾斜。在直接税中，尤以个人所得税、遗产税和房产税为主，而在目前中国的税制结构中，个人所得税所占比重很小，遗产税和房产税仍处于讨论和试点阶段。为了让税收更多地发挥服务社会、公平分配的功能，党的十八届三中全会指出要进行财税体制的改革，改革目前中国税制结构中的弊端，推进中国现代化税制的建立。

第三，在间接税方面，建立以增值税为主的税制。目前，中国税制结构是以间接税为主、直接税所占比重不大。间接税的最大特点是负税不易为纳税人所感受。间接税的最大弊端是它的累退性，其税负主要落在社会上的中低收入者身上。也是因为如此，在英国税制变迁的过程中，直接税逐渐为民众所感知并接受，为了实现负税的公平，英国在 19 世纪末 20 世纪初最终实现了由间接税为主向直接税为主导的转变，建立了直接税占主导地位的税制体系。对中国而言，虽然我们目前已经实行了营业税改增值税等一系列税收改革，但力度还不够，间接税仍然占很大比重。为了能够更好地实现税制的经济及政治功能，我们应该继续加大间接税的改革力度，最终建立直接税为主的税制体系。

第四，税制不仅属于经济范畴，亦属于政治范畴。由英国的税制变迁可见，税制合理与否不仅影响国民经济的发展，而且还影响统治阶级的统治安全和社会的稳定统一。我们要建立中国特色社会主义国家，要实现中国现代化的远期目标，就必须要处理和运用好税制这张牌，利用税制推进中国现代化经济的实现及政治的长治久安。

第五，税收要取之于民，用之于民。税收是由国家无偿地、强制地、固定地向国民征收的一部分所得收入，个人为了获取国家的各种保护而自愿放弃了一部分所得。作为报偿，国家理应将经济发展中所获取的税收用于本国国民身上，实现社会财富和社会资源公平而有效的配置。目前中国的经济有了长足发展，政府理应将发展成果更多地惠及国民，尽最大能力保障和改善民生。

参考文献

一 档案资料

Shaw，W. A.，*Calendar of Treasury Books*，London：His Majesty's Stationary Office，1904 – 1952.

Andrew Browning，*English Historical Documents*，1660 – 1714，Eyre & Spottiswoode，1953.

D. B. Horn & MaryRansome，*English Historical Documents*，1714 – 1783，Eyre & Spottiswoode，1957.

A. Aspinall & E. Anthony Smith，*English Historical Documents*，1783 – 1832，Eyre & Spottiswoode，1959.

W. D. Handcock，*English Historical Documents*，1874 – 1914，London：Eyre& Spottiswoode，1977.

P. and G. Ford，*Hansard's Catalogue and Breviate of Parliamentary Papers*，1694 – 1834，Oxford，1953.

二 英文专著

Dowell，*A History of Taxation and Taxes in England*，*Vol. I，II，III，IV*，Frank Cass & Co. Ltd.，1965.

William Kennedy，*English Taxation*，1640 – 1799，*an Essay on Policy and Opinion*，London：G. Bell & Sons Ltd.，1913.

Edward Hughes，*Studies in Administration and Finance*，1558 – 1825，Manchester University Press, 1934.

Roy Douglas, *Taxation in Britain since 1660*, Macmillan Press Ltd., 1999.

Sabine, B. E. V, *A Short History of Taxation*, London: Butterworths & Co. Ltd., 1980.

Webber, C., and Wildavsky, *A History of Taxation and Expenditure in Western World*, New York: Simon and Schuster, 1986.

H. E. Fisk, *English Public Finance from* 1688, London, 1921.

Charles Adams, *For Good and Evil: the Impact of Taxes on the Course of Civilization*, MadisonBokks, Lanham · New York · Oxford, 1999.

W. R. Ward, *The English Land Tax in the Eighteenth Century*, London: Oxford University Press, 1953.

Hope-Jones, Arthur, *Income Tax in the Napoleonic Wars*, Cambridge: Cambridge University Press, 1939.

Edwin Robert, Anderson Seligman, *The Income Tax: A Study of the History, Theory, and Practice of Income*, third printing. The Law Book Exchange, Ltd. 2005.

Hubert Hughs, *A History of the Custom Revenue in England from the Earliest Times to* 1827, 2 Volumes, London, 1885.

M. W. Kirby, *The Decline of British Economic Power since 1870*, London: George Allen & Unwin, 1981.

Elizabeth E. Hoon, *Organization of the English Customs System*, 1696 – 1786, NewYork, 1938.

E. R. A. Seligman, *The Income Tax*, NewYork, 1914.

Paul Slack, *The English Poor Law* 1531 – 1782, NewYork: Cambridge University Press, 1995,

Georg Nicholls, *A History of the English Poor Law*, London: NewYork: P. S. King&Son, 1898.

Webb, Sidney, *English Poor Law Policy*, London: Frank Cass, 1963.

Pat Thane, *Foundations of Welfare State*, London: Longman, 1982.

Janet Roebuck, *The Making of Modern English Society from 1850*, London: Routledge & Kegan Paul, 1982.

John Burnett, *Plenty and Want: A Social History of Food in England from*

1815 *to the Present Day*, London: Routledge, 1988.

Jose Harris, *Unemployment and Politics*, *A Study in English Social Policy*, 1886 – 1914, Oxford: Clarendo Press, 1972.

Bruce K. Murray, *The People Budget* 1909/10: *Lloyd George and Liberal Politics*, Clarendon Press Oxford, 1980.

M. A. Crowther, *The Workhouse System*, *the History of an English social institution*, 1834 – 1929, London: Batsford Academic and Educational, 1981.

R. M. Titmuss. Birth, Povery and Wealth, London, 1943.

三　英文论文

Beckett, "Land Tax or Excise: the levying of taxation in seventeenth and eighteenth-century England", *English Historical Review*, Vol. 100, No. 395, April. , 1985.

J. V. Becett and Michael Turner, "Taxation and economic growth in eighteenth-century England ", *The Economic History Review*, Volume 43, Issue 3, August, 1990.

Patrick K. O'brien, "The political economy of British taxation, 1660-1815", *The Economic History Review*, Volume 41, Issue 1, February, 1988.

Richard Cooper, "William Pitt, Taxation, and the Needs of war", *Journal of British Studies*, Vol. 22, No. 1, Autumn, 1982.

Edwin R. A. Seligman, "The income tax", *Political Science Quarterly*, Vol. 9, No. 4, Dec. , 1894.

John Lubbock, "The Income Tax in England", *The North American Review*, Vol. 58, No. 447, Feb. , 1894.

David R. Weir, "Tontines, Public Finance, and Revolution in France and England, 1688 – 1789", *The Journal of Economic History*, 1989.

Edward Hughes, "The English Stamp Duties, 1664 – 1764", *The English Historical Review*, Vol. 56, No. 222, Apr. , 1941.

E. A. Reitan, "The civil list in eighteenth-century British politics: parliamentary supremacy versus the indepence of the crown", *The historical Journal*, ix, 3, 1966.

E. A. Reitan, "From revenue to civil list, 1689 – 1702: the revolution settlement and the ' mixed and balanced' constitution", *The historical journal*, xiii, 4, 1970.

Raymond Turner, "The excise scheme of 1733", *The English Historical Review*, Vol. 42, No. 165, Jan., 1927.

W. R. Ward, "The administration of the window and assessed taxes, 1696 – 1798", *The English Historical Review*, Vol. 67, No. 265, Oct., 1952.

W. R. Ward, "Some eighteenth century civil servants: the English revenue commissioners, 1754 – 98", *The English historical review*, vol. 70, no. 274, Jan., 1955.

Carl B. Cone, "Richard price and pitt's sinking fund of 1786", *The economic history review*, new series, vol. 4, no. 2, 1951.

Julian Hoppit, "Financial Crises in Eighteenth-Century England", *The Economic History Review*, New Series, Vol. 39, No. 1, Feb., 1986.

B. R. Leftwich, "The later history and administration of the customs revenue in England (1671 – 1814)", *Transactions of the royal historical society*, fourth series, Vol. 13, 1930.

Edgar Kiser. April Linton, "Determinants of the growth of the state: war and taxation in early modern france and England", *Social forces*, vol. 80, no. 2, Dec., 2001.

Corn Laws [EB/OL], http://en. wikipedia. org/wiki/Corn_ Laws.

Wray Vamplew, "The Protection of English Cereal Producers: The Corn Laws Reassessed", *Economic History Society*, no. 33, 1980, p. 391.

Susan Fairlie, "The Corn Laws and British Wheat Production, 1829 – 1876", *Economic History Review*, Vol 22, No. 1, 1969.

European Potato Famine [EB/OL], http://en. wikipedia. org/wiki/European_ Potato_ Famine.

Francis Neilson, "The Corn Law Rhymes", *American Journal of Economics and Sociology*, 1951.

against the corn laws, which imposed a tax on food grain

imports [EB/OL], http://www. lse. ac. uk/Depts/global/Publications/Yearbooks/2003/2003Chapter4b. pdf, GCS2003 pages [04] 6/00 7/10/03 1:

51 pm Page 64.

Sara Birtles, "Common Land, Poor Relief and Enclosure: The Use of Manori-al Resources in Fulfilling Parish Obligations 1601 – 1834", *Past & Present*, No. 165, No. , 1999.

Mark Blaug, "The Myth of the Old Poor Law and the Making of the New", *The Journal of the Economic History*, Vol. xxiii, No. 2. , June 1963.

Mark Blaug, "The Poor Law Report Reexamined", *The Journal of Economic Hisotry*, Vol. 24, No. 2, Jun. , 1964.

James Stephen Taylor, "The Mythology of the Old Poor Law", *The Journal of Economic History*, Vol. 29, No. 2, Jun. , 1969.

James P. Huzel, "Malthus, the poor law, and population in early nineteenth-century England", *The Economic History Review*, New Series, Vol. 22, No. 3, Dec. , 1969.

Peter M. Solar, "Poor Relief and English Economic Development before the Industrial Revolution", *Economic History Review*, XLVIII, 1995.

Samantha Williams, "Poor Relief, Labourers' Households and Living Standards in Rural England c. 1770 – 1834: a Bedfordshire case study", *Economic History Review*, LVIII, 3, 2005.

D. A. Baugh, "The Cost of Poor Relief in South-East England, 1790 – 1834", *The Economic History Review*, New Series, Vol. 28, No. 1, Feb. , 1975.

A. R. Prest, "National Income of the United Kingdom, 1870 – 1946", *The Economic Journal*, vol. 58, No. 229, 1948.

E. P. Hennock, "Finance and Politics in Urban Local Government in England, 1835 – 1900", *The Historical Journal*, vol. 6, No. 2, 1963.

Sami Dakhlia & John V. C. Nye, "Tax Britannica: Nineteenth Century Tarrifs and British National Income", *Public Choice*, vol. 121, no. 3/4, 2004.

Robert Millward and Sally Sheard, "The Urban Fiscal Problem, 1870 – 1914: Government Expenditure and Finance in England and Wales", *Economic Hisory Review*, new series, vol. 48, no. 3, 1995.

Jeffery G. Williamson, "Earnings Inequality in Nineteenth-Century Britain", *The Journal of Economic History*, vol. xl, no. 3, 1980.

Alzada Comstock, "Brtish income tax reform", *The American Economic Re-*

view, vol. 10, no. 3, 1920.

Jurgen G. Backhaus, "Henry George's Ingenious Tax: a Contemporary Restatement", *The American Journal of Economics and Sociology*, vol. 56, no. 4, 1997.

Kathleen Woodroofe, "The making of the welfare state in England: a summary of its origin and development", *Journal of Social History*, vol. 1, no. 4, 1968.

Francis H. Herrick, "British Liberalism and the Idea of Social Justice", *The American Journal of Economics and Sociology*, vol. 4, no. 1, 1944.

Edgar Crammond, "The Cost of the War", *Journal of the Royal Statistical Society*, 1915.

Peter H. Lindert, "Who Owned Victorian England?: the Debate over Landed Wealth and Inequality", *Agricultural History*, vol. 61, no. 4, 1987.

George O. May, "The Administration of the British Income Tax Law", *The Academy of Political Science*, Vol. ii, No. 1, May, 1924.

M. J. Daunton, "How to pay for the war: state, society and taxation in Britain, 1917 – 1924", *The English Historical Review*, Vol. iii, No. 443, Sep., 1996.

Karran, "The Determinants of Taxation in Britain: An Empirical Test", *Journal of Public Policy*, Vol. 5, No. 3, Aug., 1985.

Ronald V. Sires, "The Beginnings of British Legislation for Old-age Pensions", *The Journal of Economic History*, Vol. 14, No. 3, Summer, 1954.

J. W. Grice, "Recent developments in taxation in England", *The American Economic Review*, vol. 1, No. 3, Sep., 1911.

Bruce K. Murray, "The Politics of the People's Budget", *The Historical Journal*, XVI, No. 3, 1973.

Martin Pugh, "Working-class Experience and State Social Welfare, 1908 – 1914: old age pensions reconsidered", *The Historical Journal*, 45, 4, 2002.

Doreen Collins, "The Introduction of Old Age Pensions in Great Britain", *The Historical Journal*, viii, No. 2, 1965.

Robert F. Foerster, "The British national insurance act", *The Quarterly Jour-*

nal of Economics，vol. 26，No. 2，Feb. ，1912.

Roy Hay，"Employers and Social Policy in Britain：the Evolution of Welfare Legislation，1905 – 1914"，*Social History*，vol. 2，No. 4，Jan. ，1977.

Edward Porritt，"The British National Insurance Act"，*Political Science Quarterly*，vol. 27，No. 2，Jun. ，1912.

四　中文专著

蒋孟引：《英国史》，中国社会科学出版社 1988 年版。

钱乘旦、许洁明：《英国通史》，上海社会科学院出版社 2012 年版。

钱乘旦、陈晓律：《英国文化模式溯源》，四川人民出版社 2004 年版。

马克垚：《英国封建社会研究》，北京大学出版社 1992 年版。

施诚：《中世纪英国财政研究》，商务印书馆 2010 年版。

阎照祥：《英国贵族史》，人民出版社 2000 年版。

于民：《坚守与改革—英国财政史专题研究》（1066 年—19 世纪中后期），中国社会科学出版社 2012 年版。

程汉大：《英国政治制度史》，中国社会科学出版社 1995 年版。

胡康大：《英国的政治制度》，社会科学文献出版社 1993 年版。

王觉非：《近代英国史》，南京大学出版社 1997 年版。

甘行琼：《西方财税思想史》，中国财政经济出版社 2007 年版。

《马克思恩格斯全集》第 1 卷，人民出版社 1956 年版。

《马克思恩格斯选集》第 3 卷，人民出版社 1995 年版。

《马克思恩格斯全集》第 9 卷，人民出版社 1982 年版。

陈共：《财政学》，中国人民大学出版社 2008 年版 .

高强：《英国税制》，中国财政经济出版社 2000 年版。

王亚南：《政治经济学史大纲》，上海中华书局 1949 年版。

张白衣：《英国战时财政论》，商务印书馆 1945 年版。

张芝联：《一八一五——一八七零年的英国》，商务印书馆 1987 年版。

夏之莲：《外国教育发展史料选粹》（上），北京师范大学出版社 2001 年版。

财政金融研究所：《英国战时财政金融》，中华书局 1940 年版。

财政部税收制度国际比较课题组：《英国税制》，中国财政经济出版社

2000 年版。

闵凡祥：《国家与社会：英国社会福利观念的变迁与撒切尔政府社会福利改革研究》，重庆出版社 2009 年版。

五　中文论文

顾銮斋：《中西中古社会赋税结构演变的比较研究》，《世界历史》2004年第 3 期。

顾銮斋：《从所有权形态看中英中古赋税理论的差异》，《文史哲》2005年第 5 期。

顾銮斋：《从私有制形态看英国中古赋税基本理论》，《华东师范大学学报》2007 年第 4。

施诚：《论中古英国"国王靠自己过活"的原则》，《世界历史》2003 年第 1 期。

施诚：《中世纪英国国王的财政特权》，《历史教学问题》2006 年第 2 期。

施诚：《中古英国税收结构的演变》，《首都师范大学学报》2001 年第 2 期。

施诚：《中世纪英国国王的借款活动》，《首都师范大学学报》2004 年第 6 期。

王晋新：《近代早期英国国家财政体制散论》，《史学集刊》2003 年第 1 期。

张乃和：《16 世纪英国财政政策研究》，《求是学刊》2000 年第 2 期。

张殿清：《英国都铎宫廷炫耀式消费的政治意蕴》，《史学集刊》2010 年第 5 期。

张殿清：《英国都铎王室领地流转的政治意蕴》，《贵州社会科学》2010年第 10 期。

于民：《论中世纪和近代早期英国中央财政管理机构的沿革》，《史学月刊》2007 年第 6 期。

于民：《复辟时期的英国财政与税收史研究评述》，《安徽史学》2006 年第 2 期。

于民：《论都铎和斯图亚特王朝早期英国财政借款的性质》，《社会科学论坛》2006 第 12 期。

于民：《论 16—17 世纪英国关税性质的演变》，《苏州科技学院学报》（社会科学版）2007 年第 1 期。

陆伟芳：《英国税制发展特征初探》，《扬州大学税务学院学报》2004 第 3 期。

陆伟芳、余大庆：《十八世纪英国税收制度的发展》，《扬州大学税务学院学报》1997 年第 4 期。

滕淑娜、顾銮斋：《由课征到补贴—英国惠农政策的由来与现状》，《史学理论研究》2010 年第 2 期。

滕淑娜：《从赋税来源与用途看英国近代议会与税收》，《史学理论研究》2011 年第 2 期。

谢天冰：《英国赋税制度的近代化及其特征》，《求索》1991 年第 4 期。

韩玲慧：《英国财政税收制度的演变：1597 年至今》，《经济研究参考》2009 年第 4 期。

毕竞悦：《政制转型与国家税收——1688—1815 年的英国》，《学海》2010 年第 5 期。

程汉大：《"光荣革命"与英国中央权力结构的变化》，《山东师大学报》（社会科学版）1992 年第 5 期。

魏建国：《代议制、公共财政、宪政内在关系检视—以近代英国公共财政建构为线索》，《甘肃政法学院学报》2006 第 4 期。

刘雪梅、张歌：《1660—1799 年英国财政革命所带来的划时代变化》，《现代财经》2010 年第 7 期。

魏建国：《都铎英国对社会转型中"失业"问题的政策应对述略》，《广西社会科学》2002 年第 5 期。

尹虹：《16 世纪和 17 世纪前期英国的流民问题》，《世界历史》2001 第 4 期。

尹虹：《论 17、18 世纪英国政府的济贫问题》，《历史研究》2003 年第 3 期。

向荣：《论 16、17 世纪英国理性的贫穷观》，《武汉大学学报》（哲学社会科学版）1999 年第 3 期。

吴必康：《英国执政党与民生问题：从济贫法到建立福利国家》，《江海学刊》2011 第 1 期。

丁建定：《英国现代社会保障制度的建立（1870—1914）》，《史学月刊》

2002 年第 3 期。

丁建定:《论 18 世纪英国的济贫法制度》,《学习与实践》2011 年第 6 期。

郭家宏:《19 世纪上半期英国的贫富差距问题及其化解策略》,《学海》2007 年第 6 期。

郭家宏、唐艳:《19 世纪英国济贫院制度评析》,《史学月刊》2007 年第 2 期。

郭家宏:《工业革命与英国贫困观念的变化》,《史学月刊》2009 年第 7 期。

徐红:《机构整合与程序简化:20 世纪后期英国议会财政权的改革举措》,《理论界》2006 第 11 期。

李平、董曦明、刘作明:《英国的财政政策及其经济发展》,《南开经济研究》1998 年增刊。

叶供发:《财政权与历史视野中的英国议会》,《历史教学问题》1997 年第 6 期。

钱乘旦:《20 世纪英国政治制度的继承与变异》,《历史研究》1995 年第 2 期。

钱乘旦:《寻求社会的"公正"—20 世纪英国贫富问题及福利制度演讲》,《求是学刊》1996 年第 4 期。

侯志阳:《西方社会保障理念基础的演变及其启示》,《北京科技大学学报》(社会科学版)2004 年第 2 期。

汤剑波:《西方早期社会保障制度背后的主流价值观》,《南京师大学报》(社会科学版)2009 年第 6 期。

高岱:《20 世纪初英国的社会改革及其影响》,《史学集刊》2008 年第 3 期。

郭义贵:《从济贫法到福利国家—论英国社会立法的进程及其作用与影响》,《华中科技大学学报》(人文社会科学版)2002 年第 3 期。

杨立雄:《从人道到人权—穷人权利的演变—兼论最低生活保障制度实施过程中存在的问题》,《湖南师范大学社会科学学报》2003 年第 3 期。

丛志杰:《对英国"新济贫法"的探讨》,《内蒙古大学学报》(哲学社会科学版)1996 年第 5 期。

丛志杰:《对英国济贫政策演变的政治学分析》,《内蒙古大学学报》(人文社会科学版)2001 年第 4 期。

杨山鸽：《福利国家的变迁—政治学视角下的解析》，《首都师范大学学报》（社会科学版）2009 年第 2 期。

刘诚：《福利国家型社会保障法律制度评述》，《河南师范大学学报》（哲学社会科学版）2003 年第 3 期。

卢海生：《试论英国工业革命时期济贫法的调整》，《历史教学问题》2007 年第 4 期。

黄红梅：《英国济贫法退出历史舞台的根源分析》，《法制天地》2011 年第 1 期。

徐滨：《英国 17—18 世纪的福利救济立法及其社会经济价值》，《天津师范大学学报》（社会科学版）2001 年第 1 期。

徐滨：《英国工业革命中济贫法改革与古典经济学影响》，《史学集刊》2004 年第 3 期。

高潮、徐滨：《1834 年济贫法改革的社会背景和思想根源》，《山东师范大学学报》（人文社会科学版）2011 年第 1 期。

赵虹：《英国工业革命期间的社会立法》，《云南师范大学学报》2002 年第 6 期。

丰华琴：《英国工业化时期的济贫政策与人口迁移运动》，《学海》2008 年第 4 期。

刘波：《纵观英国社会保障立法制度的历史演进》，《广东技术师范学院学报》2005 年第 1 期。

杨懿：《一战时英国财政状况研究》，硕士学位论文，湖南师范大学，2010 年。

马传伟：《财产税与社会公正—英国的经验与启示》，硕士学位论文，山东大学，2010 年。

李永斌：《论二战时期英国的战时财政政策》，硕士学位论文，湖南师范大学，2009 年。

江姗：《试析十九世纪末二十世纪初英国国民效率思潮》，硕士学位论文，南京大学，2012 年。

成浩元：《温斯顿·丘吉尔与 1908—1911 年英国失业改革》，硕士学位论文，南京大学，2012 年。

陆连超：《中世纪英格兰的动产税与财政收入，1166—1334》，硕士学位论文，天津师范大学，2008 年。

周莹莹:《中世纪英国的土地税》,硕士学位论文,山东大学,2007年。

姚德贵:《都铎王朝时期的税收与影响》,硕士学位论文,天津师范大学,2009年。

王君:《论英国17世纪的税收变革》,硕士学位论文,首都师范大学,2009年。

王丽:《英国中古财政署研究》,硕士学位论文,曲阜师范大学,2003年。

王秀芹:《英国中世纪赋税形态与封君封臣制》,硕士学位论文,曲阜师范大学,2002年。

陈连宝:《近代英国公共财政的构建及其宪政意义》,硕士学位论文,黑龙江大学,2008年。

六　译著

[英]威廉·配第:《赋税论》,马妍译,中国社会科学出版社2010年版。

[英]亚当·斯密:《国民财富的性质和原因的研究》(上、下卷),郭大力、王亚南译,商务印书馆2009年版。

[英]约翰·斯图、亚特·穆勒:《政治经济学原理》(上下卷),金镝、金熠译,华夏出版社2009年版。

[法]托克维尔:《旧制度与大革命》,冯棠译,商务印书馆1992年版。

[美]约翰·巴克勒、贝内特·希尔、约翰·麦凯:《西方社会史》,第3卷,霍文利等译,广西师范大学出版社2005年版。

[英]阿萨·勃里格斯:《英国社会史》,陈叔平等译,中国人民大学出版社1991年版。

[美]伊曼纽尔·沃勒斯坦:《现代世界体系》,第1卷,罗荣渠等译,高等教育出版社1998年版。

[英]伊·勒·伍德沃德:《英国简史》,王世训译,上海外语教育出版社1990年版。

[苏]塔塔里诺娃:《英国史纲1640—1815》,何清新译,生活·读书·新知三联书店1962年版。

[法]保尔·芒图:《十八世纪产业革命:英国近代大工业初期的概况》,杨人楩、陈希秦、吴绪译,商务印书馆2009年版。

[英]亚当·斯密:《国富论》,唐日松译,华夏出版社2005年版。

［日］日堀经夫：《英国社会经济史》，许啸天译，商务印书馆 1936 年版。

［美］戴维·罗伯兹：《英国史：1688 年至今》，鲁光桓译，中山大学出
　　版社 1990 年版。

［英］马尔萨斯：《人口原理》，朱泱、胡企林、朱和中译，商务印书馆
　　2009 年版。

［英］爱德华·汤普森：《共有的习惯》，沈汉、王加丰译，上海人民出版
　　社 2002 年版。

［英］莫尔顿：《人民的英国史》，谢琏造等译，三联书店 1958 年版。

［俄］杜冈—巴拉诺夫斯基：《周期性工业危机 英国危机史危机概论》，
　　张凡译，商务印书馆 1982 年版。

［英］阿弗里德·马歇尔：《经济学原理》，廉运杰译，华夏出版社 2010
　　年版。

［英］霍布豪斯：《自由主义》，朱增文译，商务印书馆 1996 年版。

［美］亨利·乔治：《进步与贫困》，吴良健、王翼龙译，商务印书馆
　　2010 年版。

［英］克拉潘：《现代英国经济史》，中卷，姚曾广译，商务印书馆 1975
　　年版。

［英］J. H. 克拉潘：《现代英国经济史》，上卷，第 1 分册，姚曾广译，
　　商务印书馆 2009 年版。

［英］凯恩斯：《就业利息和货币通论》，商务印书馆 1983 年版。

［英］狄更斯：《雾都孤儿：奥利弗·退斯特》，荣如德 译，上海译文出
　　版社 1991 年版。

［英］柯尔：《费边社会主义》，夏遇南、吴澜译，商务印书馆 1984 年版。

［苏］米列伊科夫斯基：《第二次世界大战后的英国经济与政治》，叶林、
　　方林译，世界知识出版社 1960 年版。

［苏］德罗波金娜 莫扬斯柯夫：《英国财政与货币信贷体系》，辽宁财经
　　学院经济研究所译，1982 年版。（内部资料）

后　记

本文成文之际，诸多感慨，太多感谢。

首先，我要感谢我的博士后导师刘玉安教授，若没有老师当时的允准，就没有我今天的诸多收获。自入站以来，虽与老师不能经常见面，但就是那不多的几次沟通，每次都有不同的收获。当我的学习及工作有困惑时，老师简单的几句话就能让我茅塞顿开，顿感轻松。不仅如此，刘老师还给我推荐一些好的书目，如《西方世界的兴起》《大转型：我们时代的政治与经济起源》等。可以说，若没有老师的指导，我的成长就不会如此顺利。在此，我要对我的老师说声"谢谢"。"感谢您，老师！"

其次，我还要感谢政治学与公共管理学院的各位教授。记得在博士后中期考核时，各位老师给我的报告提出了非常宝贵的意见。若没有诸位教授的指导，我的博士后出站报告也许不能如此顺利完成，也就不会有今日本书的出版。

再次，我的博士生导师钱乘旦教授和顾銮斋教授对我的研究工作提供了很大帮助。钱老师是北京大学历史学系的教授，是我读博士期间的导师，我的博士论文能够顺利写作并如期毕业，钱老师给了我很多宝贵意见。若没有钱老师的严格要求及亲切指导，就不会有我的今天。从事博士后研究工作后，钱老师仍然给我的研究方向、研究思路提出了很好的建议。在此，我也要对钱老师说声："谢谢您，老师！"顾銮斋教授将我引领上赋税研究这条路上，自 2008 年博士毕业至今，顾老师对我的研究工作一直很关心，带着我一起在赋税研究上披荆斩棘。一路走来，我有今天的成果可以说跟顾老师的引领及关怀是分不开的。值此机会，我要表达我对顾老师的敬意及谢意！

　　最后，我要感谢中国博士后科学基金会及山东财经大学马克思主义学院的诸位老师和我的家人。若没有你们坚定的支持，我不可能取得今天的成绩。谢谢你们！